Dr. Phil Hammond
- MÉDICO E COMEDIANTE -

SEXO, SONO OU SCRABBLE?

Tradução
Paula Bara

CIP-BRASIL. CATALOGAÇÃO-NA-FONTE
SINDICATO NACIONAL DOS EDITORES DE LIVROS, RJ.

H192s Hammond, Phil
Sexo, sono ou scrabble? / Phil Hammond; tradução: Paula Bara. - Rio de Janeiro: BestSeller, 2011.

Tradução de: Sex, sleep or scrabble?
ISBN 978-85-7684-479-2

1. Saúde. 2. Prazer. 3. Sexo. 4. Qualidade de vida. 5. Medicina popular. I. Título.

11-4822.
CDD: 613
CDU: 613

Texto revisado segundo o novo Acordo Ortográfico da Língua Portuguesa.

Título original norte-americano
SEX, SLEEP OR SCRABBLE?
Copyright © 2009 by Phil Hammond
Copyright da tradução © 2011 by Editora Best Seller Ltda.

Publicado mediante acordo com Black & White Publishing Ltd.
29 Ocean Drive, Edinburg EH6 6JL, UK.

Capa: Estúdio Insólito

Editoração eletrônica: FA Editoração

Todos os direitos reservados. Proibida a reprodução,
no todo ou em parte, sem autorização prévia por escrito da editora,
sejam quais forem os meios empregados.

Direitos exclusivos de publicação em língua portuguesa para o Brasil
adquiridos pela
EDITORA BEST SELLER LTDA.
Rua Argentina, 171, parte, São Cristóvão
Rio de Janeiro, RJ — 20921-380
que se reserva a propriedade literária desta tradução.

Impresso no Brasil

ISBN 978-85-7684-479-2

Seja um leitor preferencial Record.
Cadastre-se e receba informações sobre nossos lançamentos
e nossas promoções.

Atendimento e venda direta ao leitor:
mdireto@record.com.br ou (21) 2585-2002

Índice

	Introdução	7
1	Prazeres nem tão simples assim	11
2	Peculiaridades sobre médicos	39
3	Saúde grosseira	71
	AS PARTES DELE	71
	AS PARTES DELA	83
	DETALHES	88
4	Guia de sexo surreal	107
	VOO SOLO	107
	INSTINTOS MUITO BÁSICOS	115
	SEXO EM NENHUMA ORDEM ESPECIAL	135
	DILEMAS SEXUAIS	147
	FAZENDO NENÉM	172
	EVITANDO NENÉM	183
	VERRUGAS E COMPANHIA	204

5 Linguagem corporal — 217
- PARA ELE — 220
- PARA ELA — 237
- PARA COMPARTILHAR — 252

6 Fruto proibido — 267
- JOGOS QUE TODOS JOGAM — 267
- JOGOS QUE POUQUÍSSIMAS PESSOAS JOGAM — 285

7 Sobre o Dr. Phil — 297

Introdução

"Sexo, sono ou Scrabble?"*

São dez horas da noite. Os filhos finalmente fingiram que estão dormindo, e o jantar já está na metade do intestino. Então, o que você tem vontade de fazer? Transar, dormir ou jogar Scrabble? Quando peço a uma plateia para levantar a mão, as respostas se dividem igualmente entre as três opções. Quando peço que as pessoas se expliquem, aí a história complica. Tudo indica que não é necessário ter mais de cinquenta anos para se gostar de Scrabble. Inclusive, é algo que dá para combinar com sexo, seja antes — uma leve competição intelectual pode ser uma ótima preliminar — ou depois, para os não fumantes. Ou dá para jogar Scrabble Sexual, em que cada palavra exala insinuações diretas e quentes (e em que quase nunca os jogadores passam da primeira rodada).

---

* "Scrabble" é um popular jogo de tabuleiro nos EUA e no Reino Unido, porém não é tão conhecido no Brasil. Semelhante ao jogo "Palavras Cruzadas", seu objetivo é formar palavras em um tabuleiro de 225 casas, interligando-as para formar novos vocábulos. (*N. do E.*)

A maioria das pessoas acha difícil resistir a palavras grosseiras neste tipo de jogos. Certa vez, no programa de TV *Countdown*, num quadro chamado "Cantinho do Dicionário", ao lado da encantadora Susie Dent, fiquei com as palavras "duro" e "ereção" no mesmo jogo. Pensando bem, acho que "ereção" caiu para Susie, mas eu roubei dela. Tivemos que parar as gravações por alguns minutos para as risadinhas cessarem. Des Lynam se segurou, com perfeito profissionalismo, mas foi embora da gravação pouco tempo depois. Ainda acho que a razão para tal foi a ereção de Susie.

Para alguns, pode ser o maior inferno adivinhar as insinuações e formar as palavras. Ser forçado a brincar de jogo de tabuleiro no Natal com parentes jurássicos pode causar traumas para o resto da vida, mas todos os casais deveriam jogar um Scrabble pré-nupcial antes de trocar as alianças. Se o(a) parceiro(a) não leva tudo tão a sério, deixa você consultar o dicionário em busca de inspiração e abandona o jogo sem problema quando você pega no sono, então ele (ou ela) é uma pessoa bem tranquila. Se o(a) parceiro(a) só joga seguindo todas as regras, critica sua grafia e seu vocabulário limitado, insiste em levar o jogo até o fim e leva a pontuação para o quarto só para perturbar você, não diga que não avisei.

Scrabble, assim como Banco Imobiliário, War e demais jogos de tabuleiro estilo "família", pode facilmente se tornar um instrumento de tortura ao cair em mãos erradas. Pode representar um pequeno e ilusório passo para uma morte tediosa. Quem fica se gabando pela vitória só porque teve a espertez de colocar o vocábulo "zabumba-roxa", ou enfatizando suas técnicas absurdamente ingênuas na frente dos amigos, provavelmente não ajudará muito quando os filhos nascerem ou quando a mãe ficar esclerosada. Se você quer saber o que o futuro lhe reserva, jogue muito Scrabble antes de se casar.

Com o passar do tempo, o casamento tem o ato de dormir como atividade mais comum após as 10 horas da noite, pelo menos para quem é mãe. É uma mudança evolutiva e desfortunada o fato de que os homens geralmente querem sexo quando as mulheres só querem dormir; e não há solução fácil. Se você, mulher, escolhe dormir, o homem fica reclamando sem parar que não consegue adormecer com uma ereção ou tenta se masturbar escondido, só que os tremores são registrados pela escala Richter. Acorde, dê uma mão a ele e acabe logo com isso. Se optar pelo sexo cansado, você também quer que tudo acabe em menos de um minuto; então é preciso parar de pensar nas compras a serem realizadas no dia seguinte ou no que vai acontecer na novela e fazer aqueles barulhinhos ridículos que sempre deixam os homens com tesão.

Nunca, jamais, tente resolver o dilema de transar-dormir com a opção que fica no meio-termo: jogar Scrabble exausta. Você não perceberá as descaradas insinuações dele e estará cansada demais para pensar em qualquer coisa mais elaborada que "cama", o que vai deixá-la exposta ao ridículo. Se seu sono é leve, não tem nada pior que ser acordada às quatro da madrugada pelo "P" do marido.

Assim como o jogo, o debate Scrabble na minha apresentação não tem fim, pelo menos para aqueles que conseguem a façanha de não dormir. Mas, quando a questão são as perguntas da plateia, praticamente todas elas são sobre sexo ou sobre as coisas que acontecem com o corpo que nos fazem deixar de gostar de sexo. Há muito mais prazeres nesta vida do que os meros noventa segundos de papai e mamãe, mas nossa mente (assim como o membro masculino) só consegue pensar nisso. Por isso escrevi este livro. Sou médico, comediante e tenho ascendência australiana; portanto, estou imune a grosserias, apesar de alguns de vocês, leitores, preferirem Scrabble a Strip Poker. Mas, se você continuar por estas páginas, descobrirá palavras com as quais, até então, só havia sonhado.

Dr. Phil
Setembro de 2009

1

Prazeres nem tão simples assim

A maioria das pessoas passa a vida toda tentando equilibrar prazer e desgosto. Então, estranho muito o fato de que a única aula médica que mencionasse a palavra que começa com "P" a que já assisti tenha sido sobre a inserção de um eletrodo no cérebro de um rato. Ao fazê-lo, um pesquisador canadense chamado James Olds descobriu uma parte do cérebro inteiramente responsável pelo prazer. Quando o eletrodo era conectado a um pedal, o rato o pressionava milhares de vezes por hora para ter o máximo de prazer. Mais ou menos como um adolescente e seu pênis.

Isso foi em 1954, e ratos e garotos adolescentes continuam pisando fundo no pedal desde então. Mas o prazer nunca foi um assunto de destaque entre os médicos. Faça uma busca no site do National Institute for Health and Clinical Excellence (www.nice.org.uk, órgão britânico de saúde) e você verá que não há qualquer resultado. "Prazer" recebe apenas duas menções no *Oxford Textbook of Medicine* (e diz respeito ao uso de preservativo e à fisioterapia), enquanto "estresse" aparece 127 vezes. A mídia tem razão, parece que a medicina tem a obsessão de nos assustar, nos tornar submissos e agravar os pontos negativos, em vez de ajudar as pessoas a serem felizes.

Os médicos raramente dizem aos pacientes para que se encham de prazer (eles devem ter medo de seus consultórios ficarem às moscas), e, para saber qualquer assunto maior que um hamster, você tem que procurar. Em japonês, prazer é "tanoshimi". As poucas pesquisas já realizadas sugerem que uma dose regular de prazer fortalece o sistema imunológico e mantém tanto a mente quanto o corpo saudáveis por aliviar o estresse. E isso é barato; se você fechar os olhos e pensar nas coisas de que realmente gosta, a maioria não é assim tão cara.

O prazer é algo pessoal, e o conceito não é novo. O álcool foi inventado e é usado em toda cultura existente da qual se tem notícia, especialmente naquelas em que é proibido. Histórias, sexo, sestas, chocolate, cachorros, dança, riso, bolo e café são igualmente onipresentes, mas não necessariamente nessa ordem. Tudo indica que existe uma necessidade humana primordial de se satisfazer, e, se você acredita em Charles Darwin, deve haver uma vantagem evolutiva no hedonismo, contanto que este seja mantido sob controle. O segredo é aproveitar a vida sem prejudicar a si mesmo nem os que estão à sua volta.

Contudo, o prazer pode não durar para sempre se você estragá-lo com o arrependimento. Um estudo mostrou que algumas mulheres sentem mais culpa ao consumir sorvete do que ao cometer adultério. E cometer adultério com sorvete é o que mantém os terapeutas empregados.

Os seres humanos são animais sociais, e o prazer geralmente requer algum tipo de conexão — com amigos, família, sonhos, comida, arte ou ambiente. Mas se conectar leva tempo, e, apesar de parecer que temos mais coisas se compararmos com o que tínhamos há sessenta anos (dinheiro, bens e doenças sexualmente transmissíveis), temos menos tempo para curti-las (ou, pelo menos, para colocar a camisinha direito).

São poucos os prazeres que não melhoram com a diminuição do ritmo (exceto, talvez, fugir de touros). Ir devagar permite que você se conecte mais, consuma menos e lembre o suficiente para contar a história depois. As histórias nos permitem reciclar o prazer constantemente. Duram para sempre, se reinventam e nos garantem surpresas, significados e metáforas para a vida toda. Se você é capaz de curtir sua própria história, assim como de terceiros, significa então que é mais aceptivo às merdas quando elas acontecem e mais capaz de passar adiante sua história.

Sou um grande fã de nadar pelado no verão. Gosto de deixar o material respirar. É claro que, depois de um tempo, parece que ele fica de um tamanho que atingiria enorme popularidade. Não faço isso no inverno, por medo de ele nunca mais reaparecer. Eu costumava nadar pelado no mar, mas, como as praias de nudismo estão em baixa devido à erosão costeira, o prazer de sentir o vento salgado tocando minhas partes íntimas teve que ser suspenso. De qualquer forma, é muito mais seguro ficar à vontade numa piscina (receita certeira para você se pôr a gritar "tanoshimi" — a menos que você goste de catar conchas à moda antiga).

Diminuir demais o ritmo deixa a região dolorida?

Se você vai passar o dia na cama, recomendo rolar de vez em quando ou trocar de lado para não atrapalhar a circulação. Mas diminuir o ritmo não significa (ou não precisa significar) ficar parado. Quanto mais devagar estou, mais eu penso. Aperfeiçoei-me na arte do exercício lento — me mover rápido o suficiente para ficar levemente ofegante, mas nunca rápido demais a ponto de não conseguir pensar em nada ou de ficar mudo. Para a maioria dos comediantes, os pensamentos que vêm quando se está à toa são, geralmente, os mais engraçados.

O movimento "slow" não é novidade. A vida de um camponês medieval nem sempre era fácil, mas, naquela época, havia muito mais feriados e muito menos indicadores de desempenho. Durante a Revolução Industrial, a ética no trabalho baseava-se no discurso religioso e a pessoa se sentia culpada caso não se escravizasse frente ao maquinário da linha de produção.

Tempo e energia são limitados, mas, se forem gastos com metas chatas, repetitivas e nada gratificantes, a única fuga será tentar encontrar alguma realização instantânea após o trabalho. Assim, uma garrafa de vinho ou meia dúzia de cervejas desaparecem em meia hora; e você terá que fazer as tarefas repetitivas e chatas do dia seguinte com o cérebro martelando sua cabeça.

Algumas pessoas têm prazer no trabalho, especialmente aquelas que não precisam trabalhar demais. Tom Hodgkinson, fundador e editor da revista (semestral) *Idler*, afirma:

> Uma característica do trabalho indolente é que ele parece uma brincadeira. Isso é suspeito e faz com que o não indolente se sinta desconfortável. As vítimas da ética trabalhista protestante querem que todo trabalho seja desagradável. Para elas, o trabalho é uma desgraça, e devemos sofrer nesta terra para conquistar um lugar na vida eterna. O indolente, por outro lado, não vê motivos para não usar o cérebro a fim de organizar uma vida em que seu divertimento é seu trabalho, numa tentativa de criar o próprio pequeno paraíso aqui e agora.

Somos realmente menos felizes hoje do que éramos nos anos 1950?

É difícil fazer essa afirmação. Comparar o grau de felicidade nas diferentes eras é mais ou menos como comparar esportistas. Rod Laver ou Roger Federer? Ronaldo ou Eusébio? Pelé ou Maradona? Como fazer uma comparação quando o cabelo é tão diferente?

No que diz respeito a feitos esportivos, é possível definir o que se quer medir, porém é mais difícil de tocar e mais fácil de interferir na felicidade. Dizer a Roger que ele não é tão bom quanto Rod provavelmente não lhe afetará muito, mas uma horda de psicólogos falando sem parar que não somos mais felizes poderia nos levar a uma depressão global. Ou, pelo menos, causaria se eles não tivessem um plano de 12 passos para nos tirar do fundo do poço.

Praticamente todos os meus pacientes (e também colegas de trabalho) possuem um pequeno nível de ansiedade retumbante como pano de fundo de suas vidas. Às vezes, ela consegue se soltar, e o nervosismo domina por um tempo. No entanto, para a maioria, a ansiedade fica lá, corroendo partes do cérebro que nem sabíamos que existiam (como o hipocampo), causando desgastes e preparando o caminho para a depressão.

As causas da ansiedade podem ser apontadas rapidamente por qualquer Professor de Bom Senso da Universidade do Óbvio Ululante. Dívidas, pressão, bullying, equívocos, perda de controle, preocupação com os filhos, medo induzido pela mídia ou por meios políticos, cobiça gerada por publicidade, falta de sentido e propósito, incerteza, isolamento e insegurança. Os médicos ficam muito ansiosos por precisarem lidar com tudo isso em menos de dez minutos e ainda traçar um plano para se chegar às taxas desejáveis de colesterol e ao controle da diabetes (além de ter que lidar com nossas próprias dúvidas).

Meu grande mentor na clínica médica costumava dizer o seguinte: "A vida é uma piscina de merda, e nosso dever é direcionar a pessoa para a parte mais rasa." A imagem que tenho em mente se aproxima mais de corpos boiando rio abaixo. Como médico, é tão exaustivo tirá-las da água e colocá-las nos eixos novamente que não há tempo de ir contra a correnteza para evitar que pulem no rio.

A abordagem do indolente é ficar na beira do rio vendo os corpos passarem. Ele minimiza tudo, leva uma vida barata (e consome menos) e cria o próprio entretenimento no próprio ambiente. É como Samuel Johnson certa vez disse: "O indolente sábio permite que eventos e bens cheguem até ele, em vez de gastar energia e dinheiro viajando a locais nada encantadores."

Diminuir o ritmo também cria mais tempo para ouvir música, e o conselho mais preciso sobre felicidade vem através da música. Certa vez, concluí com dificuldade as seiscentas páginas de um livro sobre como permanecer são. Isso para descobrir que a única forma era "en-fa-ti-zan-do o lado Positivo e e-li-mi-nan-do o Negativo". A obra, de autoria de Johnny Mercer, foi escrita para Bing Crosby e as Andrews Sisters em 1944. Uma das melhores canções country de autoajuda que surgiu nos anos 1950 foi o clássico "A Satisfied Mind", de Red Hayes e Jack Rhodes. Eis alguns dos sábios versos:

> *How many times have you heard someone say*
> *"If I had his money, I could do things my way?"*
> *Little they know that it's so hard to find*
> *One rich man in ten with a satisfied mind.*

e

> *Money can't buy your youth when you're old*
> *Or a friend when you're lonely, or a love*
> *that's grown cold*

**The wealthiest person is a pauper of a kind
Compared to the man with a satisfied mind.***

Essa música chegou ao topo na voz de Porty Wagoner em 1955 e foi gravada por Johnny Cash (está na trilha sonora de *Kill Bill 2*) e por Jeff Buckley (para quem gosta de comoção póstuma). Bob Dylan acaba com ela no álbum *Saved*, mas minha versão favorita é a de Jonathan Richman, no álbum *Jonathan Goes Country*. Richman é como um herói particular para mim, graças a seu entusiasmo contagiante. Em um show, ele subiu no palco com uma camisa escrito "Eu amo a vida". Minha banda country obscura preferida, a Ozark Mountain Daredevils, também gravou essa canção, e seu álbum *It'll shine when it shines* é um clássico dos indolentes.

Pronto. Agora, você já sabe. O segredo para a felicidade é uma mente satisfeita. Por isso éramos mais felizes nos anos 1950. A cabeça precisa de tempo e espaço para que você possa colocar seus pés para cima e apreciar a sabedoria da música country. Então, deixe de bobeira e de confusão, e aprenda a dizer "não", especialmente para questionários de felicidade.

---

* "Quantas vezes já ouviu alguém dizer/'Se eu tivesse esse dinheiro poderia fazer tudo do meu jeito'?/Mal sabem que é muito difícil encontrar/ Um homem rico em dez que esteja satisfeito/O dinheiro não pode comprar a juventude de um velho/Nem um amigo para uma pessoa solitária ou o amor que não existe mais/A pessoa mais rica é um pobre coitado/Comparado ao homem satisfeito", em tradução livre. (*N. da T.*)

Sexo, sono ou scrabble?

NOTA: Ficar à toa é bom até certo ponto, mas as pessoas ainda precisam limpar as próprias privadas, de preferência aquela em que fez xixi despreocupadamente no assento todo. Se for diminuir o ritmo, não há desculpas para não aperfeiçoar seus objetivos. Eu, com minha ascendência inglesa, irlandesa e australiana, corri o mundo todo e concluí que o segredo da vida é se sentir bem consigo mesmo, seja lá onde se esteja. Mas é preciso se libertar primeiro.

Sentir-se bem consigo mesmo também significa sentir-se bem com a própria companhia. Se você é capaz de se divertir sozinho, não tem problema nenhum se a sua prima pega no seu pé na ceia de Natal porque você é esquisito demais e depois dá mole para o seu irmão.

Sexo é o maior prazer que há?

Você decide. Já se estudou muito mais extensivamente sobre formas de classificar a dor. Os médicos geralmente pedem que você dê um número de zero a dez para a dor; existe até uma tabela de eventos dolorosos, em que pedra nos rins luta pela primeira colocação com parto, ruptura de ligamento cruzado e enxaquecas. Porém, é realizado um número bem menor de pesquisas sobre prazer, em parte porque temos obsessão pelo negativo, mas também porque é muito difícil comparar, digamos, a intensidade sudorífera do sexo com a visão tranquila de borboletas sobrevoando um jardim florido.

O prazer precisa de muita variedade. Considere-o como comida. Se você desenhar um gráfico tipo pizza de seu consumo diário de prazer, ele deveria conter mais que pizza. O sexo casual é como pão-doce com creme. É uma iguaria a ser apreciada, mas não dá para viver disso. É necessário ter a proteína do amor e da amizade, e o carboidrato de baixo índice glicêmico das paixões duradouras. Não dá pra comparar masturbação com meditação. Você precisa de um pouco de ambos.

Sexo (solitário ou acompanhado) tem, pelo menos, a capacidade de garantir prazer intenso sem causar mal algum, o que faz desta atividade algo muito melhor que qualquer droga. E tudo pelo preço de uma camisinha. Contudo, semelhante às drogas, a vontade de fazer sexo pode anular seu gosto por outras atividades: se deu aquela coceirinha, você vê sexo por todos os lados (mesmo se tentar fugir dele), até mesmo nas borboletas. Há poucas cenas mais românticas do que um par de borboletas dançantes pairando sobre uma flor. O que dizer, então, daquele Almirante Vermelho cortejando a Bela Dama? O sexo precisa de uma perspectiva. Se isso não for possível, liberte-se e vá ao parque admirar borboletas. O homem não pode viver somente de gratificação. E, para as mulheres, é ainda menos gratificante.

A felicidade é contagiosa como gripe suína?

Não. Mas um estudo publicado pelo *British Medical Journal* (em 2009) revelou que, em qualquer comunidade, existem "grupos não aleatórios" de pessoas tristes e outros de pessoas felizes; ou seja, é mais provável que as pessoas felizes vivam próximas umas às outras, e que isso não seja apenas uma questão de sorte. O mesmo vale para as pessoas tristes. Isso pode acontecer porque as pessoas felizes cortam todas as pessoas tristes de suas vidas e se cercam de indivíduos otimistas. Ou — como o estudo parece sugerir — porque a felicidade se propaga através das paredes que separam as casas. Além disso, sugere que, para ser feliz, é preciso interagir com o próximo, em vez de se isolar. Para provar tal teoria, é necessário preencher mais um daqueles malditos questionários sobre felicidade.

Tudo que fazemos é norteado pelo humor, mas — assim como em relação ao sexo — os ingleses não gostam muito de falar sobre seus sentimentos. Ninguém está feliz o tempo todo, mas aqueles que conquistam uma boa porcentagem de dias alegres parecem estar bastante acostumados às mudanças de humor, salvando-se de um buraco de tristeza antes que este fique profundo demais. Nos relacionamentos, o humor pode ser a melhor maneira de mudar o estado de ânimo do parceiro (mas o tiro pode sair pela culatra se for usado na hora errada). Quando se está sozinho, a música é provavelmente a forma mais rápida de melhorar o humor, mas não dá para passar a vida toda grudado num iPod porque: a) você vai ficar surdo e b) não vai ter amigos. Você precisa é de muita variedade no prato do prazer.

Dá para curtir tristeza?

O tempo todo, não. A incapacidade persistente de encontrar prazer em qualquer coisa, ainda mais naquilo que você costumava gostar, é um bom indicador de depressão. Esse também é um efeito colateral das drogas de uso recreativo, que queimam todas as substâncias de prazer do cérebro numa única, instantânea e gratificante explosão, mas depois deixam o usuário completamente acabado e ferrado, parecendo mais velho que um saco escrotal.

Algumas pessoas nascem com o modo humor "metade vazio", e não "metade cheio"; aí é mais difícil injetar otimismo nelas. Muitas pessoas simplesmente estão estressadas, ocupadas ou cansadas demais pra se divertir. Mas, uma hora, alguma merda sempre acontece, e devemos buscar dar e obter prazer por meio da conciliação dessas situações. É disso que os comediantes vivem.

Provavelmente, os relacionamentos são as coisas que mais dão prazer e dor a uma pessoa. Kary Mullis falou o seguinte no seu discurso pelo Prêmio Nobel de Biologia em 1993: "Acredito que exista um local geral no cérebro reservado à melancolia de relacionamentos passados. Ele cresce à medida que a vida progride, e acaba fazendo com que se escute música country mesmo contra a própria vontade." Se você está lutando por um amor não correspondido e precisa de uma dose de melancolia, eu receito "He Stopped Loving Her Today", de George Jones.

Um cachorro, um emprego e um teto. Eu preciso de algo mais?

Quem sabe de um pouco de comida, de água e de uma manta para se esquentar nos dias frios. Na verdade, precisamos de relativamente pouco para sermos felizes. Somos animais sociais e gostamos de companhia, mas é muito mais fácil viver com um cachorro do que com outro ser humano. Um cãozinho dá amor incondicional, acha que o dono fica incrível quando está bêbado, não se importa com bagunça, não cria problemas se o dono troca o nome dele e até fica todo empolgado quando o dono chega em casa com o cheiro de outro cachorro. Ele não acordaria você à meia-noite para perguntar: "Se eu morresse, você arrumaria outro cachorro?" Os pais dele nunca fazem uma visita. Ele baixa a pressão e o colesterol (porque come a comida do dono) e o mantém ativo e flexível (de tanto ter que abaixar para catar cocô). Se o dono está deprimido demais para vestir as calças de manhã, ele lamberá seus testículos. Ninguém consegue isso com Prozac. Nem com casamento.

Contudo, os cães, infelizmente, adoecem e morrem. Aí o sofrimento é profundo e certeiro. Uma amiga minha tinha dois cachorros, e um deles precisou ser sacrificado. Ela preparou a morte dele no conforto de casa, com a assistência de um colega veterinário. Cobriu o cachorro, que estava na grama, com uma manta e usou um pedaço de frango para distraí-lo da injeção. A família se reuniu ao som de música, de poemas declamados e de lágrimas derramadas, e, então, a outra cadela apareceu frenética na janela. Soltaram-na para ela se despedir, e ela se enfiou sob a manta, prestando condolências a seu semelhante, antes de aparecer com o frango na boca. Cachorro será sempre cachorro, e não é todo mundo que pode ter um. Tem gente que não consegue entender os animais. Já outros odeiam o cheiro, o cocô e a baba. E existe uma correlação forte entre crueldade com animais e crueldade com crianças.

Um emprego, ou pelo menos um objetivo, é importante para sua saúde, mas ajuda se você gostar de sua ocupação. Dinheiro é menos importante do que o controle sobre o que se faz e sobre como se faz. Nossas melhores comédias são sobre ciladas. Basil Fawlty preso entre Cybil e Manuel,* Blackadder entre Queenie e Baldrick...** Ninguém vai a lugar nenhum. David Brent, em *The Office*, Alan Partridge e Keith, em *Marion and Geoff*, todos caíram numa armadilha, seja ao negar ou ao se lamentar sobre a futilidade existente quando estão ferrados de todas as formas. Se você é empregador, contrate pessoas capazes de realizar o trabalho e lhes dê a liberdade para fazê-lo sem as 147 metas e os 326 indicadores de desempenho... a não ser que você queira fazer um seriado sobre a ruína delas.

A *posição de quatro**** tem a ver com cachorro?

Fazer sexo com estranhos em carros tem seus momentos, especialmente se você sentar na marcha de repente. (E há uma grande chance de isso acontecer nos pequenos automóveis ecológicos.) A posição de quatro é bem menos complicada ao ar livre, possibilitando uma respiração melhor e irritações na pele. Aparentemente, o nome não vem exatamente da posição, mas do fingimento do casal de estar procurando por um cachorro nos arbustos ao serem descobertos. (Dica: coloque as calças antes de dar essa desculpa, ou não parecerá tão plausível quando ela for dada na frente de um juiz.)

---

* Personagens do programa britânico *Fawlty Towers*, da BBC. (*N. da T.*)
** Personagens do programa britânico *Blackradder*, da BBC, estrelado por Rowan Atkinson. (*N. da T.*)
*** A posição chama-se "dogging" em inglês, vindo de "dog", cachorro. (*N. do E.*)

Sexo, sono ou scrabble?

É saudável dormir na companhia do bichinho de estimação?

Não para quem é alérgico a pelo de animal ou se o bichano vive na água. Um número surpreendente de pessoas dorme com seus animais de estimação, ainda mais pessoas casadas. Eles podem ter flatulência, encher a cama de pelo, roncar, roubar o edredom, espalhar pulgas e babar, como qualquer outro homem. Além do fato de que alguns são naturalmente caçadores-coletores à noite; portanto, pode esperar por patas inquietas. Eis o lado positivo: são acolhedores, normalmente carinhosos, quentinhos e em geral ficam felizes de ver você pela manhã. E vocês ainda podem comparar os bafos.

Quais são as reações adversas de usar indumentárias apertadas na genitália?

Na Austrália existe uma gíria só para designar quem usa uma roupa de banho apertada a ponto de o contorno das genitálias ficar parecendo um pequeno papagaio: *budgie smuggling*. Geralmente, isso se aplica apenas aos homens. Usar calças apertadas de qualquer modelo, ainda mais num clima quente, pode diminuir a contagem de esperma e aumentar as chances de contrair uma infecção por fungos debaixo dos testículos (a conhecida frieira ou pé de atleta). Fora isso, o único efeito colateral é estético. Nem todo mundo gosta de saliências em lugares públicos. Além disso, uns papagaios são menores que outros, ainda mais depois de ficar muito tempo na água.

Esse termo — que quer dizer, literalmente, "contrabando de periquito", é originalmente aplicado à pessoa que vai visitar um detento solitário e leva um periquito para servir de companhia ao preso. A documentação mais recente de tal ato foi no presídio de segurança máxima Portlaoise, na Irlanda, em 2007, quando uma mulher escondeu o bichinho de estimação da família "dentro dela". Os periquitos são sociáveis, mas geralmente não tanto assim, e ela deve ter treinado muito bem a ave, que não foi detectada e, quando descoberta, estava saudável e serelepe na cela do marido.

Atualmente, muitos presídios estimulam a existência de periquitos, devido aos benefícios de se ter algo lindo para cuidar e que não seja respondão (periquitos podem aprender, no máximo, dez palavras, mas raramente constroem uma frase capaz de fazer um detento perder a cabeça). Ouça o podcast (premiado pela Sony) *The Prisoner and the Budgerigar* [*O prisioneiro e o periquito*, em tradução livre]. Ele conta a história do solitário Les, que cumpria pena de seis anos por um crime violento em Bristol, e de sua relação com Pig, seu periquito. Não foi graças à esposa que Les conseguiu o pássaro, e sim a um criador no próprio presídio. O preso negociou o preço, escolheu um ovo e o marcou com um lápis. "Eu e mais alguns detentos íamos lá para ver como os ovos estavam. Éramos um bando de marmanjos preocupados com ovos, esperando o nosso eclodir. Quando meu pássaro saiu do ovo, o tirei de lá e o levei à minha cela para dar início à sua educação."

Pig ficava tão agitado na gaiola (deve ser porque ele ainda estava no processo de aceitar seu nome) que os ruídos incessantes que fazia à noite deixavam Les perturbado. Então, ele pegou o periquito e o levou para cama. "No início, fiquei com medo de esmagá-lo, mas isso nunca aconteceu, e ele dormiu a maioria das noites comigo." Para Les, cuidar de Pig era como cuidar de um bebê: "Se eu não tivesse lhe dado de comer, ele teria morrido." Essa nova responsabilidade adquirida pareceu ajudar Les a refletir sobre sua vida e fazer com que quisesse ser uma pessoa mais responsável quando fosse solto. "Aquela ave só me fez bem. Ter Pig foi a melhor decisão que já tomei na vida."

Se eu vivesse em uma cela, seria o primeiro na fila para escolher o ovo. Aliás, estou pensando em criar minha própria terapia do periquito. Vou cruzá-los na sala de espera e deixar os ovos quebrarem à vista de todos. Quem estiver pensando em ter filhos, mas ainda não tiver certeza se dá conta do recado, pode tentar primeiro com um periquito. Se a ave ainda estiver viva após seis meses, a pessoa pode trocar por um porco-espinho, depois um gato e talvez, seguindo essa linha gradual, em dois anos, chegariam a um bebê. Também posso realizar um experimento para comparar a terapia do periquito com alguma terapia em pessoas tristes, solitárias e cansadas da vida. É claro que você precisará de suporte telefônico 24 horas para as dúvidas quanto ao tamanho da gaiola, à alimentação e aos criadores de pássaro. Periquito virá na receita médica, você sabe que faz sentido. Pelo menos até a gripe aviária voltar.

É realmente muito bom tocar na grama verde do lar, doce lar?

Sim, se você tiver a sorte de ter um espaço gramado na sua casa. Segundo a Natural England,* "o acesso a espaços verdes"

---

* Instituição inglesa responsável pela preservação do meio ambiente terrestre e marítimo da Grã-Bretanha. (*N. do E.*)

diminui a cada ano. Nossos pais e avós tinham muito mais por onde correr do que nós. Todo mundo precisa de um pouquinho de verde: melhora o humor, faz a pessoa se sentir menos estressada, ajuda-a a se recuperar mais rapidamente de situações desgastantes e a faz ter vontade de levantar da cadeira e se movimentar. Pergunte a qualquer pessoa com mais de 40 anos qual o lugar preferido de quando era criança: "uma árvore" é a resposta provável. Para muita gente com menos de 40, a resposta mais provável é "na frente de uma TV".

Só tocar na grama não basta. A vontade precisa ser a de se jogar. Observe todas as flores e dê nome aos insetos. Pegue um punhado de grama, abra a mão e sopre. Mate o carrapato que se aproveita de seu sangue. E não se esqueça do antialérgico. Um estudo realizado com crianças dos EUA descobriu que elas são capazes de reconhecer cem logotipos de empresas, mas não dez flores locais.

A canção foi composta por Claud "Curly" Putman Junior e gravada por (entre outros) Tom Jones, Elvis, Johnny Cash, John Otway (a versão mais engraçada) e Hootenanny Singers, do Björn Ulvaeus. É um clássico country brega e grudento. Um homem está voltando para casa e, chegando à estação, está para pular do trem direto nos braços de sua amada Mary (com seu "cabelo de ouro e lábios de cereja"). É quando se dá conta de que está sonhando acordado no corredor da morte na companhia de um capelão idoso e triste. O mais perto que ele chega de subir no velho carvalho dos tempos de menino é quando é enterrado sob a árvore. Nas versões recentes, o carvalho seria substituído por um videogame.

Sexo, sono ou scrabble?

Tirar meleca é uma maneira educada de se masturbar em público?

É bem mais educado do que o ato obsceno, com certeza. Há chances maiores de homens tirarem meleca ou coçarem o ouvido em público do que mulheres. Alguns terapeutas afirmam que é um substituto da masturbação. Já outros alegam que é uma regressão parcial ao ato de chupar dedo. Alguns poucos dizem que é uma prática de mentirosos. Algumas pessoas limpam o nariz e apertam as narinas porque gostam do cheiro que fica dentro do nariz. As glândulas nasais são um substituto chinfrim do esmegma, mas é melhor do que nada. Esfregar o cabelo seboso contra o couro cabeludo deixará os dedos com um pouco de feromônios; é só cheirar.

Xingar faz bem?

Com exceção de um estudo da Keele University, não há muitas pesquisas para determinar os benefícios que xingar oferece à saúde. Segundo essa pesquisa, quem xinga concentra mais sangue nas mãos. Sessenta e quatro "voluntários" foram convidados a colocar a mão num tubo repleto de gelo e permanecer assim enquanto repetiam um xingamento escolhido por eles próprios. Depois, repetiu-se a ação, dessa vez substituindo o nome feio por "uma palavra mais neutra e trivial para descrever algo". Adivinha só? Ao xingar, é possível suportar a dor por 50% mais tempo (ou uma média de quarenta segundos).

O pesquisador Richard Stevens tem diversas teorias para explicar esse fato. A primeira é a teoria da competência:

quando se bate com a cabeça em uma quina, o indivíduo fica parecendo um completo idiota, mas falar um palavrão rapidamente reafirma a competência e o controle sobre a situação. O xingamento acompanhado de raiva também aumenta a frequência cardíaca e coloca o corpo no modo luta, o que, por sua vez, aumenta a tolerância à dor (caso a cretina da quina o atinja).

Minha teoria é de que as pessoas (especialmente os homens) não podem colocar em prática todas as suas várias aptidões de uma só vez. Pedir que pensem "numa palavra mais neutra e trivial para descrever algo" consome todo o poder de concentração que possuem, e, então, fica impossível combater a dor. Nem consigo pensar em palavrões quando não estou sentindo dor. Obviamente, são necessários mais estudos sobre este assunto.

O Dr. Stevens também postulou que — como os antibióticos — o xingamento em excesso pode anular seus efeitos benéficos, pois não mais ocasiona a reação emocional que se espera. Assim, os palavrões devem ser moderados. Porém, o ato de xingar é muito mais do que uma simples reação de raiva e surpresa à dor: ele também pode transmitir amor e prazer. Tomemos como exemplo a palavra em inglês "fuck", que deriva de um verbo germânico que significa "mover-se rapidamente" (às vezes, até rápido demais), que talvez tenha sido emprestada do vocábulo dos primórdios do holandês *fokken* (bater ou copular) e que agora é mais usada com um sentido não sexual. Ela pode ser usada como verbo transitivo, como verbo intransitivo e como advérbio. Para mais exemplos sobre xingamentos altamente sensíveis, leia *The Blair Years* [*Os anos de Blair no poder*, em tradução livre], de Alastair Campbell.

Sexo, sono ou scrabble?

Quem usa óculos recebe mais cantadas?

Não. Acontece que quem está de óculos enxerga quando recebe uma cantada. Já pensei em fazer cirurgia oftalmológica a laser no meio da década de 1990, quando o tratamento se tornou popular, mas todos os cirurgiões que conheci continuavam usando óculos, e isso me desanimou. Estavam esperando para ver quais seriam as consequências a longo prazo. Então, eu (muito bobo, por sinal) perguntei a uma plateia em Edimburgo o que achavam de mim sem os óculos. A primeira resposta que ecoou foi "psicopata". Além disso, depois de 36 anos com os óculos emoldurando minha visão do mundo, acabei me apegando ao adereço.

Há reações adversas. Quem ostenta a tríade "ruivo, sardento e quatro olhos" sofre abusos. É mais difícil beijar de óculos, e os passos de dança ficam meio restritos. A primeira vez que fui de óculos a uma discoteca em minha cidade, perdi-os durante o solo de guitarra de "Freebird" e demorei uma hora para encontrá-los. Depois disso, me recusei a usá-los durante um tempo, então minha educação sexual foi uma loucura.

E fiquei louco para usar lentes de contato, o que fiz aos 16 anos. Após uma semana, cheguei de uma festa, coloquei as lentes num copo com água ao lado da minha cama e capotei; de manhã (ou à tarde), acordei morrendo de sede e engoli as lentes. O oculista me disse que o seguro não cobria atos de estupidez, mas consegui reaver o par com um pouquinho de determinação e uma peneira. Porém, as velhas lentes rígidas eram um suplício para um jovem médico residente como eu. Não era possível dormir de lente, pois eu não podia gastar aqueles cinco minutos necessários para colocá-la quando chegava um paciente com parada cardiorrespiratória. Então, eu voltei para os óculos, e estou com eles desde então.

Os óculos têm muitos benefícios para a saúde. Evitam que coisas desagradáveis entrem nos olhos (espinho de rosa, bola de *squash*, rolha de champanhe, sêmen). As simpáticas armações de tartaruga podem garantir uma aparência mais atraente. As armações pequenas e redondas ou os óculos de leitura podem dar um ar intelectual. Em quem é louro ou ruivo, os óculos definem as sobrancelhas. Além disso, é menos provável que pacientes batam num médico de óculos. Inclusive, quando a consulta é com alguém que não cala a boca, posso tirar os óculos e dizer "hummm" enquanto faço cara de quem está entendendo tudo. Isso dá a impressão de que estou ouvindo enquanto mergulho naquela adorável escuridão antes de acordar e pensar "é provavelmente um vírus".

Os políticos devem trazer a público as drogas que consomem?

Somente se os produtos forem comprados com dinheiro público. Uma vez, perguntei a Boris Johnson (no *Have I Got News For You**) se ele já havia cheirado cocaína. Eis a resposta: "Eu experimentei uma vez e espirrei. Espalhei tudo. Mas foi uma coisa muito idiota, imprópria e boba." Foi uma satisfação ao estilo de Bill Clinton, que se defendeu alegando que fumou,

---

* Programa de perguntas e respostas satírico da Inglaterra. (*N. do E.*)

mas não tragou, mas muito mais engraçada e politicamente bonitinha, já que desviou a atenção de David Cameron, que se recusava a revelar o que tinha acontecido no Bullingdon Club.

Na Inglaterra vitoriana, os políticos eram muito menos recatados. O primeiro-ministro William Gladstone, um liberal, costumava tomar goles de morfina líquida antes de se levantar meio cambaleante para se pronunciar no Parlamento. Apesar de a rainha Vitória reclamar que "ele sempre se dirige a mim como se estivéssemos numa reunião", ela nunca rebateu seu consumo de narcóticos, provavelmente porque gostava de combater as cólicas menstruais com extrato de cannabis. Heroína, cocaína e morfina podiam ser receitadas e eram amplamente administradas por médicos homens a "pacientes mulheres" difíceis (e os próprios médicos também consumiam para enfrentar o estresse do trabalho).

Admiramos a honestidade dos políticos, mas uma cultura que fica furiosa com tábuas de passar custeadas com dinheiro público provavelmente não receberá bem o hábito adolescente de fumar maconha. Então, suspeito que os políticos nunca falarão ao público algo além de "dei uma única tragada numa festa da faculdade, mas não senti nada". Pelo menos não até Boris Johnson virar primeiro-ministro.

As drogas (e as mulheres) foram demonizadas no Reino Unido durante a Primeira Guerra Mundial, quando o álcool era restrito, e as tropas em Londres iam a festas regadas a sexo e a cocaína (e os soldados acabavam viciados em sífilis). A posse de cocaína e heroína foi considerada crime em 1916. Se eu tivesse lutado na batalha do Somme também ia querer alguma coisa que me fizesse fugir da realidade.

Qual é a droga de uso recreativo mais perigosa?

Provavelmente, uma droga se torna mais perigosa ainda quando não se faz ideia de o que ela é ou de qual a dose que se deve tomar. Médicos e enfermeiros matam milhares de pessoas todo ano devido a erros assim, apesar do fato de as drogas serem claramente etiquetadas, pois a margem de erro é, em geral, "muito pequena". Tomemos como exemplo o analgésico anestésico fentanil. Se estiver um décimo fora da dose correta ou se os sinais vitais não forem monitorados de perto é o fim. Portanto, injetar supostamente a mesma droga, vendida como "Apache", numa dosagem desconhecida, com uma agulha suja, no escuro, depois de três horas de happy hour, parece um pouco arriscado.

Nada faz tanto mal quanto o álcool, mas a droga ilícita mais destrutiva talvez seja a metanfetamina. É possível fazê-la na cozinha de casa com remédios para gripe (apesar de ser grande a chance de explosões, que, por sua vez, podem levar à prisão). Causa uma euforia altamente viciante e inacreditavelmente intensa, como se fosse um eletrodo químico direto no centro de prazer — é uma fuga instantânea do inferno. Também pode deixar o usuário com muito tesão, mas incapaz de atingir o orgasmo. Além disso, os dependentes de metanfetamina raramente usam camisinha, sentem menos dor e não sabem quando parar; portanto, feridas, cortes, gravidez e doenças sexualmente transmissíveis são algo comum em seus usuários. Quando a diversão acaba, o cérebro está detonado, e a pessoa já não tem mais dignidade ou respeito por si própria. O resultado é um ser acabado, deprimido e desdentado. Pelo menos até a próxima onda.

Sexo, sono ou scrabble?

O exército alemão distribuía metanfetamina na Segunda Guerra Mundial para acabar com o medo na linha de frente. Quando as chances de fracasso eram de 1 para 3, aqueles cristaizinhos ficavam muito sedutores; ninguém sequer queria saber de reações adversas. Havia duas opções: *Fliegerschokolade* (chocolate do aviador) ou *Panzerschokolade* (chocolate do soldado). Acredita-se que Hitler usava uma dose regular da droga para vencer o cansaço e as dúvidas, o que não fez muito bem para a saúde dele a longo prazo.

A maioria dos viciados em drogas que conheci acha que nasceu desse jeito, com o cérebro "programado" para o vício. Mas as próprias drogas podem alterar a estrutura do cérebro e levar ao vício. É como um viciado certa vez me disse: "Agora é tarde demais. Eu era pepino e virei picles." Quando se faz picles de um pepino, as mudanças são irreversíveis; é um caminho sem volta. Da mesma forma, o uso prolongado de drogas pode causar mudanças permanentes no cérebro. Quando se atinge o estágio de picles, as noites de pepino já eram.

Picles podem ter uma sobrevida longa, especialmente médicos-picles. Temos acesso a drogas puras, na dosagem certa e com agulha limpa. Nada de amônia, nada de hepatite, nada de HIV, nada de ficar perambulando cambaleante no escuro. Mas toda droga que surte efeito também provoca efeitos colaterais. Ninguém nunca morreu de overdose de maconha, mas a substância deixa o usuário ansioso, chapado, paranoico e mais propenso a meter o carro numa árvore. É o prazer versus o dano.

A última pessoa que me ofereceu drogas foi um paciente. Ele tinha "uma parada muito boa" no Natal e quis compartilhar comigo. Verifiquei com o Conselho Médico e — por mais incrível que pareça — não havia normas específicas para pacientes que dão uma parada muito boa aos médicos. Então eu peguei um pouco, por educação, e adubei as orquídeas. As flores aquele ano foram incríveis. Alucinantes.

É verdade que tomar ecstasy é menos arriscado do que andar a cavalo?

Essa afirmação sedutora foi feita pelo meu amigo professor David Nutt, presidente do Advisory Council on the Misuse of Drugs.* Aparentemente, 500 mil pessoas usam ecstasy por semana no Reino Unido e trinta pessoas morrem a cada ano após a ingestão da droga. Se fizer as contas, as chances de morrer são de 1 em 850 mil, valor que se assemelha ao do risco combinado de cair de um cavalo e bater o carro para evitar atingir alguém que caiu do cavalo.

Mas calcular riscos não é nada simples. Em algumas regiões da Inglaterra, a atividade equestre é mais perigosa porque algumas pessoas não estão acostumadas com o animal e passam pelo cavalo a mil por hora, ou jogam coisas no cavaleiro por pura diversão. Nas áreas campesinas, os cavaleiros têm lugar cativo, e os usuários de ecstasy é que são mais propensos a serem apedrejados. Tomar essa droga também é mais arriscado porque é ilegal. É muito mais difícil ser preso por andar a cavalo (a não ser que o montador esteja pelado). O

---

* Órgão do governo britânico para dependentes químicos. (*N. da T.*)

uso de ecstasy pode estampar a pessoa na capa do *Daily Mail*, punição que raramente se aplica a quem vai dar um passeio de pônei, mesmo que isso seja tão arriscado quanto tomar a droga.

O professor Nutt foi infeliz na comparação que fez, não pela precisão, mas pela possível consequência. Um assessor do governo que afirma que tomar ecstasy envolve os mesmos riscos (em número) de se montar um cavalo não fará com que mais pessoas optem pela atividade equestre, mas provavelmente promoverá o consumo da droga. "Pegue a sua balinha de boate aqui. É tão seguro quanto andar a cavalo."

Com o animal, pelo menos, dá para saber onde é que você está se metendo. É possível reduzir os riscos escolhendo o animal com consciência, selando-o corretamente, ajustando os estribos, usando um capacete para equitação e uma jaqueta de cor chamativa, e se mantendo longe de estradas movimentadas. E você sempre pode voltar ou descer do cavalo se começar a chover canivetes. Contudo, ao engolir uma pílula anônima de sabe-se lá o quê, você não faz ideia de o que acontecerá, nem de como se salvar. Além disso, caso vire na esquina errada, você pode se deparar com pessoas com intenções nada boas.

Oficialmente, consumir ecstasy é mais arriscado que dirigir um carro por 370 quilômetros, pilotar uma moto por 10 quilômetros, viajar 10 mil quilômetros de trem ou lutar na lama com dois labradores gordos. Não há nada que lhe faça se sentir tão vivo, apaixonado e curtindo o momento do que dois focinhos gelados lhe afagando.

Onde encontro a tecla do "agora chega"?

Ao equilibrar prazer e dor, chega uma hora em que os dois se cruzam; é quando é preciso tirar o time de campo. Alguns sortudos tem um botão automático do "agora chega" enterrado nas profundezas do prosencéfalo que indica quando parar de beber e ir para casa antes de dar o maior vexame e acordar com uma dor de cabeça colossal. Essas pessoas geralmente desaparecem de festas e bares e conseguem ir embora para casa sem passar mal no carro.

Se você ainda não desenvolveu o botão do "agora chega" ou se o seu só consta no manual de instruções, você precisa de alguém para lhe dizer quando parar e para esconder de você a chave do carro. Essa pessoa não será nenhum de seus amigos "sem botão" que enfiam o pé na jaca, mas um amigo esperto, que tome conta de você. Se todo mundo que possui o botão do "agora chega" cuidasse de quem não o tem, o Reino Unido seria um lugar muito mais agradável para se beber.

2

Peculiaridades sobre médicos

Os médicos são seres humanos e criaturas de hábitos. Portanto, apesar de a medicina se basear na ciência, é possível obter opiniões bastante variadas e passar por diversas experiências ao levar o mesmo problema para médicos diferentes (ou até para o mesmo médico em dias diferentes). Os médicos do tipo metade-cheio salvam vidas, os do tipo metade-vazio simplesmente retardam a morte. Eu adoro as peculiaridades do trabalho médico, mas a maioria é fruto do ímpeto e da ansiedade. Os profissionais de saúde precisam desacelerar, como todo mundo. A medicina precisa redescobrir seu humanitarismo. É como um velho e sábio doutor me disse certa vez: "Sempre sinta o cheiro dos pacientes."

Os médicos seguem os conselhos e tomam os medicamentos que receitam para os pacientes?

Nem sempre. Conheço muitos médicos que estão acima do peso, bebem em excesso, andam de bicicleta sem capacete, comem bacon, não fazem ideia de como anda seu nível de colesterol ou sua pressão e se recusam a tomar vacina contra a gripe. A classe médica inglesa age de tal maneira porque sabemos que quem consegue um bom emprego num país que realmente anda para a frente chegará aos 80 anos de idade. Isso só não acontece se a pessoa for azarada. Também estamos preparados para aceitar alguns riscos em troca de prazer e liberdade.

Os medicamentos e conselhos que damos aos pacientes impressionam demais quando se trata da aplicação em toda a população, mas os benefícios para apenas um indivíduo soam irrelevantes. Além disso, algumas das coisas que fazem mal em excesso (sol, álcool, luta com labradores) são benignas com moderação. O segredo para curtir algo que apresenta riscos é sacar quais são seus prós e contras e aproveitar esse prazer sem culpa. Mas, se algo ruim acontecer, aceite, transforme-o numa boa história e siga adiante.

É muito difícil prever certos riscos e benefícios. Um estudante de medicina asiático foi a um show em Londres, pouco tempo depois dos atentados terroristas de 7 de julho de 2005 na cidade. Ele estava de mochila, foi parado pela polícia e revistado. Na mochila, foram encontrados uma vasilha com o almoço e dois baseados. Isso podia significar o fim de sua carreira, mas ele era um aluno exemplar, e o Conselho Médico do país decidiu que ele faria aconselhamento e exames toxicológicos regulares. Agora ele fala para quem quiser ouvir que o Conselho Médico britânico é uma maravilha; coisa difícil de se ouvir por aí.

Os médicos são mentirosos?

São, mas todo mundo é. Há infinitas maneiras de fabricar informações para empurrar alguém numa certa direção. Alguns pacientes respondem a números; outros, a humor; outros, a metáforas; e outros, à imagem do médico dobrando as mangas da camisa. A medicina é parcialmente ciência, parcialmente arte performática e parcialmente dar um jeito para que o paciente saia do consultório o mais rápido possível às seis horas da tarde de uma sexta-feira.

Digamos que você tenha colesterol alto. Apresento a seguir 12 conselhos escusos que você pode receber, dependendo de com quem vai se consultar. Alguns são mais possivelmente "certos" que outros, mas quem pode dizer qual é a melhor opção numa consulta de dez minutos num consultório apertado e abafado que fede a café velho e a resíduos do paciente anterior? Você decide...

1. *"Se você tomar este medicamento todo dia durante cinco anos, seu risco de morte reduzirá em incríveis 40%. Mesmo que continue vivo, ninguém quer sofrer um ataque cardíaco ou um derrame. Abra a boca!"*
2. *"Se 33 pessoas como você tomarem este medicamento todo dia durante cinco anos,*

uma morte será evitada, mas não sei se será a sua. Parece improvável. Quer que eu desenhe?"
3. "Se cem pessoas como você não receberem qualquer tratamento durante cinco anos, 92 viverão e oito morrerão. Mas não dá para adivinhar se você está entre as 92 ou entre as oito. Por outro lado, se cem pessoas como você tomarem esse medicamento todo dia durante cinco anos, 95 viverão e cinco morrerão. Mais uma vez, não faço ideia se você está entre as 95 sortudas ou as cinco azaradas. Você entendeu? Talvez seja melhor abrir a janela."
4. "Eu não acredito nessa besteira de colesterol. Relaxe e aproveite a vida. Um cachorro, um emprego e um teto. É tudo de que você precisa."
5. "Diminuir o colesterol faz bem para todo mundo, mas você já está tomando dez remédios, e só Deus sabe como eles reagem uns com os outros. Vá embora e coma muita verdura."
6. "Você tem que tomar este medicamento para o resto de sua vida, senão terá uma morte prematura ou sofrerá de problemas de saúde crônicos. Vamos começar pelo mais barato. Aliás, seus olhos são lindos."
7. "Você viu aquele gol que Neil Warnock fez no sábado? Foi tão de longe que pensei que a cabeça dele fosse explodir. Aposto que ele tem colesterol alto. Aliás, você também tem, mas

não dá mais tempo para conversar sobre isso. Marque uma consulta com a secretária. Ela é especialista em gordura corporal."
8. "Por favor, tome este comprimido todo dia pelo resto de sua vida. Eu vou ganhar mais dinheiro se seu colesterol baixar. Além disso, as escolas particulares aumentarão as mensalidades em 8% ao ano. Me empresta cinco contos?"
9. "Não vou passar recomendações sobre o colesterol. Você precisa avaliar os riscos e os benefícios e tomar sua própria decisão. Estas são minhas 27 condutas. Você tem precisamente três minutos. Tudo bem se eu abrir a janela?"
10. "Se você ingerir 1.825 comprimidos, um por dia, durante cinco anos, com o custo de 400 libras, o risco de morte cai em 0,03%. As reações adversas estatisticamente significantes são dano muscular, cefaleia, dor abdominal, náusea, vômito, queda de cabelo, anemia, tontura, depressão, dano ao sistema nervoso, hepatite, icterícia, pancreatite e síndrome da hipersensibilidade. Quer assim mesmo? Será que devemos partir para a homeopatia? Ou quem sabe você prefere escrever um poema?"
11. "Olha só estes comprimidinhos bonitinhos. Não são uma fofura? São pequenos torrões

de amor médico, só para você. Por favor, ingira-os, por mim. Afinal de contas, você é meu paciente preferido. Pode se sentar em meu colo e me chamar de papai, se quiser."
12. "Venha aqui fora e veja isto. Fiz uma fila com todos os comprimidos que você irá ingerir durante os próximos dez anos. Dá duas voltas completas no consultório, vai até o jardim e termina aqui. Adivinha só de onde tirei todos os comprimidos? Dos armários debaixo da pia de todos os pacientes que morreram sem abrir as embalagens dos remédios."

Por que alguns clínicos gerais chamam os pacientes pelo interfone enquanto outros vão buscá-los?

A forma como o médico chama o paciente para a consulta é um bom indicativo sobre como irá tratá-lo. Desde a invenção da eletricidade, chamar o paciente pelo interfone se tornou uma regra para os médicos que consideram coisa de secretária ir à sala de espera para chamar a próxima pessoa e acompanhá-la ao consultório propriamente dito. Os interfones mais antigos não ficaram famosos pela qualidade de som, e os pacientes tinham que adivinhar se estavam sendo chamados com base no ruído e em poucas sílabas de algum dialeto alienígena.

Os interfones modernos fazem parte da rede de telecomunicações e possuem uma qualidade de som muito superior.

A única desvantagem é que, se o médico esquecer o interfone fora do gancho, todo mundo ficará sabendo que a dona Taylor está cheia de verrugas.

Muitos médicos fazem uso da tecnologia para evitar o contato humano. Alguns até têm um equipamento enorme, em que se insere a data de nascimento ao chegar ao local e que automaticamente chamam o paciente, tudo sem precisar dar trabalho às recepcionistas (que estão ocupadas demais ajudando os ansiosos e confusos a inserirem a data de nascimento na máquina).

Já outros médicos possuem painéis eletrônicos que não são tão sutis e que lampejam propagandas digitais inapropriadas. ("Seu médico está com as unhas sujas? Entre em contato com a Bennett Advocacia. Se não ganhar, não tem que pagar.") Quando o paciente é chamado, o nome surge no visor, como se fosse o aviso de que a estação seguinte se aproxima. Mas, no nosso caso, o nome aparece em LED vermelho. Agora todo mundo sabe que você faltou ao trabalho por suspeita de ter contraído gripe suína.

Para preservarem suas identidades, os pacientes podem receber um número anônimo, o que vem a calhar numa clínica especializada em DSTs ("Bom dia, padre." "Shhhh... hoje eu sou o número 157"). Ou é possível optar por um toque mais pessoal. Existe um consultório de clínica geral que dá aos pacientes um cartão numerado com o desenho de algum personagem da Disney. Ao ouvir o sinal, o paciente verifica o número e descobre que está atrás do Tio Patinhas mas na frente do Pateta. E ninguém pensará que você, o inocente Mickey, é na verdade o padre.

Particularmente, procuro sempre buscar o paciente (ou BOP). O contato visual inicial e o sorriso sem graça podem fazer maravilhas no que diz respeito a amenizar a ansiedade de uma coceira num lugar constrangedor. BOP também permite que o médico observe em segredo (pela abertura da porta) o paciente seguinte na sala de espera. A dona Bishop está plantando bananeira na área de brinquedos, mas incorpora um olhar crônico de cansaço da vida assim que o médico aparece. Por quê?

BOP garante ao médico mais tempo de conjectura com os pacientes, desde o momento em que eles tentam se levantar daqueles assentos ridiculamente baixos na sala de espera ao momento em que entram no consultório. Ele parece doente? Será que consegue andar sem prótese? Como vai conseguir passar aquele carrinho de bebê para gêmeos sem descascar a tinta da parede?

Eu costumo ver se o paciente consegue passar por mim no corredor — para verificar se tanto eu quanto ele estamos em forma. Um colega meu está convencido de que pode ditar o ritmo e o estilo das consultas pela forma como se conduz o paciente ao consultório. Um passeio despreocupado, se ele está com tempo livre, ou a passos rápidos, se está atrasado. Os passos rápidos fazem com que pareça estar escondendo um tubérculo, e pode ser que realmente haja um fundo de verdade nisso.

BOP é particularmente útil quando alguém deixa um aroma desagradável no consultório e torna-se necessário um momento para dar uma espairecida. Por sua vez, parece que os pacientes gostam. Se a pessoa vai se consultar com um médico conhecido, ela pode aproveitar o tempo extra para mencionar os joanetes. Se o médico é novo, pode usar esse tempo para ver se realmente quer tratar de questões psicológicas (por exemplo, o marido que se tranca no closet e fica cheirando os sapatos) ou se quer tratar apenas de sua epicondilite.

Teoricamente, BOP também serve para reduzir erros de identidade, mas, para médicos novos e esquecidos, isso é uma fonte constante de vergonha. Digamos que a próxima paciente seja a dona Thomas, de 50 anos. Ao chegar à sala de espera, o médico se depara com quatro mulheres com essa descrição. Portanto, a quem conceder o tão importante primeiro contato visual? E se a paciente se consultou com o médico na semana anterior, e ele não lembrar de jeito algum da fisionomia dela? A única opção é ficar olhando para o chão, fazendo com que a dona Thomas pense que você não tem um pingo de interesse nela. Além disso, se nenhuma das mulheres for a dona Thomas, você pode passar um bom tempo sem tirar os olhos do chão. Meu recorde pessoal é de dez minutos.

Ter êxito no BOP também depende da geografia do consultório. Se você está no sexto andar, fica impossível descer pela escada, que está bloqueada por pacientes que caíram duros no chão enquanto escalavam os degraus ou que simplesmente pararam para tomar fôlego. Então, o médico acaba fazendo a consulta se apoiando no corrimão no terceiro andar. "E quanto à tosse, padre?" O outro problema do BOP é que deixa o médico sem tempo de fazer qualquer coisa entre as consultas.

O que os médicos fazem entre as consultas?

Apartam brigas, geralmente. Ficar entre os pacientes só por bel-prazer é raro, e o Conselho Médico faz cara feia para tal esfregação. Quando a consulta finalmente termina, os clínicos gerais têm um intervalo de, em média, trinta segundos, mas atualmente eles gastam quase todo esse tempo digitando freneticamente no computador para receber o pagamento dos atendimentos pelos quais os médicos estão recebendo naquela semana. Antigamente, eu costumava me deleitar com a leitura de algumas páginas de algo como *Histórias de uma cidade*, de Armistead Maupin, no intervalo. Com oitocentas palavras por capítulo, não deixa de ser uma grande satisfação terminar um livro inteiro no meu intervalo entre as consultas. Num dia ruim, pode-se brincar de pique-pega. Não há mais tempo para respirar entre um paciente e outro. Alguns anos atrás, um clínico geral estressado fazia as anotações sobre o paciente que acabou de sair do consultório enquanto o próximo chegava. Portanto, não se estabelecia qualquer contato visual, e era um mau começo de consulta. Nos dias de hoje, mergulhamos no teclado e nos escondemos atrás do monitor. Portanto, não se estabelece contato visual algum, o que é um mau começo de consulta. Que grande progresso...

Depois de uma consulta muito estressante, é recomendável fazer uma pausa, mas normalmente não é o que acontece. Com toda pressa do mundo, partimos rumo à próxima consulta muito desgastados, conscientes do fato de que já estamos quarenta minutos atrasados. No entanto, agindo assim, corremos o risco de transportar a aflição de uma consulta para a seguinte. Por que o médico está chorando atrás do computador?

Outros optam por "técnicas de controle do estresse": relaxamento, ioga, auto-hipnose, meditação, uso de sandálias e barba por fazer — seja lá o que for, os clínicos gerais já experimentaram. Conheço um médico que guarda um saco de pancada no consultório, mas uma bolinha antiestresse que dobra de tamanho como uma prótese de testículo ocuparia muito menos espaço. É quase tão terapêutico quanto apertar o produto original, mas muito mais ético. Se nada disso der certo, você sempre encontrará um maço de cigarros na gaveta secreta do doutor (a terceira à esquerda, atrás da roupa de borracha e do pote de manteiga corporal. Ou será que é só no meu consultório?).

Por que alguns médicos ficam encarando o paciente, enquanto outros ficam olhando os pés?

Depende do distúrbio de personalidade de que o médico sofre. Aquele que tem olhar fixo pode apresentar uma leve tendência psicopática ou ter acabado de concluir meu curso de habilidades comunicativas. Ou então pregaram uma peça no médico e arrancaram seus cílios. Ou pode, simplesmente, ser uma função da especialidade do médico; os anestesistas encaram fixamente o paciente na esperança de que acordem; os psiquiatras, para vê-lo cair no sono. Talvez o médico esteja encarando você porque realmente existe algo em sua cabeça do qual ele não consegue desviar o olhar, como um caroço enorme, orelhas de abano ou uma faca.

Os médicos que preferem os pés aos olhos não são, necessariamente, ortopedistas. Um geriatra me ensinou a observar os pés primeiro: "Se um homem consegue amarrar o cadarço, então não pode haver muita coisa errada com ele." Até que ele tem razão. Não importa a forma como você amarra o cadarço; é uma atividade que requer boa visão, equilíbrio, flexibilidade, coordenação, motivação e memória. Mas, mesmo assim, o paciente pode ter câncer de próstata.

Ainda na categoria daqueles que encaram os pés, vale ressaltar que muitos deles saíram da faculdade de medicina com notas altíssimas, mas com a capacidade de comunicação de um gambá morto. Podem até olhar para o paciente no início da consulta, mas, se houver algo de errado na área emocional (sofrimento, raiva, desespero, hiperventilação), começam a ficar inquietos na cadeira, não param de mexer nos dedos. Eles se escondem, tensos, atrás da tela do computador e perguntam sobre o colesterol, quando o paciente marcou a consulta para falar da morte do cachorro.

Evitar contato visual pode ser totalmente apropriado, como quando se faz um curativo na hemorroida de alguém ou quando o médico abre a porta e o paciente ainda está trocando de roupa. Essa coisa de trocar de roupa é muito estranha. É permitido que os médicos vejam o paciente pelado ou totalmente vestido, mas ser pego no processo de remover as vestimentas é algo mais que inapropriado. O processo de tirar o roupão é algo ritualmente sensual — ou pelo menos seria, se pudéssemos olhar.

Com exceção do ato de se despir, a observação é o coração da medicina. Um dos meus professores costumava dizer:

"A mandíbula revela a ascendência, os lábios mostram o que a vida fez ao paciente e os olhos revelam a emoção naquele dado momento." Há muito mais para se observar numa pessoa do que determinar um diagnóstico. E também vale a pena examinar o médico. Por que tem ovo na barba dele? Ele parece mais doente do que eu? Será que ele vai tropeçar no cadarço desamarrado? Todo feedback é bem-vindo.

Por que médicos sempre chegam pela direita?

Porque aprendemos a chegar ao leito do hospital pela esquerda (ou seja, à direta do paciente), e, se não fazemos o que nos ensinam na faculdade de medicina, somos logo expulsos, e nos tornamos uma vergonha para a família. Para ser justo, preciso dizer antecipadamente que não é um mero ritual. A maioria dos médicos segura o estetoscópio com a mão direita, e fazer a abordagem pela esquerda torna o exame da parte esquerda do coração (à direita do médico) um pouco mais fácil.

Além disso, as enfermarias eram planejadas de forma que o criado-mudo ficasse à direita do paciente, e assim as bugigangas religiosas ficariam sempre à sua direita. Antigamente, o fato de os médicos abordarem os pacientes por esse lado específico tinha um apelo duplo: estar mais perto de Deus e da caixa de bombons; dessa forma, era possível surripiar uns chocolates enquanto escutava-se o peito do paciente pelas costas ou se pedisse para olhar "para a esquerda". A cena a seguir é a minha preferida:

— Feche os olhos e toque o nariz com esse dedo.
— Por que com este dedo?

— Porque sim, está bem?
— O que você tem na boca, doutor?
— Nnnnada.

Por que médicos fazem aquela coisa de bater os dedos no peito do paciente?

Percussão não é sinônimo de bater dedos. Esta é uma prática refinada que consiste em colocar o dedo médio da mão esquerda sobre a caixa torácica e bater a falange média com a ponta do dedo médio da mão direita, acertando o ângulo exato com uma ação natural do punho. É para ser produzido um som forte, ressonante e característico. Se o som não sai assim, significa que o médico não é muito bom nessa atividade ou que o pulmão em que se realizou a percussão não tem ar o suficiente para ressoar. O órgão pode estar sofrendo falência ou estar cheio de fluido ou infecção. Às vezes, pode estar ressonante demais, o que significa que o ar saiu para a cavidade pleural, comprimindo o pulmão e tornando-se uma ameaça para a vida. Aí é só enfiar uma agulha na parede torácica para o ar sair todo, igual fazem no *Plantão médico*.

Por que médicos colocam a mão sobre o peito e mandam o paciente dizer "trinta e três"?

De vez em quando, é para avaliar a transmissão da vibração sonora no peito, que se chama frêmito vocal ou tátil, e é mais gostoso com cobertura de chocolate. Alguns médicos pedem para você sussurrar trinta e três, o que significa que o paciente não ganhará pirulito nenhum ao final da consulta. Mas ele nem deve querer mesmo, pois, se os pulmões estiverem obstruídos, transmitirão muito bem os sons baixos. A prática é conhecida como pectorilóquia áfona, mas ninguém sabe escrever isso direito.

Os médicos fingem escutar ruídos com o estetoscópio?

Não, não, nunca. Sim. Alguns médicos, especialmente quando estão atrasados, já decidem que o paciente irá tomar antibiótico para tosses fortes antes mesmo de mandá-lo levantar a camisa. Não é necessariamente uma prática ruim da medicina — é comum que os diagnósticos sejam feitos através da conversa, e o exame seja, geralmente, puro espetáculo. Se o médico quiser achar uma justificativa para receitar o antibiótico quando sabe que provavelmente não deveria — mas o paciente deixou bem claro que não sai do consultório de mãos abanando —, ele pode muito bem inventar "alguns problemas". Por outro lado, se o médico só sabe receitar penicilina para sífilis, talvez escolha ignorar o ruído incessante que não deixa os vizinhos dormirem.

O estetoscópio tem um grande significado cultural na medicina. De fato, há médicos que vão ao bar de estetoscópio. No primeiro ano, é muito legal deixar o troço pendurado no pescoço; no ano seguinte, basta jogá-lo sobre os ombros. Para os convencidos de plantão, é possível ficar rodando o instrumento para atrair as enfermeiras (nunca funcionou comigo). Hoje em dia ele vem em todas as cores, e alguns são tão caros que parece ser possível ouvir o corpo todo de uma única vez.

Se o médico é muito preguiçoso ou está atrasado, não é nem um pouco necessário que o paciente tire a roupa. Basta fazer uma abertura entre o segundo e o terceiro botão, e (com um estetoscópio bem comprido) não existirá cavidade no corpo que o médico não possa fingir atingir. Mas, para a maioria de nós, não passam de instrumentos de adivinhação que nos fazem ganhar tempo enquanto resolvemos como finalizar a consulta.

NOTA: A maior utilidade do estetoscópio é invertê-lo e usá-lo como um aparelho de surdez. Coloque as olivas auriculares na orelha do paciente e fale pela campânula. É uma maravilha, mas talvez seja invasivo demais a longo prazo.

O que os clínicos gerais faziam antigamente, antes de passarem a distribuir remédios?

Distribuíam confiança, principalmente. Na minha bolsa, ao lado dos sanduíches deixados pela metade e da garrafa de vodca, há um livro maravilhoso, intitulado *Good General Practice* [*Boas práticas médicas*, em tradução livre], publicado em 1954 e repleto de dicas paternalistas, que não tenho coragem de seguir:

1. *A medicina tem sua parcela de neuróticos. Alguns nascem dessa forma, porém muitos se tornam assim pela prática médica. Se você não tem certeza de qual é o problema do paciente, não pense no pior nem dê um*

prognóstico pessimista só para não se arriscar. Os pacientes apresentam uma tendência a serem condizentes com o prognóstico.

2. *Os pacientes depositam tudo no coração. Se o médico disser que suspeita de haver algo errado com o coração, dará início a uma cadeia de preocupações que não pode ser desfeita por qualquer que seja o número de afirmações posteriores. Lembre-se de que, ao atingir os 70 anos de idade, a maioria dos corações aumenta e pode apresentar sopro e um grau leve de falência cardíaca. Dizer a um homem que seu coração está "excelente para sua idade" ou "bom para enfrentar mais vinte anos" lhe dará uma nova perspectiva de vida.*

3. *Se for possível evitar, não diga que seus pacientes têm pressão alta. É a mesma coisa que dizer estão prestes a sofrer um derrame. Pressão alta não apresenta sintomas, pelo menos até o paciente ser informado de que sofre desse mal. A partir de então, os sintomas não terão fim. Quando se sabe que a pressão está alta, não faz muito sentido medi-la repetidas vezes. Só faz com que o paciente concentre toda a atenção nisso. Muita gente com pressão normal sofre derrame, e muita gente com pressão alta vive até ficar velhinho.*

Agora que existem tratamentos eficazes para falência cardíaca e pressão alta, além de advogados eficientes para processar médicos que por acaso cometam um erro, falamos tudo ao paciente e enfatizamos o lado negativo para nos proteger. Já que tudo é feito atrás da tela do computador, sem contato visual e em menos de dez minutos, os pacientes vão embora com uma ansiedade profunda e uma receita de meia dúzia de remédios, que muitos não têm a mínima intenção de tomar. Os poucos que tomam se sentem ridículos por tantos remédios. Não tem por que viver mais se você não se sentir melhor.

Qual é a coisa mais irritante que um médico pode dizer ao paciente?

Conheço um médico que pergunta "qual é o problema?" aos pacientes homens e "qual parece ser o problema?" às pacientes mulheres. Fica difícil superar isso quando o quesito é "irritante", mas "seu corpo é um templo, e não um brinquedo" fica perto.

Quando o médico dobra a manga da camisa significa que está na hora de ir embora?

Com certeza, está na hora de perguntar o que vai acontecer depois, ainda mais se ele jogar a gravata por cima do ombro. Hoje em dia, todos os médicos nos hospitais deveriam evitar usar gravata e vestir camisa de manga curta o tempo todo, supostamente para reduzir o risco de infecção, mas também para parecer que estão sempre a postos para colocar a luva cirúrgica.

Há problemas em falar palavrões na frente do paciente?

Eu adoro gíria, mas tenho ascendência australiana, e a Austrália é um país onde um xingamento pode ser uma expressão de carinho. Nem todo mundo concorda. Certa vez, lá estava eu na privada folheando um exemplar antigo de *Nursing Times* quando me deparei com a história de uma enfermeira que "foi advertida" por usar "linguagem explícita e vulgar" na frente dos pacientes. A enfermeira defendia o uso da designação vulgar do pênis numa casa de repouso em Kent: "Já usei muitas vezes essa palavra e não acredito que seja repulsivo. Eu fui muito travessa quando criança e sempre xinguei um pouco." A enfermeira também admitiu se referir a dois pacientes como "cretinos" e de ter usado a palavra "bunda" em certa ocasião. Contudo, negou ter dito o seguinte a uma senhora de 60 anos que comia uma banana: "Deve ter muito tempo que a senhora não chupa uma coisa dessas."

Uma vez, eu estava à toa na recepção e ouvi um clínico geral dizer pelo interfone: "Entre, dona Jones, sua barrigudinha. Traga logo o seu traseiro gordo e caído aqui para dentro." Todo mundo riu, inclusive a dona Jones (pelo menos, em público). Talvez isso tenha acontecido porque peguem mais no pé das enfermeiras; talvez sejam tolerantes somente com esse médico específico, que estava havia mais de trinta anos na profissão e podia escolher com quem ser mal-educado. Mas um substituto temporário não pode sair dançando valsa na sala de espera com a "barrigudinha" como par. Contudo, talvez ainda exista espaço para usar gírias durante uma consulta. Muitos pacientes ficam confusos não só com o sentido da vida, como também com o significado de "evacuação". Seria muito menos confuso dizer simplesmente "cocô", "bosta" ou "merda", sem medo de ser advertido pelo Conselho Médico. Essa será minha defesa para com este livro quando os cretinos vierem atrás de mim.

O que médicos fazem com os pacientes que detestam?

Falemos agora em termos de futebol. Eu já trabalhei numa clínica onde todos os pacientes mais difíceis eram organizados como se formassem um time para aquela semana e apresentados na sala do café. Caso pegasse um paciente difícil, você poderia desfrutar de um prazer secreto, pois bastava colocá-lo para escanteio. Mas, antes de fazer uma substituição, era necessário dar uma justificativa para os demais médicos, o que era uma maneira inteligente de fazer com que o profissional articulasse por que aquela consulta seria tão difícil.

No Reino Unido, os clínicos gerais costumavam chamar esses pacientes de "arrasa coração" (pessoas que faziam o coração do médico disparar só de ver seu nome na agenda). Um psiquiatra chamado Groves até dividiu essa classe em quatro grupos (autodesprezadores manipuladores, negadores autodestrutivos, exigentes autorizados e agarradores dependentes). Porém, também existem muitos médicos "arrasa corações", e, quando tudo dá errado na consulta, os dois lados ficam com problemas.

Somos como pais que não podem dizer que odeiam seus filhos, que só podem dizer que acham o comportamento deles desafiador. O mesmo acontece com os médicos. Abaixo, apresento um resumo de uma reunião recente de clínicos gerais, com questões que os médicos acham complicadas. Envolve tanto o médico quanto o paciente.

1. "Como sou mulher, a maioria dos meus pacientes é de mulheres e crianças. Homem aqui é uma raridade. Para mim, os difíceis são os homens mais velhos que fazem o tipo executivo. Eles fazem eu me sentir inadequada, mas não sei bem por quê. Talvez nunca tenha tido pacientes homens o suficiente para me sentir confiante, mas acho muito difícil estabelecer uma sintonia. Tenho certeza de que eles me veem como enfermeira ou inferior a um clínico geral homem. É comum que tentem me inferiorizar."
2. "Sou um homem contido no consultório e fico desesperado se uma mulher vem se consultar para tirar dúvidas sobre terapia de reposição hormonal. Aí eu penso: 'Por que eu? O que está acontecendo aqui?' Eu sei que pode ser porque ela já se consultou comigo e está tentando ser fiel a mim; pode até ser por ela preferir se consultar com um homem. Mas nada disso me convence. Que mulher, em sã consciência, procuraria um homem para falar sobre secura vaginal?"
3. "Acho difícil lidar com profissionais cultos e de classe média. Costumam ser mais

exigentes, menos gratos e menos tolerantes com as falhas do Sistema Britânico de Saúde Pública. Como estão acostumados a ficar no comando, acho muito complicado acertar na relação médico-paciente nesse caso."

4. "Fico estressado com pacientes que chegam com uma lista enorme de sintomas difusos, que têm relação com praticamente todo o organismo. Então, o maldito computador mostra uma lista de todas as metas que tenho que atingir. Bate um desespero enorme: como posso resolver isso tudo em dez minutos?"

5. "Quando chega alguém que exige que 'algo deve ser feito', já fico desanimado. Geralmente, é o parente do paciente que fala tais coisas; ele se sente culpado por não poder fazer mais. É muito ofensivo quando a pessoa mora a 300 quilômetros de distância, faz uma visita relâmpago à mãe uma vez por ano e tem um ataque de fúria por causa do estado de saúde dela. Fico com raiva porque essas pessoas insinuam que não estou dando o melhor de mim — e fico me perguntando se realmente estou."

6. "Detesto pacientes que acham — ou fingem — que somos amigos, sendo que nunca vi a cara da pessoa. Eles nos chamam pelo nome no intuito de cavar o carinho e o afeto. Talvez

pensem que serão tratados melhor, mas isso acaba comigo."

7. *"Quando o médico está na posição de paciente, ele fica muito estressado, ainda mais quando é professor. Imediatamente me coloco numa posição inferior e sinto como se estivesse sendo testado o tempo todo. É pior ainda quando se consultam na própria especialidade. Acabei de tratar de um pneumologista com tosse."*

"E o que você disse?"

"Que não é nada de mais."

"E?"

"Provavelmente é um vírus, mas eu pedi um monte de exames e radiografias desnecessários. Você sabe, porque ele era um consultor."

8. *"Fico muito sem graça em consultar membros da equipe. Eles sabem como somos, nos ouvem falando besteiras o tempo todo na cafeteria. Outros médicos estão registrados em outras especialidades, mas nós não. Uma vez, tive que realizar um exame proctológico no administrador da clínica."*

9. *"Odeio arrumar o serviço malfeito dos outros. Semana passada, atendi uma mulher que havia passado por uma cirurgia de rotina. Como o cirurgião não falou nada comigo sobre o assunto, perguntei: 'O que*

o médico disse?' 'Ele disse que eu ia para casa morrer.' Ela parecia bem, mas deduzi que encontraram algo terrível ao abri-la. Então tivemos uma longa conversa sobre testamento e sobre alívio para a dor. Quando voltei à cirurgia, liguei para o médico a fim de pedir mais detalhes. Ele era australiano demais e ficou muito surpreso. 'Eu lhe disse que ela iria para casa hoje.'"*

Existe mesmo leito azarado?

Possivelmente. Muitos pacientes contam terem visto uma cama, geralmente a da frente, em que todos os que a ocuparam saíram de lá mortinhos da silva, mas existem sempre aqueles que são azarados mesmo. Se há alguma coisa obscura nessa história, depende das circunstâncias locais. Uma cama com um colchão infectado é notícia ruim. Se está mais distante do posto das enfermeiras, pode ser difícil pedir ajuda quando for realmente necessário. Quanto mais longe estiver da pia, pode ser mais difícil que os funcionários lavem as mãos.

Às vezes, o faxineiro coloca o aspirador de pó em somente uma tomada e não alcança todo o local. Talvez exista

---

* Infelizmente, o sentido se perde na tradução. A explicação é imprescindível. O vocábulo "hoje" em inglês é "today". O som vocálico final, no Reino Unido, é pronunciado como /ei/, e na Austrália, como /ai/. Portanto, o som produzido pelo sotaque australiano em "today" é igual a "to die", "morrer". (*N. da T.*)

somente uma enfermeira para cuidar dos pacientes daquele leito específico, e ela pode ser um pouco descuidada. Ou pior: a cama pode ser a mais próxima da porta, e as enfermeiras colocam os pacientes com doenças mais graves ali de propósito, pois fica mais fácil remover quando falecerem. Ou o paciente pode sofrer de visão de túnel e só vê o que acontece no leito à frente. Ou quem sabe toda a enfermaria esteja conspirando para pregar uma peça em você, e os pacientes da cama à frente só fingem estar mortos. Seja lá qual for a razão, vale a pena pesquisar um pouquinho antes de afirmar que um leito é azarado.

Os médicos ainda removem pedaços do cérebro com um picador de gelo?

Suspeito de que alguém esteja recorrendo a isso neste exato momento como uma alternativa barata para a tortura por afogamento. Contudo, a última lobotomia supostamente terapêutica realizada com um picador de gelo num país aparentemente civilizado foi nos EUA pelo neurologista Walter Freeman, em 1967. Freeman fez quase 3.500 lobotomias ao longo de sua vida, sem possuir especialização em cirurgia. Nem anestesista era. Ele apagava os pacientes com eletricidade, puxava a pálpebra para trás, empurrava o picador de gelo para dentro e para cima, dava pancadas fortes com um martelo de borracha no globo ocular até chegar no cérebro, fatiava o lóbulo frontal e puxava o picador para fora. Seus "pacientes" aparentemente retomavam a consciência — ainda que meio instáveis e confusos — em menos de dez minutos. Era um serviço móvel de lobotomia em série que fazia uso de uma ferramenta doméstica e ostentava um selo da *Uline Ice Company* nas laterais.

Serei justo. Na época de Freeman, o tratamento de doença mental severa era, no geral, uma barbárie. Os hospitais psiquiátricos foram lugares medonhos, lotados de pacientes que passavam a vida toda trancafiados. Alguns eram imobilizados e se alimentavam à força, com alguém abrindo suas bocas. Havia cocô nas paredes, superlotação e um aumento contínuo de demanda. E isso nos EUA, e não no Sistema Britânico de Saúde Pública.

Na década de 1940, o tratamento girava em torno da terapia eletroconvulsiva sem anestesia ou de convulsões químicas forçadas. Freeman apenas decidiu dar um passo além e cozinhar o cérebro permanentemente. Era somente uma teoria, mas um cirurgião português chamado Egas Moniz já estava obtendo resultados "interessantes" com a leucotomia (remoção de pedaços do cérebro com um dispositivo parecido com um descascador de maçã) e recebeu um Prêmio Nobel pelo seu trabalho um tanto quanto questionável.

Freeman desenvolveu a técnica de lobotomia pelo globo ocular e a usou até na irmã de John F. Kennedy. Ele cruzou os EUA e a Europa numa van, colocando em prática seu trabalho e geralmente partindo antes que os pacientes tivessem um colapso ou morressem. Na década de 1950, ele se mudou para a Califórnia e ofereceu lobotomias a donas de casa neuróticas e a crianças problemáticas. Nessa época, já estava claro que seu tratamento era nocivo, e ele perdeu o crédito. Contudo, o homem acreditava no que fazia, os pacientes confiavam nele, e ninguém foi capaz de detê-lo até ele atingir os 72 anos de idade. Os médicos, assim como os políticos e os banqueiros, nunca foram bons em se controlar.

Os médicos ainda experimentam remédios em si próprios?

Os médicos (e os estudantes de medicina) até são voluntários em testes controlados de novos medicamentos. Porém, antes dessa época, médicos heroicos geralmente experimentavam a droga primeiro, antes de usar no paciente. Em 1943, o químico suíço Alber Hoffman engoliu o extrato de uma droga para fungo, na esperança de que ajudaria pessoas com problemas respiratórios. Infelizmente, a droga preferiu se alojar em sua mente, garantindo-lhe alucinações vívidas enquanto ele voltava para casa de bicicleta. "Foi algo tão extraordinário que tive medo de estar enlouquecendo..." Albert descobriu o LSD e teve a primeira viagem do mundo. Não é tão digno assim do Prêmio Nobel, mas os adoradores de ácido vão amá-lo para sempre.

Nada de Prêmio Nobel também para Pierre Bestain, que estava tão convencido de que havia descoberto o antídoto para o temível cogumelo chapéu da morte que comeu um prato cheio da iguaria, com um pouco de manteiga. Ele sobreviveu, e a história do antídoto se espalhou rapidamente. Aliás, quando outras pessoas tentaram tratar overdoses não intencionais, a droga falhou de forma infalível. Tudo indica que Pierre era geneticamente imune ao cogumelo.

A experiência de uma pessoa não é prova científica; é necessário testar a droga em outras cargas genéticas além da sua antes de levá-la a público. Ser cobaia de si próprio tem seus limites, além de ser arriscado. Contudo, se sair vitorioso, entrará para a História.

Chamo ao palco o meu herói, médico e conterrâneo australiano, o Dr. Barry Marshall. Ele estava convencido de que a bactéria *Helicobacter pylori* causava úlceras estomacais, mas em 1982 seus colegas achavam que ele estava doidão. Então, ele pediu ao amigo John Noakes para que lhe preparasse uma suspensão forte da bactéria, tirada diretamente da cultura em ágar. E ele engoliu tudo, de uma só vez. "Não é o tipo de coisa que uma pessoa vai querer beber. Era como água de brejo, bem podre, para falar a verdade..." É isso aí, colega!

E ele conseguiu. Acordou às três da madrugada com cólicas estomacais fortíssimas, e, assim, teve início seu longo relacionamento com o vaso sanitário. No oitavo dia, acordou às seis da manhã com um vômito estranho: "Não senti gosto nenhum de ácido. Parecia que eu só vomitava água, mas não estava bebendo nada. Fiquei intrigado." A bactéria fez com que o ácido protetor desaparecesse do suco gástrico. Após dez dias de sofrimento, uma endoscopia descobriu os primeiros sinais de uma úlcera estomacal.

"Infelizmente, minha esposa insistiu para que eu começasse a tomar antibiótico depois daquilo, porque ela ficou preocupada que meu estado se agravasse ou que algo pior acontecesse..." Os antibióticos curaram a úlcera, Barry recebeu o Prêmio Nobel e pesquisas posteriores provaram que erradicar a bactéria, além de curar úlceras estomacais, reduz as chances de reincidência.

Se você não é tão corajoso assim a ponto de realizar experiências em si próprio, sempre pode recorrer aos seus filhos. Gerhard Domagk, pioneiro nos antibióticos sulfonamidas, testava primeiro na filha, e Edward Jenner tratou o filho com uma inoculação de líquido de varíola bovina para testar suas teorias sobre vacinação. Não aconteceu nada de mais a eles, e, até hoje, nos deparamos com médicos que dão antibióticos aos filhos enquanto recomendam o uso de paracetamol ao restante do mundo.

Será que algum médico já comeu o cocô de um paciente?

Nós fazemos isso o tempo todo, como punição por não lavar as mãos direito, mas o único libertino comedor de cocô de que se tem notícia é o Dr. Joseph Goldenberg, do Sistema de Saúde Pública dos EUA. O Dr. G. queria descobrir a causa da pelagra, doença que tem nome parecido com comida italiana, mas que mata por diarreia, dermatite e demência. Nos EUA, onde a pelagra era, de repente algo raro se alastrou, e houve um surto completamente sem explicação. Centenas de pessoas morreram. O *Journal of the American Medical Association* concluiu, em 1914, que era "uma doença infecciosa específica transmissível de pessoa à pessoa por meios desconhecidos até a presente data".

Como todo bom cientista, Goldenberg resolveu provar, por meio de um experimento, como a pelagra se propagava. Ele começou delicadamente extraindo sangue de um de seus pacientes doentes e injetando no próprio ombro. Depois, coletou catarro e muco nasal de outro paciente e esfregou no próprio nariz e na própria boca. Náusea, vômito, diarreia hemorrágica, depressão, psicose e escamação de pele estariam à espera de Goldenberg se o experimento tivesse dado certo. Mas não deu.

Goldenberg chegou à conclusão de que não havia ido longe o suficiente. Três dias depois, resolveu ingerir bicarbonato de sódio para neutralizar o ácido no estômago e maximizar as chances de ser infectado. Então, ingeriu, uma de cada vez, amostras de urina, fezes e pele, extraídas de seus voluntários. Isso deve tê-los deixado intrigados. O resultado foi previsível. Ele teve diarreia, mas não desenvolveu a pelagra.

Alguns dias depois, Goldenberg conseguiu convencer quatro grandes amigos a se juntarem a ele e comer pele, fezes e urina de um paciente com pelagra. Deve ter sido um jantar dos infernos. A esposa dele queria se juntar ao grupo, mas Goldenberg não conseguia encarar a ideia de vê-la comer a pele e o cocô de outro homem. Então ele injetou sangue de uma paciente terminal nela. Mas ninguém adquiriu a doença.

Goldenberg repetiu o experimento por impressionantes sete vezes, até se convencer de que não era uma doença infecciosa. Após muitos anos de pesquisa, ele conseguiu estabelecer uma cura: levedura de cerveja. A pelagra era causada por falta de vitamina B niacina na dieta, e o motivo do surto também ficou evidente. Na virada do século, os hábitos alimentares haviam mudado, passaram do consumo de grão integral ao grão moído, mais fino e mais refinado. Infelizmente, esse processo também removia algumas vitaminas essenciais, especialmente a niacina. Com a reintrodução desta, a epidemia de pelagra desapareceu. Ponto para Goldenberg.

Por que homens viram ginecologistas?

Na época em que todos os médicos eram homens, todos os ginecologistas obviamente eram homens também. Pode ser que alguns tenham escolhido a especialidade por motivos duvidosos, mas, como eu mesmo já tive que dar uma de ginecologista algumas vezes, posso afirmar que não existe nada sequer remotamente excitante nessa atividade. A maioria dos ginecologistas homens que conheço tem simplesmente um fascínio pelo assunto.

Esse entusiasmo foi documentado pela primeira vez por J. Marion Sims (apesar do nome, é um homem), que realizava cirurgias na Alabama do século XIX e a quem é atribuído o título de fundador da ginecologia moderna. Ele escreveu o seguinte sobre uma paciente com fístula (uma passagem anormal entre a vagina e a bexiga): "Ao introduzir o cabo dobrado de uma colher, vi tudo, como ninguém jamais vira até agora. A fístula era lisa como o nariz do rosto de um homem."

Você pode questionar as anotações dele, mas é justo dizer que Sims gostava bastante de seu trabalho. Talvez ele até gostasse de olhar, mas com uma objetividade imparcial — e não com luxúria. Ele inventou o espéculo, o cateter, várias técnicas cirúrgicas novas e não mudava de feição quando uma paciente "ficava sem graça por um som de ar explosivo". Um verdadeiro profissional.

Agora existem muito mais mulheres na medicina e na ginecologia. As chances de uma mulher se tratar com uma ginecologista são altas, mais até do que você imagina. Porém, o sexo do médico é muito menos importante que seus modos.

Sexo, sono ou scrabble?

3

Saúde grosseira

Muita gente tem problemas com seus balangandãs. É uma pena, pois isso é algo que se baseia na falta de informação e impede que a pessoa curta esses apetrechos.

AS PARTES DELE
Pênis ou banana?

Pênis, sem sombra de dúvida, ou alguma das alternativas não ameaçadoras. Dizer a um filho que ele tem uma banana crescendo é como plantar a semente que iniciará uma futura inadequação (a menos que a fruta seja abolida em casa, o que seria uma pena, pois a banana é uma excelente fonte de potássio. Se você não suporta o vocábulo "pênis", existem inúmeros substitutos relativamente inofensivos para o membro masculino. Salsicha condiz facilmente com as expectativas — se crescer, vira salsichão). Evite qualquer coisa que sugira agressão, mesmo que você seja açougueiro. Algumas mulheres têm o hábito infeliz de dar um nome próprio ao pênis, como se ele fosse dono do próprio nariz. Essa prática é até tolerável, porém Júnior é inaceitável, pois é um insulto óbvio. Normalmente, homens e garotos ficam felizes e relaxados de pôr um nome no órgão genital e de mimá-lo. Aliás, ele é tão importante que, no críquete, a proteção íntima foi introduzida um século antes do capacete (1874 versus 1974). Cuidar do pênis tem um preço, mas de nada adianta se a cabeça não for usada. Ou é o contrário?

Posso espremer as pápulas penianas perláceas?

Não. Se puxar para trás o prepúcio do pênis de um jovem (**DICA:** peça primeiro), você irá se deparar com várias espinhas, pequenas e brancas como lindas donzelas, em volta da base da glande (isto é, na aba do capacete do Darth Vader). Essas glândulas são perfeitamente normais, ajudam na lubrificação e não se beneficiam com interferências exteriores.

O que 90% dos homens britânicos têm que 70% dos homens americanos não têm?

O prepúcio. Ou o apreço pela ironia; cada um ganha num ponto. O prepúcio contém a maioria dos receptores de estímulos sensoriais do pênis. Portanto, é uma grande ironia o fato de alguém querer arrancar essa parte fora. Se você é sortudo por ainda ter seu prepúcio, agarre-se a ele.

Sexo, sono ou scrabble?

O que é a marca Helix?

É uma pequena linha vertical avermelhada de 2,5 centímetros em média, que fica logo acima da base do pênis. A maioria dos adolescentes passa por uma fase na qual forçam sua púbis com uma régua de 15 centímetros na esperança de se convencer de que seu pênis ereto chega a 15 centímetros. O termo foi cunhado pelo jornalista esportivo Old Etonian e pelo advogado do Guiness (o livro dos recordes), Will Buckley, que me garantiu que a prática era comum na escola onde estudava. Também é uma epidemia nas escolas públicas, mas, nesse caso, tende a ser um assunto de interesse público, já que raramente há mais de um régua por turma.

Por que meu escroto parece cinquenta anos mais velho do que eu?

Porque você ainda é um homem jovem, seu sortudo. As rugas do escroto são como um ar-condicionado, mantendo os testículos em média um grau abaixo da temperatura corporal e fazendo com que o esperma não pegue no sono na hora de trabalhar. O escroto também é um termômetro que pode medir o grau de estresse, a falta de sono e o envelhecimento prematuro. É muito simples fazer a comparação. Tire seus amigos para fora da calça, olhe no espelho e veja a diferença. Se não viu diferença alguma, diminua o ritmo e ponha o sono em dia.

NOTA: o Teste de Discriminação Escrotal do Dr. Phil não é reconhecido por nenhum órgão oficial, mas é muito mais barato do que qualquer exame da rede privada de saúde. Você pode consultar um médico ou fazer a descoberta entre amigos. Todos a postos! Agora recomponha-se e vá dormir.

Por que meu escroto é envolto por uma pele de galinha?

Confusão evolutiva. Suas bolas ficam penduradas, como o papo do peru, então por que a pele seria diferente? Você também pode cobri-los com um molho bem gostoso no Natal. Mas pegue leve com o recheio.

A pressão do meu pênis é mais alta do que a minha?

Quando ereto, sim, e é por isso que os médicos tiram a pressão no braço, não no pênis (senão, todos os homens estariam tomando medicação, e todos nós teríamos que nos justificar perante o Conselho Médico). A pressão humana normal, em repouso, fica em 140 milímetros de mercúrio, mas uma ereção bem intensa pode ser dez vezes superior a esse valor. O pênis dos touros, aparentemente, cresce a 1.700, dos garanhões a 4 mil, mas o grande campeão é o poderoso bode, que chega à incrível marca de 7 mil milímetros de mercúrio. Para mais informações sobre como são feitas as medições, consulte *Reproduction in Domesticated Animals* [*Reprodução de animais domésticos*, em tradução livre], de Gordon James King.

O pênis sempre parece menor visto de cima?

Sim, a menos que ele esteja na posição contrária.

Sexo, sono ou scrabble? . . . .

É possível potencializar a ereção com gás do riso?

Não é bem assim. O gás do riso é o óxido nitroso, ou N_2O, que tem dois nitrogênios ligados a um oxigênio. A molécula mais importante para dar o pontapé inicial na ereção é o óxido nítrico, NO, que tem apenas um átomo de cada. É uma diferença sutil, mas importante — se o gás do riso fosse liberado imediatamente após o início da ereção, ela desapareceria, e a raça humana seria extinta. N_2O é usado para potencializar o motor de foguetes, mas também funciona como analgésico, anestésico e — combinado com oxigênio — ajuda a rir e esquecer o parto (não estou falando necessariamente dos pais).

NO é um mensageiro químico tão importante para os mamíferos que ganhou o nome de "molécula do ano" em 1992. É responsável pelo relaxamento da musculatura lisa que permite que o sangue chegue ao pênis. Isso ocorre pela ativação da guanilato ciclase, o segundo sistema mensageiro, que converte a guanosina trifosfato em guanosina cíclica monofosfato (GMPc), que, por sua vez, ativa a bomba de sódio e abre os canais de potássio, causando uma redução do cálcio intracelular e facilitando o relaxamento da musculatura lisa. Os medicamentos para disfunção erétil são inibidores da PDE5, uma isoenzima responsável pela degradação do GMPc. Tais drogas, ao inibir a isoenzima, aumentam a quantidade de GMPc liberado pela via de NO. Seria muito mais simples se tivéssemos um osso no pênis.

Por que homens não têm osso no pênis?

Muitos mamíferos possuem osso peniano e, portanto, estão prontos para mandar ver a qualquer hora. Mas os primatas, ao evoluírem, perderam tal osso e têm que confiar em alguns poucos tubos esponjosos e num sistema ridiculamente complicado de bombeamento hidráulico que requer uma cooperação completa dos sistemas cardiovascular e nervoso para se obter uma pressão decente. E, como é de se esperar, está sujeito a todos os tipos de falhas mecânicas.

É uma piadinha de Deus ou um processo inteligente de seleção natural que permite que as mulheres identifiquem os homens mais saudáveis. Os homens que não enfrentam problemas para conseguir uma ereção são, em geral, psicológica e fisicamente saudáveis e dariam bons pais (mas bem que eles podiam tentar aprender a ficar sossegados dentro da tanguinha). Por outro lado, quem sofre de disfunção erétil (DE) geralmente apresenta problemas psicológicos, doenças físicas, preocupações financeiras e o hábito de encher a cara.

Felizmente, agora existe remédio para ajudar a evolução sob a forma de variadas bombas, injeções, implantes e pílulas, mas a DE continua sendo um ótimo indicador de outras doenças. Portanto, mais vale consultar um médico e passar pelo exame de toque do que comprar comprimidos azuis por uma pechincha na internet. Saiba que essas coisas são feitas de pelo de cavalo e fezes de elefante pigmeu.

NOTA: o principal argumento contra o osso peniano é que alguns homens e mulheres poderiam querer fazer sexo o tempo todo, e isso poderia acabar ficando chato. Talvez a evolução não seja tão idiota assim.

Um pênis normal pode ser curvado ou torto?

Sim. É tudo uma questão de graus. Se você se munir de um transferidor, verá que a maioria das ereções apresenta uma pequena curva (mas penso que pouquíssimos homens permitirão a medição). Os pênis, em geral, são levemente tortos (na maioria dos casos, no sentido antipênis). Um em cada cem homens apresenta uma curvatura acima de 25° e tem a doença de Peyronie, batizada em homenagem ao médico do rei Luís XV. Mas o homem bem-dotado existe desde os primórdios da humanidade e foi retratado com muito orgulho em esculturas do século VI a.C.

Você deve fazer algo a respeito disso se o fato o machuca ou se estraga sua diversão. Às vezes, o próprio pênis acerta com o tempo, mas, se não for o seu caso, tire uma foto digital da ereção e a compartilhe com seu médico (é muito mais fácil que mostrar o que você quer dizer em tempo real). A maior parte dos pênis pode ser endireitada por meio de cirurgia.

A maioria dos homens tem peito?

A mama masculina tem sido a regra, já que estamos cada vez mais gordos. Além de haver um aumento de gordura nas mamas, a própria gordura produz estrogênio, o que faz com que o tecido mamário cresça. O álcool reduz a testosterona e eleva o estrogênio; portanto, beberrões acima do peso têm mamas bastante grandes, mas elas voltam ao normal se o consumo é reduzido.

É normal que adolescentes saudáveis tenham mamas temporárias, devido aos níveis flutuantes de testosterona, que nem sempre estão altos o suficiente para equilibrar o estrogênio. As mamas tendem a diminuir novamente a partir dos 15 anos. Também é comum sentir um disco borrachento, macio e firme atrás dos mamilos em ambas as mamas. Se há um caroço ou um aumento em apenas uma delas, é necessário se consultar com um médico — é raro, mas os homens também podem ter câncer de mama. Alguns medicamentos podem gerar mamas nos homens, e, se você é gordo, seu clínico geral pode verificar seus níveis hormonais ou indicar-lhe um especialista.

Os homens mais velhos ficam com mamas, já que seus níveis de testosterona caem e a maioria do corpo vira gordura. Aí é difícil mudar, mas até que elas ficam muito atraentes quando cobertas por uma camada de pelo ruivo.

Por que homens mijam no chão todo?

Poucos homens urinam no chão de propósito, principalmente quando sabem que um pobre coitado limpará depois, mas nós, sem sabermos, erramos o alvo graças a uma combinação de pressa, desespero, excitação, distração, mira ruim, problemas na próstata, clima frio, verruga perto da saída, um buraco lateral, memória fraca, assento sanitário ou prepúcio com vontade própria. Então, fingimos não perceber o que acabamos de fazer ou — tão preocupante quanto — nem percebemos que o próximo ocupante terá que cruzar muitos rios.

Sexo, sono ou scrabble? ....

É mais fácil solucionar alguns problemas do que outros. Se o assento do vaso parece que vai cair a qualquer momento e decepar o pobre coitado no meio do ato, ocorre um desencorajamento óbvio, que resulta em xixi na tampa, assim como em respingos no chão (um agravante é quando se levanta o assento depois, para esconder o fato de que está respingado e de que a pessoa é preguiçosa demais para limpar). Porém, o assento sempre pode ser fixado novamente. Quanto a verrugas, sempre podem ser queimadas.

Urinar com ereção é sempre um desafio. A natureza fecha o portão do xixi e abre o portão do esperma. Portanto, pode demorar um pouco para sair; além disso, como ainda existe a possibilidade de haver alguma elevação, o xixi pode sair voando. Ajuda sentar e pressionar o órgão. Esvaziar a bexiga antes (e depois) das relações sexuais é uma boa ideia, tanto para homens quanto para mulheres.

A mira e a concentração do homem melhoram facilmente se houver um alvo. No banheiro masculino do aeroporto Schiphol, em Amsterdã, os mictórios exibem estampas de mosquito em seu interior que servem para tal. Sem nem perceber, o homem é induzido a acertar o local, tática que reduziu o derramamento de urina em 80%.

O prepúcio e o meato urinário no lugar errado podem acumular secreções, fazendo com que o curso do xixi se divida, mas depois, normalmente, se una. Em homens baixos e gordinhos, pode acontecer de um pelo pubiano ficar preso na extremidade, o que pode desviar o fluxo para a lateral, mas isso é fácil de solucionar. Fluxos divididos permanentemente ocorrem quando a abertura ou a uretra passou por processo de cicatrização ou foi danificada; isso requer uma opinião médica. O inchaço de um prepúcio apertado pode ser devastador para a mira de um garoto, mas a circuncisão raramente é necessária, e a maioria dos prepúcios volta ao normal com o tempo. Basta se sentar para fazer xixi até que isso ocorra.

A maior parte dos homens tem uma abertura no fim do pênis, mas alguns nascem com essa abertura na lateral inferior. Se os pais não percebem, eles ficam morrendo de vergonha de procurar ajuda. Existe solução, mas é necessário procurar um especialista (*consulte* **Será que mais alguém tem o meato uretral na lateral inferior?**). É provável que os problemas na próstata sejam a causa mais comum de mira ruim e até mesmo de incontinência urinária nos homens, mas há muita coisa que pode ser feita para solucioná-los (*consulte* **Posso examinar minha própria próstata?**).

Os homens têm tendência de focalizar em apenas uma atividade por vez. Então, fazer xixi rapidinho na hora do intervalo provavelmente resultará em metade dentro da privada e metade fora; nada de dar descarga, nada de lavar as mãos e nada de perceber o massacre que se deixou para trás. Vale a pena adotar uma política rigorosa de limpar o vaso depois de urinar, assim como uma placa grande dizendo "Por favor, não urine no chão" (apesar de que a mira do homem pode acabar desviando enquanto ele levanta a cabeça para ler o aviso).

Há homens genitalmente inconscientes?

Sem levar o pazer solitário em consideração, parece que alguns homens não têm consciência nenhuma de o que acontece lá embaixo e são felizes assim. Como alguém pode esperar que você coloque na boca uma coisa que tem aparência de uma perna de velho e cheiro de queijo mofado que estava desde o ano passado numa barraca sob o sol tropical? Mas todo mundo conhece alguém que topa.

Um amigo meu deixa dois sabonetes na pia de sua suíte. Numa saboneteira, está escrito "para as mãos", na outra, "para o prepúcio". É um toque legal, que pode até valorizar o imóvel no futuro, mas do ponto de vista higiênico é um exagero. O uso excessivo de sabonete, tanto nos homens quanto nas mulheres, pode levar a uma irritação química que parece infecção (*consulte* **Há homens genitalmente conscientes demais?**). O prepúcio deve ser limpo com água: basta puxá-lo um pouco com cuidado, remover aquele material branco e depois secar ou deixar a glande tomar ar antes de você se vestir (os fungos tendem a se proliferar em locais úmidos).

Câncer do testículo é o mais comum entre os homens da faixa etária entre 20 e 35 anos, mas, geralmente, é a mulher quem vê primeiro, quando as coisas estão esquentando e o quarto está prestes a pegar fogo. Menos de 4% dos nódulos no escroto são câncer, mas em todos os casos é necessário consultar um médico, antes que seja tarde demais. O escroto contém um saco de vermes dentro de si (uma combinação de dutos condutores de espermatozoides e, às vezes, veias varicosas), mas o câncer ocorre no próprio testículo. Geralmente, começa como um grão de areia e se desenvolve até virar um nódulo. Outros sintomas são dor aguda — aquela dorzinha que não passa — ou um peso no escroto. Seja lá como for, mostre ao médico — preferencialmente no consultório e não no supermercado (apesar de que agora há médicos em alguns supermercados britânicos, onde é possível fazer um check-up).

Qualquer corrimento anormal também requer uma consulta médica (aquela coisa branca que é disparada do pênis, acompanhada daquela sensação intensa de bem-estar é perfeitamente normal, pelo menos entre quatro paredes). É comum que homens com infecções sexualmente transmissíveis apresentem uma tríade perigosa: fingir que não percebem, odiar ir ao médico e ficar na esperança de aquilo passar. Um homem com gonorreia pode estar pingando pus sem parar, sujando os shorts e o sofá e, ainda assim, continuar na esperança de fazer sexo. Não tope até vocês dois irem ao médico e estarem tratados e curados.

Há homens genitalmente conscientes demais?

Sim. Assim como muitas das variáveis da vida, a consciência genital se distribui numa curva em forma de sino; de um lado ficam aqueles homens felizes da vida, com o esmegma ressecado há um ano no pênis e, do outro, aqueles que sentem queimação de tanta obsessão para lavar o membro com sabonete. Nunca se deve separar o pênis da pessoa (não importa o nível de raiva que se sente pelo homem), e a ansiedade geralmente acompanha um pênis imaculado. Alguns homens viram apertadores obsessivos, pegando o membro repetidas vezes para se convencer de que têm um corrimento. Como é de se esperar, o pênis fica dolorido e inflamado. Não há problemas em lavar com sabonete por fora, mas usar gel de banho, que pode ir para o interior, causa até dor. E limpa-cachimbos só serve mesmo para limpar cachimbo.

Sexo, sono ou scrabble?

AS PARTES DELA
Vagina ou concha peluda?

Eu, particularmente, gosto de vagina e de vulva. Os pais quase nunca conseguem chegar a um acordo em relação ao nome dos filhos, o que dizer então do nome dos órgãos genitais deles? Filhas apresentam um desafio particular para quem tem vergonha da anatomia humana. O "mimi" de uma pessoa é o "mumu" do outro, ou o "fufu", o "troço", a "ana maria", a "alegria", a "perereca", a "flor", a "xoxota", a "perseguida", a "periquita", o "entrepernas" de outra. E não nos esqueçamos da expressão "porcelana fina". Os termos "boceta", "caçapa" e "xana" não soam muito bem. O mesmo ocorre com palavras chulas que designam o pênis.

Nada disso afasta a comum confusão anatômica sobre o que está na parte de dentro e o que está do lado de fora. *Os monólogos da vagina* (uma peça teatral icônica cujo objetivo é permitir que as mulheres reivindiquem suas genitálias) passa boa parte do tempo idolatrando a vulva. A vagina está lá dentro, os lábios (são dois pares, carnudos) e o clitóris (a valiosa tecla da alegria) formam a vulva. Nela, há o monte de Vênus (ou monte púbico), o vestíbulo da vagina e o frênulo do clitóris (ou, para os mais requintados, *fourchette*). O problema é saber onde procurar.

Ninguém usa "vulva" no discurso culto, pois não se tem certeza do que isso significa, e ninguém ousa mencionar que as mulheres são maravilhosamente desenhadas para os prazeres superficiais, sem necessitar da visita do Sr. Pinto. Se você não consegue pronunciar "vagina" ou "vulva" no café da manhã, experimente dizer V e V. Pelo menos, plantará a sementinha de que ainda há muito a ser descoberto além de um orifício, e que não há problema algum em explorar o território (mas termine o café da manhã primeiro).

Se fosse necessário que as mulheres tivessem orgasmo para produzir um óvulo, a raça humana estaria extinta?

Com certeza a população mundial se reduziria, mas talvez isso não fosse algo ruim. Além disso, os homens que quisessem ser pais teriam que se esforçar mais (como se produzir uma ereção sempre que o termômetro manda já não fosse difícil).

O clitóris tem pernas?

Sim. O clitóris tem muito mais do que você imagina. Como Frank Skinner observou: "Atualmente, deve ser a única coisa de capuz da qual não tenho medo." Também possui lábios, ligamentos, glande, raiz, bulbo, diafragma, uma boa irrigação sanguínea e cerca de 8 mil terminações nervosas. Portanto, se conseguir encontrá-lo, não exagere nas comemorações, ele é extremamente sensível. Peça licença antes de tocá-lo. E não o deixe escapar.

Por que mulheres não conseguem fazer xixi em pé?

As mulheres podem fazer xixi em pé perfeitamente, segundo quem já viu o mundo de baixo da mesa de centro. Contudo, devido a certas restrições anatômicas, elas não são capazes de fazer isso sem se despir. Existem no mercado várias geringonças ingênuas, projetadas para auxiliar o ato de urinar. Um exemplo é o Shewee (do inglês "she" — "ela", "wee" — "xixi"), um funil de plástico para ser colocado discretamente na virilha. É necessário puxar a calcinha para um dos lados a fim de desviar o fluxo, tal como se dá nos homens. Isso permite fazer xixi em pé ou agachada sem ter que se molhar toda nem ter que encostar naqueles banheiros públicos nojentos. A mulher pode até, só para se divertir um pouquinho, ir ao banheiro dos homens e fazer xixi respingando no chão todo — exatamente como um deles! Nunca experimentei o Shewee, mas me disseram que é muito bom (apesar de o site exagerar: "Viaje o mundo todo com o conforto de casa no bolso." Ah, fala sério!). Também existem outras marcas (Wizz-away, P-mate, etc., etc.).

Correr deixa o peito caído?

Pode ser que sim. Um estudo revelou que quando a mulher corre os seios fazem um movimento "tridimensional em forma de oito" — como se fosse necessário mais um motivo para os homens não tirarem o olho deles. Dependendo do peso e da forma dos seios, é possível até calcular a força feita pelos tecidos de suporte. Basta afirmar que quem ostenta um tamanho médio de 300 gramas de mama vai sofrer, a longo prazo, um pouquinho a ação da gravidade com a prática da corrida. Mas tenho ótimas notícias: para reduzir muito o balanço e a queda, vista um bom sutiã durante a prática esportiva.

O tamanho do peito importa muito para os homens?

Muito menos do que você imagina. Para a maioria dos homens, todos os seios e mamilos são atraentes, seja lá qual for a forma e o tamanho ou se ostentam alguns pelinhos. E nós odiaríamos viver num mundo onde todos os seios fossem idênticos.

Vale a pena fazer cirurgia plástica na "pererreca"?

Os lábios da vulva apresentam uma maravilhosa variedade de formas e tamanhos. Às vezes, os externos são maiores que os internos ou vice-versa. Uma forma de encontrar o clitóris é seguir pelos grandes lábios até o topo e examiná-lo gentilmente bem de perto. Outro jeito é perguntando. Assim como os homens apresentam ansiedade em relação ao desempenho devido aos pepinos mostrados na indústria pornográfica, algumas mulheres acham que a vulva não tem que ser protuberante. Mas quem vai perceber? Muitos homens enfrentam problemas sérios para lembrar a data do aniversário da mulher; portanto, é bastante improvável que lembrem do formato da vulva (o tempo médio gasto lá embaixo é de 13 segundos, com os olhos fechados e rezando).

Se você estiver atrás de conselhos, vá ao ginecologista. O médico dessa especialidade já viu todas as formas de vulva e é ótimo em passar confiança. Mas lembre-se de que nada nela balança tanto quanto um escroto, e não se veem homens formando fila para cortá-los. Se você tem certeza de que quer algum tipo de remodelagem, peça ao ginecologista para recomendar um cirurgião plástico que saiba o que faz. Os órgãos genitais não são lugar para carnificina.

Se a mulher não tivesse secreção vaginal, haveria rangidos?

Não. Não há dobradiças na vagina, mas há muita lubrificação. A vagina fica úmida para se limpar, e as secreções saudáveis descartam as células mortas e as bactérias. Não tente dar uma mãozinha com sabonete ou ducha íntima — isso só causa sofrimento e irritação. A secreção vem das glândulas no colo do útero, é translúcida ou branca e não causa dor. Todo mundo tem um odor natural. Aparentemente, curry e aspargos podem afetar a mulher no meio das pernas. A acidez da secreção é para combater infecções, e algumas mulheres acreditam que abacaxi (ingerido via oral) influencia na acidez e garante um sabor frutado. Não foram realizados testes conclusivos para confirmar ou refutar essa tese.

A secreção normalmente varia em quantidade e consistência durante o ciclo da mulher: não existente ou grossa no início; translúcida, pegajosa e amiguinha do esperma na metade, visto que o óvulo foi liberado. Oxida ao contato com o ar; portanto, é comum encontrar uma mancha amarronzada ou amarelada na calcinha na metade do ciclo, que pode ser confundida com sangue. Se a secreção provoca coceira, tem cheiro forte e apresenta uma nova coloração (branca, amarela ou verde), quase sempre pode ser curada pelo médico certo. E sempre se certifique de que não tem um absorvente íntimo esquecido lá dentro.

DETALHES
É possível se livrar de um cocô daqueles?

Não é fácil. O ânus é um equipamento maravilhoso e vale muito a pena cuidar dele direitinho. Graças ao complexo esfíncter e à riquíssima inervação, ele nos diz quando precisamos evacuar e até torna o ato de segurar agradável. Aí, quando o "chamado ao trono" se torna insuportável, tudo que precisamos fazer é sentar e relaxar. O incrível ânus também sabe distinguir entre sólido, líquido e gasoso, e geralmente acerta de primeira (a menos que você sofra de gastroenterite, quando um furtivo pum pode se transformar em algo muito mais substancial de uma hora para outra).

Infelizmente, o ânus não é capaz de indicar o fedor do cocô até que seja tarde demais, mas isso é algo que nem você pode fazer. Há um provérbio islandês que diz o seguinte: "Toda pessoa gosta do cheiro do próprio peido." Portanto, mesmo que você tenha passado a manhã toda soltando puns de advertência para os demais, talvez tenha sido, na sua opinião, nada mais que uma inalação calmante.

Cocô fede porque contém bactérias que produzem gases sulfurosos. Por que o do homem fede mais que o da mulher é um mistério. Em termos evolutivos, pode ser simplesmente uma demarcação de território. Talvez o cheiro tenha se desenvolvido como um aviso para a sociedade caçadora-coletora não confundir bosta com bombons de chocolate. Ou quem sabe é devido ao simples fato de que os homens consomem mais produtos que fazem o cocô feder muito (carne, gordura, cerveja, feijão).

Sexo, sono ou scrabble? ....

Alguns homens possuem o estranho hábito de sentirem orgulho de seu fedor horrível, mas se isso chegar a ponto de estremecer o relacionamento, existem algumas opções:

- *Feche a porta e abra a janela. Pode parecer estranho, mas menos da metade dos homens faz essas duas coisas.*
- *Dê descarga imediatamente. Assim que o cocô todo estiver na privada, acione a descarga. Não é a melhor técnica, já que deixa o bumbum molhado e leva embora parte do prazer.*
- *Risque um fósforo. É comum ver em casas chiques uma caixa de fósforos em cima do porta papel higiênico. Não precisa tacar fogo assim que as fezes saem (é bem legal, mas existe um alto risco de você ficar chamuscado); basta acender o palito assim que terminar. De novo: quanto antes, melhor. E, quanto mais próximo o fósforo estiver da linha de flutuação do cocô, maior é a chama. Dar descarga primeiro é menos educativo, porém mais higiênico. Mais uma vez, é uma tarefa pequena, e o banheiro fica com cheiro de fósforo queimado.*
(DICA: não jogue o fósforo no vaso sanitário, mas também não jogue na lixeira enquanto ainda estiver em combustão.)

- Odorizador de ambiente. Com um simples toque desse "produto mágico que acaba com qualquer mau cheiro", até o pior dos responsáveis sai ileso. Contém "perfume, extrato de plantas, desinfetante, desinfetante químico, agente ativo de superfície e álcool", e eu não faço ideia de como funciona. Mas o importante é que funciona. Para melhores resultados, use-o antes de fazer as necessidades, porém, se você quer se regozijar com sua glória, continua sendo muito eficaz se usá-lo quando acabar.

Qual é a posição correta para fazer cocô?

A posição ideal é a agachada, para que os quadris fiquem mais baixos que os joelhos. As latrinas francesas (os buracos no chão) podem parecer estranhas, mas acertam em cheio na anatomia, pois permitem a extensão natural do cólon sigmoide e do reto para o cocô deslizar sem o mínimo esforço. Essa posição também é ótima para dar à luz, especialmente atrás de um arbusto.

À medida que envelhecemos, os quadris enrijecem, o que pode causar dificuldades para se levantar de um vaso sanitário baixo. Elevar o assento pode ajudar, mas talvez o ato seja menos gratificante. Uma solução é adquirir um elevador de assento sanitário, que permite levantar os pés e, consequentemente, os joelhos para evacuar; depois, é só levantar e acender um fósforo.

Sexo, sono ou scrabble? ....

É melhor se limpar em pé ou sentado?

Aqui não existe uma regra moral. É uma questão de escolha pessoal, mobilidade e destreza manual. Há tantas variações no ato de limpar o bumbum quanto as que existem no mundo dos esportes. Vai desde o tipo de papel higiênico usado ao número de folhas, ou como ele é dobrado, se é amassado ou umedecido. Limpar-se sentado requer um ponto de acesso e braços longos que se movam onde os olhos não alcançam, mas o bumbum fica aberto de forma a auxiliar a limpeza. Ficar de pé é aparentemente mais fácil, mas insatisfatório, já que o bumbum fica fechado. Portanto, a maioria das pessoas opta por uma posição semiagachada, com o pé de apoio à frente, limpando da frente para trás. Há quem examine de perto o papel sujo para ver se tem indícios de sangue, verme, lente de contato, etc. Já outros ficam loucos para jogar logo aquilo fora.

As pessoas chiques não se preocupam com essas besteiradas e vão direto para o bidê. Se falta de espaço é uma questão, você pode comprar uma ducha que é instalada na parede ao lado da privada ou um vaso sanitário com bidê acoplado (**NOTA:** leia as instruções com atenção). Os menos afortunados usam o chuveirinho da ducha, mas as técnicas de uso, nesse caso, são mais complicadas: é necessário ficar com um pé dentro do chuveiro e outro fora, ou ficar agachado, mas, quase sempre, a experiência irá deixá-lo com as calças molhadas. Há homens que nem se importam em se limpar e, quando o fazem, somente a metade lava as mãos após o ato.

Há problemas em lavar a escova para vaso sanitário na pia?

Na minha pia, tem problema sim. A escova para limpar privada é um péssimo invento. Você ganha pontos só de usá-la, mas, no fim das contas, ao remover os pontinhos marrons do vaso, você se depara com um monstro de náilon de múltiplas cerdas coberto de pedaços de merda. Se escondê-la novamente na base, você perde todos os pontos conquistados. Se lavá-la na pia, os remanescentes vão se transportar para as escovas de dentes. Se estiver desesperado e houver uma banheira na casa, você pode lavá-la aí. Ou deixe de molho na privada com água sanitária, mas não se esqueça de colocar um lembrete na porta para que todos saibam o que você vez e não se sentem nela no meio da noite (desconfortável se for você, menos mil pontos se não for).

Por que os britânicos têm obsessão pelo sistema digestivo?

As classes dominantes sempre quiseram controlar seus intestinos e, durante séculos, tentaram treiná-lo para funcionar como um relógio, sempre no mesmo horário, toda manhã. As inspetoras das escolas públicas faziam os meninos pequenos formarem uma fila e forçavam xarope de figo goela abaixo. Na Primeira Guerra Mundial, essa fixação intestinal se alastrou pelas trincheiras, desde os oficiais do exército até os soldados rasos, e o povo britânico nunca superou isso, razão que explica por que seguimos gastando uma fortuna em laxantes. O importante não é a frequência, mas sim se as fezes saem sem precisar fazer força. Frutas, fibras, fluidos, joelhos para cima e disposição são, em geral, o necessário.

A cidade de Bristol tem orgulho da escala de Bristol?

Deveria ter. A escala de Bristol, que permite uma classificação visual das fezes, foi desenvolvida por dois médicos da cidade, Heaton e Lewis. Eles afirmavam ser possível saber a velocidade com que o alimento passou pelo trato digestivo apenas examinando o cocô. Segundo o senso comum, se é líquido, é porque foi apressado por um prato apimentado; se você demora anos para expelir uma bolinha solitária, igual a um coelho, então velocidade não é seu forte.

Mas o senso comum não é suficiente para os cientistas. Eles precisam de provas. Portanto, Heaton e Lewis pegaram 66 voluntários e mediram "o tempo do trânsito intestinal" com grânulos de marcadores visíveis: através da radiografia, pesaram as evacuações e mantiveram um diário sobre suas formas e frequências, segundo uma escala de sete pontos. O tempo de trânsito (isto é, o tempo que o grânulo marcador leva da boca ao ânus) foi alterado com sene (que acelera) e loperamida (que reduz), e as medições foram repetidas. Surpresa! Havia um boa correlação entre uma evacuação fluida e o curto tempo que levou para ocorrer.

Você encontra a escala de Bristol na internet. É um jogo educativo e muito legal para feriados longos. O tipo 1 são bolinhas duras, parecidas com as nozes e difíceis de descer. No tipo 2, as fezes parecem uma linguiça orgânica e caseira, é embolotada. O tipo 3 é como uma linguiça industrial com rachaduras na superfície. O tipo 4 é como uma cobra moldada, lisa e macia. No tipo 5, os pedaços são macios, com bordas definidas e fáceis de passar. O tipo 6 é representado por fezes pastosas e amolecidas. No tipo 7, as fezes são completamente líquidas, indicando que você não deve percorrer grandes distâncias naquele dia.

Para tornar tudo ainda mais interessante, você pode estabelecer uma correlação do que come, e se lavou as mãos antes das refeições, com o aspecto da evacuação. Para dar uma agitada naquele dia chuvoso, observe a cor. O cocô é geralmente marrom devido a uma combinação, no intestino, de ferro e do pigmento bilirrubina. Mas o tom de marrom pode variar muito. Pegue uma cartela de cores e descubra a nuance exata de marrom, verde, laranja e por aí vai... Faça um diário e mostre ao seu clínico geral. Tenho certeza de que ele achará fascinante. Para quem tem acesso a grânulos de marcadores que podem ser vistos através da radiografia, é possível estudar a forma primeiro e depois apostar sobre a velocidade que você acha que o próximo vai passar.

NOTA: essas brincadeiras infantis não recebem o apoio de Heaton e Lewis na seríssima pesquisa que produziram e que foi publicada no *Scandinavian Jornal of Gastroenterology* (volume 32, edição 9, setembro de 1997, p. 920-24).

OUTRA NOTA: se houver sangue no cocô, você deve ir ao médico. Se o cocô estiver descorado demais (pode ser icterícia), idem. O mesmo se aplica ao cocô preto, especialmente se estiver muito fedorento. A melena — resultado da alteração do sangue que passa pelo intestino — é considerada urgência médica. Ligue para a Emergência e abra a janela.

Sexo, sono ou scrabble?

Pum pode transmitir doenças?

É possível. Um estudo publicado na *New Scientist*, de um jovem que abaixa as calças e faz força para soltar um pum numa placa de Petri, descobriu que houve transmissão de alguns germes. A importância clínica desse estudo é incerta — insetos normalmente ficam presos em veludo cotelê –, mas certamente não ajuda em nada soltar um pum na cara de alguém, mesmo se você tiver abaixado as calças (a menos que tenham lhe pedido).

Soltar pum é sempre culpa do outro?

Infelizmente, vivemos numa cultura de culpa. Nas famílias que não possuem cachorro, um percentual desproporcionalmente alto dos peidos cai em cima do membro mais velho (receber os parentes no Natal é uma das poucas vantagens de se ter família). Homens saudáveis peidam entre 14 e 25 vezes por dia; nas mulheres, essa média cai pela metade, apesar de elas, às vezes, produzirem um cheiro mais forte.

Em situações sociais constrangedoras (por exemplo, durante a Missa do Galo) é possível, para quem tem uma boa musculatura, manter o esfíncter apertado, mas a pressão sempre encontra uma maneira de sair: parte dos gases é absorvida pela parede intestinal, cai na circulação sanguínea e sai pelos pulmões. Assim, podemos afirmar que, às vezes, realmente falamos merda. Já outras pessoas, especialmente idosos e mães de quatro filhos, são mais frouxas lá embaixo e acham impossível segurar. Assim como no humor, o segredo é o *timing* correto. Você ficaria surpreso com o que sai durante o coro de "Noite feliz".

Como os gases se formam? Cada vez que engolimos, absorvemos também ar, e as bebidas gasosas só ajudam. O bicarbonato na saliva e os sucos pancreáticos reagem com o ácido estomacal para produzir dióxido de carbono, e muitas das bactérias intestinais reagem com o que estiver passando pra produzir metano, hidrogênio e mais CO_2. Tudo isso causa flatulência, porém é a pequena quantidade de gás sulfuroso que garante o cheiro.

Peidar e arrotar, na ausência de outros sintomas, é perfeitamente saudável. Aliás, a Dutch Liver Foundation já lançou uma campanha publicitária para que as pessoas soltem pum 15 vezes ao dia. Uma boa solução é pegar leve em alimentos com alta proporção de carboidratos não absorvíveis, que garantem um frenesi alimentar nas bactérias do intestino grosso. Eis alguns desses alimentos: feijão, ervilha, brócolis, couve-flor, tupinambor (ou alcachofra-de-jerusalém), tubérculos, uva-passa, ameixa seca, maçã e suco de fruta (que é rico em frutose). Você perceberá que todos eles fazem bem para a saúde e que a flatulência é o preço que se paga por uma dieta saudável.

Muitos produtos para emagrecimento contêm sorbitol e frutose, e, portanto, causam flatulência. Remédios para emagrecer que evitam a absorção de gordura causam uma explosão no intestino com o uso contínuo. Bebidas gasosas, beber rápido, comer rápido e comer demais causam um aumento de gases, que vão sair por cima ou por baixo. O mesmo se aplica a fumar, mascar chiclete e chupar tampa de caneta. Roupas apertadas e lingeries que seguram tudo no lugar deixam os gases intestinais com poucas opções.

Um passeio rápido ao ar livre é uma ótima maneira de aliviar a pressão. Biscoito e comprimidos de carvão (à venda nas farmácias) podem minimizar o fedor. Existem outros produtos para gases e, em casos extremos, há vestimentas tecnológicas com um reforço de filtro de carbono. Também existe um produto intitulado Filtro de Flatulência (com uma cobertura de tweed) que absorve o cheiro. Ou simplesmente incorpore um sotaque irlandês, fale aos quatro ventos "melhor fora que dentro" e junte-se ao rebanho.

Quando não tem problema fazer as necessidades em público?

Depende da cultura na qual você vive. Em muitos países, considera-se aceitável que homens urinem juntos na rua, mas existe uma etiqueta não escrita segundo a qual o indivíduo deve se distanciar o máximo possível das demais pessoas para não demarcar o território de outro homem (ou fazer xixi nas calças).

Urinar na rua é um efeito nada agradável da ingestão de bebidas alcoólicas baratas e uma falha na tecla do "agora chega". Entram oito chopes e saem dez. Agora existe o risco de levar uma multa por atentado ao pudor, especialmente porque estamos cada vez mais rodeados por câmeras de segurança; porém, é raro haver condenação. Defecar na frente de estranhos continua a ser um grande tabu. Não consideremos os laços de família, os campeonatos de rúgbi e os pacientes de hospital. Em toda a minha vida, vi apenas dois adultos fazendo cocô ao vivo e em cores, ambas as vezes sobre os trilhos, no West Coast Virgin. As portas dos sanitários nos trens são tão complicadas que é necessário ter um diploma em Física só para trancá-las. Muitos usuários, sem saber, não as trancam.

Como resultado, surpreendi dois viajantes, e olha que eu uso o banheiro da locomotiva muito de vez em quando. Só Deus sabe quantas pessoas foram pegas com as calças arriadas. A reação natural é dar um pulo e fechar a porta, que, por sua vez, demora cinco segundos para fechar. Seria difícil desenvolver um ritual de humilhação melhor que esse.

Eis um fato interessante: o sanitário no Trans-Pennine Express tem uma porta de correr parecida com a dos demais, mas ela possui um mecanismo de tranca muito mais simples. Portanto, ela pode realmente ser fechada. Se você quiser se juntar ao Clube dos Sobreviventes do Sanitário do Virgin Explorer, nós nos encontramos todos os dias no bar Bata na Porta Antes. Há entradas separadas para quem foi pego no flagra e para quem flagrou, a fim de permitir que haja tempo para o reconhecimento mútuo antes de chegar o momento de dar um aperto de mãos (lavadas antes, claro).

Quarenta por cento da população mundial sofre muito mais que os membros do clube descrito acima. Essas pessoas não têm onde defecar e nem descarga. No Reino Unido, fazer as necessidades ao ar livre não é visto com bons olhos devido ao risco à saúde pública, mas em muitos países isso é perfeitamente normal, visto que não há alternativa. Recentemente, a ONG WaterAid "chamou a atenção" para isso ao filmar quatro voluntários fazendo cocô de mentirinha nas ruas de Londres, mas foi tudo muito realista. Os vídeos estão no YouTube. Tomemos Charlotte como exemplo, que fez o papel de guarda de trânsito que foi dar uma cagadinha enquanto multava uns carros. Ela disse: "Sei que pode parecer engraçado, mas me senti muito exposta." Ah, as coisas que fazemos quando estamos desempregados...

Sexo, sono ou scrabble?

Na Grã-Bretanha, a legislação de saneamento básico, aprovada em 1848, fez muito mais pela saúde da nação do que a fundação do Sistema Britânico de Saúde Pública um século depois, mas devemos nos lembrar de que temos muita sorte. No mundo todo, 2,6 bilhões de pessoas não têm acesso a saneamento básico, e 5 mil crianças morrem a cada dia em consequência disso. Um único grama de fezes humanas contém 10 milhões de vírus, 1 milhão de bactérias, mil cistos parasitológicos e cem ovos de parasitas. Não nos surpreende o fato de que doenças relacionadas à água seja a segunda maior causa de morte no mundo. Se vivêssemos num país onde uma boa dose de disenteria fosse o preço a ser pago por uma higiene pessoal ruim, até os médicos lavariam as mãos apropriadamente. Se você quer testemunhar a brincadeira, busque no YouTube "pooing in public". Por favor, tente não rir ou ficar excitado. Se você quiser fazer uma doação à WaterAid, acesse www.wateraid.org/uk/ Agora, vá lavar bem as mãos.

Se ele se mexer, é atentado ao pudor?

Balançar era o critério do Lord Chamberlain* para diferenciar arte de obscenidade. Quando corpos foram expostos no palco do teatro Windmill, no Soho londrino, uma dançarina ficou famosa por conseguir se manter imóvel durante um bombardeio, mas, alguns dias depois, ela deu um escândalo obsce-

---

* Espécie de cargo político da Inglaterra, sendo um dos principais oficiais da Royal Household. (*N. do E.*)

no quando viu um camundongo. Quando o departamento do Lord Chamberlain fechou as portas no fim da década de 1960, houve uma explosão de movimentos: *Hair*, *Oh! Calcutta!*, *Let My People Come* e todas as boates de striptease.

Toda coisa curva fica grosseira quando se mexe, porque sugere tanto ação como fricção. Eu achava que o critério havia desaparecido junto ao querido Lord, até fazer um programa sobre disfunção erétil na BBC com a ajuda de uma enfermeira especialista e heroica chamada Nolly Biggins. A Irmã Biggins, com todo cuidado, fez uma demonstração de ereção num pênis de borracha através de uma droga chamada Caverjet, e esclarecemos com a emissora que o programa deveria ser exibido após as nove horas da noite. Contudo, na edição, repararam que o pênis "se moveu de maneira ofensiva", e a demonstração não foi ao ar.

Se a mulher começa a menstruar na menarca, quando o homem começa a ejacular?

Na "ejacularca". O termo foi cunhado por sexólogos israelenses e escandinavos, mas ainda não caiu no uso popular. "Veja só essas marcas brancas no edredom. Malcolm deve ter passado pela ejacularca."

Que tamanho de absorvente escolho para minha parceira?

Essa é difícil. Todos nós queremos ser homens novos ou "reconstruídos". Portanto, o que poderia ser uma consideração maior do que escolher um absorvente feminino quando fizer compras on-line ou estiver cara a cara com as inúmeras opções no supermercado? Porém, qual comprar? O comediante Ian Cognito fez uma cena ótima sobre os absorventes femininos: "Por que esse troço tem aba? Para mim, a última coisa que se pode querer num absorvente são abas. Bate um ventinho, e lá vai ele."

Não existe solução para essa confusão a não ser perguntar à parceira qual ela quer. Se tentar adivinhar, você nunca vai acertar, e os riscos aqui são imensos. Jamais, em qualquer circunstância, tente surpreendê-la com um Absorvente Noturno de Proteção Máxima para Fluxos Fortíssimos com Cobertura Suave, mesmo se estiverem nas prateleiras de mais vendidos no supermercado. É quase do tamanho de uma ovelha. Ela nunca lhe perdoará.

Por que as mulheres limpam quando os homens sujam o chão de xixi?

Não sei. Estudos demonstram que, se o homem fizer a parte dele para manter o banheiro limpo, ele ficará muito menos bagunçado. Conheço uma mulher que, sempre que o parceiro suja o assento do vaso de xixi, ela mija no banco do carro dele. E ele ainda não aprendeu, depois de 16 anos.

Por que dói quando eu faço xixi?

Me fizeram essa pergunta, num teatro em Canterbury, e me entregaram um pote de urina (escura, amarelada, com cheiro

forte, num pote de laboratório com a tampa fechada apropriadamente). "P.S.: Está doendo demais, e não consigo marcar uma consulta. Por favor, me ajude." Por que não? Testei a urina no palco. Havia sangue, leucócitos e suco de cranberry. Para obter uma segunda opinião, recorri a um clínico geral que estava na primeira fileira. Muitas mulheres frequentam apresentações humorísticas com infecção urinária, mas poucas saem com a receita de um antibiótico. Não é completamente ético, mas é melhor do que passar o fim de semana urinando navalha.
"Why does it hurt when Ipee?" ["Por que dói quando faço xixi?"] também é uma música da ópera rock de 1979 de Frank Zappa, *Joe's Garage*. Veja os versos:

> **My balls feel like a pair of maracas**
> **Oh God I've propably got the gono-coc-coc-coccus***

Isso é quase tão bom quanto esta parelha de versos mais famosa:

> **Watch out where the huskies go**
> **And don't you eat that yellow snow****

O personagem que sente dor ao urinar é Joe, cujas tentativas de se tornar uma estrela do rock foram desviadas pelas

---

* "Minhas bolas parecem um par de marácas/ Oh, Deus, eu devo estar com gono-coc-coc-coccus", em tradução livre. (*N. do E.*)
** "Observe bem aonde os huskies vão/ E não coma a neve amarela", em tradução livre. (*N. do E.*)

relações sexuais que tem com a moça da barraquinha de tacos. Como Joe é um macho, não usa camisinha, não quer admitir a possibilidade de estar com gonorreia e prefere atribuir os sintomas a algo que ele pegou usando algum vaso sanitário por aí. Ele não quer que um médico lhe enfie uma agulha (ou uma sombrinha), mas a boa notícia é que o tratamento mudou totalmente desde 1979. Não se usam mais sombrinhas nem picadas. Agora só é necessária uma amostra de urina e alguns comprimidos.

Frank Zappa pode ser meio incompreensível (seus filhos se chamam Moon Unit, Dweezil, Ahmet Emuukha Rodan e Diva Thin Muffin Pigeen), mas *Joe's Garage* é um grande disco. O narrador de Zappa é o Central Scrutinizer (em português, o Escrutinador Central), cujo trabalho é fazer cumprir todas as leis que ainda não foram aprovadas. A ópera satiriza o sexo, a indústria da música, o macarthismo, a censura e a cientologia; e tem a capacidade de transformar meu humor em malicioso. Zappa, aliás, parou de ser malicioso aos 53 anos de idade. Ele morreu de câncer de próstata ou, como sua família disse, "partiu para sua turnê final logo antes das seis da tarde no sábado" (4 de dezembro de 1993).

De volta à Terra, o incômodo ao urinar se dá porque desenvolvemos receptores de dor no trato urinário que nos informam quando tem algo de errado. É isso ou o fato de Deus ter resolvido criá-los para nós num belo dia. ("Já sei. Colocarei receptores de dor no trato urinário dos mamíferos, mas, antes, criarei uma orquídea que é igual aos órgãos sexuais da abelha.")

Seja como for, qualquer coisa que cause inflamação na bexiga ou na uretra gera dor ao urinar. Pode ser uma infecção urinária devido a micro-organismos no intestino, uma infecção na uretra devido a micro-organismos da própria uretra (ou do intestino de outra pessoa), resíduos de uma pedra nos rins ou limpa-cachimbos colocado de forma imprópria. Tudo isso tem tratamento se você conseguir superar o constrangimento. Ressalte essa parte para a recepcionista, ela entenderá perfeitamente.

As mulheres têm uma tendência maior de contrair infecção urinária do que os homens, porque o orifício urinário fica próximo ao orifício por onde saem as fezes (ou, pelo menos, deveria ficar), e é fácil esquecer de se limpar de frente para trás (ainda mais devido ao esforço que se faz com o ombro). Se você sobreviveu à menopausa, um pouco de creme de estrogênio pode fazer milagres lá embaixo. Não é fácil conversar sobre secura vaginal com um clínico geral, e o nome de alguns medicamentos também não facilita a ida à farmácia: "Eu quero um Vagifem, por favor."

Desidratação pode acabar causando dor ao urinar, mas a solução é fácil. Às vezes, contudo, não sabemos por que dói, então mascaramos nossa ignorância com nomes bobos como "cistite intersticial" ou "síndrome uretral". Qualquer dor acompanhada de pus requer uma consulta médica urgente (antes que passe para outra pessoa).

E não nos esqueçamos da culpa como causa da dor ao urinar. As consultas, nesse caso, quase sempre começam com "eu estava num congresso/na praia de férias/numa festa com muita cerveja"; no meio do depoimento sempre há um detalhe como "sete garrafas de vinho depois"; e o clímax vem com um "não tenho certeza de o que fizemos, só sei que não usamos camisinha". Normalmente, a culpa aparece antes de qualquer sintoma, e as pessoas a expõem no consultório na esperança de receber absolvição ou um atestado de óbito.

"Não quero passar nada para minha parceira" quase sempre vem acompanhado de "não quero dizer à minha parceira", mas quem escolhe fazer o exame de HIV precisa saber que ele deve ser realizado (ou repetido) 12 semanas após o sexo de risco. Durante esse tempo, recomenda-se não ter relações sexuais. Pode ser difícil explicar à parceira uma seca de três meses, a menos que você desenvolva a pior das enxaquecas ou "acidentalmente" prenda o prepúcio no zíper... repetidas vezes.

No entanto, mesmo quando todos os exames para todas as infecções deram negativo, algumas pessoas continuam apresentando os sintomas de uma infecção, pois o cérebro faz um acordo com a culpa secreta. O prazer precisa de uma leve mordaça ou, em última instância, de camisinha. E dois minutos de uma bagunça melequenta nem sempre se compara a uma satisfação duradoura.

4

Guia de sexo surreal

VOO SOLO

Tocar punheta é uma forma de genocídio?

Não. Todo homem jovem põe para fora milhões de espermatozoides, só por diversão, quase todos os dias do ano. O comediante Bill Hicks refletiu sobre as civilizações perdidas que ele desperdiçou na privada. A boa notícia é que, apesar de as mulheres já nascerem com todos os seus óvulos, a fábrica de espermatozoides dá seguimento à produção até o dia da morte do indivíduo. Portanto, as perdas são sempre restituídas, e não há necessidade de se sentir um libertino. A maioria dos espermatozoides nunca chega nem perto de um óvulo, mesmo se o homem estiver tentando ter um filho.

As bolinhas para pompoarismo precisam ficar juntinhas?

Não. Esse produto existe em vários tamanhos e materiais. Então, é preciso meter para dentro e ver o que acontece. A maioria é quase redonda, e elas podem ser feitas de metal, silicone, borracha ou plástico; os diâmetros são variados. Se estiver fazendo compras em outro país, saiba que são vendidas sob outros nomes também: bolas Ben-Wa, bolas de gueixa, sino birmanês, bolas tailandesas, Rin-no-tama ou Mien-Ling. As versões mais antigas são bolas dentro de bolas, com uma gota de mercúrio para ajudá-las a se mover ou uma lingueta de prata que vibra. Tudo é inserido na vagina (mas não de uma vez só), e dizem que produz sensações de prazer quando se corre para pegar o ônibus.

É necessário realizar experimentos individuais para determinar qual poderá, mais provavelmente, fazer você perder o ônibus, qual é melhor para o assoalho pélvico e qual pode ser ouvida por crianças pequenas e labradores. O fato de as bolinhas para pompoarismo existirem em tantas culturas há séculos sugere que deve ter alguma coisa dentro delas (além de mercúrio).

As bolinhas mais moderna e high-tech apresentam a forma de um projétil (em geral, medem 7,5 centímetros por 1,9 centímetros) e deslizam para dentro da vagina ou do ânus com muita facilidade (para sair, já não é tão fácil assim). Organizar uma espécie de caça aos ovos só para adultos com as bolinhas talvez lhe pareça complicado demais. Uma opção é conectá-las a um fio elétrico ou a um painel de controle que permite variar a vibração elétrica (programar picos de energia, deixar no modo shuffle ou programar uma mistura dos dois com várias velocidades). Os dispositivos elétricos são opcionais, porém tornam mais difícil disfarçar o uso das bolinhas dentro do ônibus.

    O produto mais caro são as bolinhas à bateria com controle remoto, que usam tecnologia sem fio. Isso permite um outro nível de sensações prazerosas enquanto você finge jogar videogame. Também existem capas texturizadas para as bolinhas, que garantem ainda mais prazer. Para satisfazer as mais gulosas, há variações infames das bolinhas. Se você gostou da ideia, não tem por que não experimentar.

NOTA: uma bolinha para pompoarismo desaparecida não é uma emergência médica, e talvez não seja priorizada como você acha que deveria ser em meio a uma epidemia de gripe. Para evitar constrangimentos, sempre compre bolinhas que venham com uma corda.

Vibrador com ativação por voz funciona?

Não funciona muito bem, principalmente se julgarmos pela grande quantidade à venda desse produto na época do Natal. O problema desse vibrador é que a maioria das pessoas o programa para ser ativado com a voz normal, que é completamente diferente, no que diz respeito à altura, entonação e mesmo linguagem, da voz durante a masturbação. Por outro lado, se você programar o vibrador com ativação por voz para compreender os seus "sons singulares de prazer", descobrirá que toda e qualquer coisa irá ligá-lo (o aspirador, as crianças brigando, o batedor de ovos, um pônei faminto). Os vibradores, em geral, já são complicados demais (três cabeças, quatro dedos, cinco velocidades, entrada para iPod, navegação por satélite para o clitóris), e ativação por voz é completamente dispensável.

Quem trabalha em casa se masturba mais?

Quase com certeza. Há quem chame o fato de "tesão de escrivaninha". Não se sabe a relação entre o prazer solitário no trabalho e seus efeitos sobre a produtividade. Parece haver um equilíbrio delicado entre reduzir o estresse e a frustração por um lado, e pegar no sono depois ou ter que chamar o técnico de informática por outro. Mas o efeito geral parece ser positivo. Quanto tempo levará para que vejamos postos de masturbação ao lado do bebedouro?

Como fazer um adolescente parar de tocar punheta o tempo inteiro?

Não faça isso. A adolescência já é muito difícil para que se perca o prazer fundamental. E nunca tente pegá-lo no flagra. Isso causa mais danos psicológicos do que acordar um sonâmbulo. A privacidade é uma coisa extremamente importante quando os hormônios chegam com tudo. Bata na porta com força, conte até cem e só entre quando for chamado. "Só um minuto" geralmente significa realmente isso.

A masturbação é totalmente saudável dentro das regras da cultura em que vivemos hoje (não a faça em público e tente terminar uma boa parte do dever de casa antes). Ajuda a desenvolver a imaginação e deve ser a diversão sem culpa mais barata que uma pessoa pode ter. Muitos garotos (e homens) descobrem que sua mão dominante faz um serviço de transporte entre o pênis e o nariz durante todo o dia (isto é, durante o tempo em que eles se mantêm acordados). Se o ato causa dificuldades durante, digamos, uma consulta com o dentista, use um código de palavras enigmático para acordá-lo do devaneio. Segundo um levantamento feito pelo *Sunday Times*, as três melhores palavras para dar um fim ao "serviço" seriam "orquídea", "abacate" e "borda".

Quem inventou a culpa masturbatória?

A culpa masturbatória tem suas origens na Idade Média (ou até antes) e continua a existir nos dias de hoje para aqueles que tiveram uma criação rígida ou frequentam a igreja errada. De acordo com a teoria da degeneração, todas as doenças eram causadas pela perda do sêmen e de outros fluidos vitais, e os demônios pegavam o sêmen fruto de poluções noturnas e masturbatórias e o usavam para criar novos corpos para si. Mas, como todo garoto adolescente sabe, nem mesmo o diabo limpa a sujeira; portanto, a única forma de esconder a bagunça é usar uma meia para a punheta ou limpar a cortina depois.

A teoria do sêmen demonizado sofreu uma reviravolta nos séculos XVII e XVIII, quando a ciência tentou rebatê-la. Então, nos anos 1750, surgiu o médico suíço Simon Tissot, que estava convencido de que todas as doenças (inclusive nas mulheres) e a própria morte estavam relacionadas ao derramamento desnecessário de secreções íntimas. As secreções femininas eram, aparentemente, "menos valiosas e menos maduras" do que o equivalente masculino, mas ainda assim poderiam matar as mulheres que cedessem ao sexo excessivo, especialmente ao tipo que "lhes provocasse espasmos".

John Harvey Kellogg inventou os famosos flocos dourados feitos de milho, mas, como médico, possuía uma visão surpreendentemente retrógrada da masturbação. Defendia a prática da circuncisão sem anestesia em meninos pegos no flagra: "A dor passageira causada pela cirurgia provocará um efeito saudável na mente do garoto, especialmente se estiver conectada à ideia de punição, como realmente o é em alguns casos. A dor, que passa somente após várias semanas, interrompe a prática, e, se anteriormente o fato não obtivera uma solução definitiva, pode ser esquecido e nunca mais retomado." As garotas e mulheres pegas tocando as genitálias tinham um pouquinho mais de sorte: "A aplicação de ácido carbólico puro no clitóris é um meio excelente de atenuar a excitação anormal." O Dr. Kellogg morreu em 1943, aos 91 anos, sem nunca ter se masturbado. Aham.

Em 1924, a enciclopédia *Harmsworth's Home Doctor* [*Medicina caseira de Harmsworth*, em tradução livre] continuava convencida dos benefícios do autoprazer:

> *A masturbação é o distúrbio sexual de maior prevalência. É muito comum entre pessoas com instabilidade mental, retardados e pervertidos sexuais, mas em indivíduos*

Sexo, sono ou scrabble? ....

> *normais não pode causar retardo mental [eu e o Dr. Harmsworth estamos salvos]. Nos primeiros anos de vida, o estado de excitação é geralmente causado pela presença de irritação nos órgãos genitais, e, conforme a criança se coça e obtém alívio, isso leva à continuação do mau hábito... Há babás ignorantes e irresponsáveis que possuem o costume de acalmar crianças irritadas e choronas manipulando suas genitálias; então a criança rapidamente adquire o hábito, pois isso gera sensações prazerosas.*

E tem mais.

> *Em crianças mais velhas, que já estão na idade escolar, certos exercícios físicos em que é necessário esfregar as coxas podem dar início ao estado de excitação; contudo, a criança geralmente aprende o hábito com um garoto ou uma garota mais velhos que frequentam a escola e são viciados na prática. O tratamento consiste em apoiar a prática de atividades ao ar livre. Deve-se tomar conta da criança, mas nenhum aparato deve ser usado para evitar o hábito.*

Pelo menos, o Dr. Harmsworth parece muito mais bondoso do que o Dr. Kellogg e dá, à maioria de nós, um prognóstico promissor.

É verdade que essa prática erótica rompe com uma lei biológica e pode causar vários problemas mentais. Contudo, na maioria dos casos, a psicoterapia, se o paciente estiver em boas mãos [sic], com um verdadeiro conhecimento de tudo que envolve a prática, terá êxito na solução do problema.

Se o homem não se masturbar, o esperma sai durante a noite?

Se você for jovem ou estiver abstêmio há muito tempo, realmente sairá. O famoso sexólogo Alfred Kinsey descobriu que 90% dos homens e 40% das mulheres já tiveram orgasmos noturnos. Você pode acreditar que não está pecando, mas as autoridades sempre pegaram pesado com a ejaculação involuntária, desde os tempos da Bíblia. Deuteronômio (23:10) recomendava que quem sujasse os lençóis fosse mandado de volta para casa: "Quando entre ti houver alguém que, por algum acidente noturno, não estiver limpo, sairá fora do arraial; não entrará no meio dele."

Levítico (15:16-18) também não era tolerante, seja lá como ocorresse a emissão. "Também o homem, quando sair dele o sêmen da cópula, toda a sua carne banhará com água, e será impuro até a tarde. E também se um homem se deitar com a mulher e tiver emissão de sêmen, ambos se banharão com água, e serão impuros até a tarde."

O sêmen não tem nada de impuro — a menos que você tenha uma DST. Deixar que tudo caia na barriga é muito mais fácil que trocar os lençóis. Ele pode deixar os pelos grudados e ficar difícil de desembaraçar, mas, se não tiver caído no olho, não é necessário lavar com água imediatamente depois.

É normal fazer muito barulho quando se está sozinho?

Sim, sim, sim. Se você está interessado na grande variedade de sons e de imagens provenientes de pessoas normais que se masturbam, dê uma olhada no site Beautiful Agony. Só revela os rostos, mas a face é a parte mais interessante do corpo humano. É um site maravilhoso, sem culpa e a favor do prazer.

Masturbação pode fazer mal?

Sim. Se você está num relacionamento e essa é a única forma de intimidade que tem, pode apostar que a relação não vai durar muito. E se você se masturba com uma corda no pescoço para ter aquela sensação extra provocada pela asfixia, você não vai durar muito também. Nunca o faça sozinho, não importa quão rápido consiga desfazer o nó. Encontre um(a) parceiro(a) compreesivo(a) e com muita prática em reanimação cardiorrespiratória.

INSTINTOS MUITO BÁSICOS

Todo mundo já fez mais sexo do que eu?

Não. A virgindade e a abstinência estão muito na moda, e isso pode ter uma carga emotiva ou física, mas não numérica. Portanto, relaxe, tenha amor-próprio e assista ao vídeo *Everyone else has had more sex than me* [Todo mundo já fez mais sexo do que eu] no YouTube. A música é da banda TISM (abreviação de This Is Serious Mum; em português, Isso é Sério, Mãe), de Melbourne, e a animação, feita por Bernard Derriman, retrata um desfile de coelhinhos vestindo camisetas com o número que corresponde a quantas vezes já transaram. O coelho mais sexy é, com certeza, o vocalista (número um). O número zero (nos teclados) talvez seja atraente também, mas ele (ou ela) está usando uma máscara. Esse fato não sugere que todos os virgens deveriam se cobrir, mas faz uma referência à peculiaridade do TISM de sempre usar máscaras em público (e, talvez, nas relações sexuais).

Tem problema não ter grande interesse em sexo?

Claro que não. O sexo com a mesma pessoa sempre cai na mesmice, não importa quantos manuais você leia; e quando tudo começa a ficar caído e murcho, a união entre o casal fica complicada. Não sabemos a frequência com que as pessoas fazem sexo, porque se faz um levantamento, mas os pesquisadores não podem observá-los em casa. Há uma tendência de arredondarmos os números para valores exorbitantes. Alguns casais afirmam que fazem sexo uma ou duas vezes por ano e são muito felizes, obrigado. A queda da libido com a idade dá lugar a novos hobbies. Por que ficar zanzando por aí feito um cachorro sem dono quando se poderia estar cultivando rosas? Porém, a questão passa a ser um problema se um dos dois quer mais (nem sempre é o homem) e não se contenta com a masturbação adolescente.

A reação sexual masculina é muito básica. Quando se é jovem, é como um semáforo que está sempre verde. À medida que se envelhece, o sinal às vezes fica amarelo (mas pode voltar a ficar verde rapidinho). Muitos homens que vivem no modo verde aceitam sexo quando este lhes é oferecido, mesmo se for algo nada inteligente e se não tiverem camisinha. Todo homem se depara com um sinal vermelho, especialmente se estiver cansado, estressado, chateado ou para baixo. Se você não consegue sair do vermelho (neste caso, estamos falando do sinal), pode procurar ajuda, desistir ou ir para a cozinha fazer brigadeiro. Mulheres jovens tendem a começar a vida no amarelo, mas podem passar ao sinal verde sem querer sexo com penetração. A não ser nos joguinhos sadomasoquistas, "não" é sempre "não".

À medida que as mulheres envelhecem, especialmente quando têm filhos, elas conseguem negociar seu sistema de consentimento para o sexo, desde que não seja como transar na cabine de um caça de guerra. Há dezenas de comandos que têm que estar na posição exata antes da decolagem: família alimentada, cão alimentado, gato alimentado, lixo para fora, geladeira consertada, roupas lavadas, louça lavada, banheiros limpos, casa aspirada, livro lido, dever de casa dos filhos pronto, férias planejadas, refeição do dia seguinte planejada, ligações para a mãe feitas, fim da menstruação, sono em dia, melhora da dor nas costas, banho quente, costas quase boas, lençóis limpos, quarto sem cheiro de pum, telefone desligado, filhos dormindo, preliminares minuciosas e de qualidade, camisinha verificada, pare, camisinha verificada novamente, pare, "tenho certeza de que ouvi as crianças", verificação de filhos dormindo novamente, dez minutos explicando o que é uma camisinha e o que ela está fazendo pendurada em seu pênis que está saindo pela abertura na calça do pijama, subornar os filhos para que finjam estar dormindo durante dez minutos, voltar para o quarto, acordar a esposa, começar de novo, parar, "tem certeza de que você pôs o gato para fora?"... e aproveitar.

Se você é homem, tem duas opções. Pode ajudar sua mulher com aquele monte de tarefas domésticas chatíssimas que você simplesmente ignora quando não quer sexo, na esperança de que ela não use a oportunidade que você criou com muito engenho para assistir a *Desperate Housewives*. Ou pode optar por se masturbar. Como eu disse, sexo não é tudo.

Lembre-se, também, de que há momentos num relacionamento em que você faria papel de bobo ao esperar que rolasse muito sexo. Dentre eles:

- *Após o parto.*
- *Durante o parto.*
- *Durante folgas para pedalar.*
- *Em meio à mudança de casa.*
- *Quando a parceira está dormindo.*
- *Quando o gato morreu.*

A ofensiva sexual em casamentos duradouros depende de uma combinação delicada *timing* correto com leitura da mente. "Vou subir para me deitar um pouco" pode significar "Venha comigo, tigrão" ou, mais provavelmente, "Vou subir para me deitar um pouco". Se o casal tem problemas para identificar o humor um do outro, um sinal furtivo faz maravilhas. Um pote de geleia em cima do armário indica a ação. Se o mesmo pote estiver dentro do armário, sem chances.

NOTA: o pote de geleia pode falhar se outro membro da família comer tudo e colocá-lo dentro do armário ou — o que gera ainda mais confusão — colocá-lo em cima de outro armário. Também vai falhar se os filhos perguntarem por que você guarda um pote de geleia fechado há 16 anos no armário e o colocarem na geladeira, causando a maior confusão de todas. Filhos idiotas.

É normal rir durante o sexo?

Sim. O riso (de preferência mútuo) é um dos principais prazeres do sexo, a menos que você esteja tentando engravidar; nesse caso, a relação sexual é algo extremamente sério e deve ser concluída com êxito. Se apenas quer ter um orgasmo, você mesmo sempre pode fazer o que deve ser feito (e as chances de sucesso são muito maiores). Se quer dar uma boa gargalhada, deixe as barrigas ficarem batendo como ondas quebrando. Depois, fiquem se encarando e tentando segurar o riso. As feições que surgem no ato sexual são valiosíssimas. Se seu parceiro não consegue entender, segure um espelho diante dele quando ele estiver quase gozando. O Sr. Cabeça de Tomate encena *Pânico*. Aliás, é um remédio excelente para ejaculação precoce, e é muito mais fácil de executar do que a técnica de apertar.

A natureza ajuda muito ao nos fornecer as visões, os sons e os cheiros que tornam o sexo muito mais gratificante que um show de comédia. Você pode até já ter colocado uma linguiça na boca antes, mas sem dois saquinhos de chá peludos caindo sobre o queixo. Quem inventou isso? Tem também os puns vaginais, os pelos pubianos agarrados na boca, a entrada errada, os gemidos absurdamente altos e o barulho das membranas umedecidas ralando uma na outra.

Muita gente acha difícil contar piada, mas peça a qualquer pessoa para falar baixaria e você ficará de queixo caído. "Me encha com seu leite de macho, meu garanhão ruivo." "Me envolva com esses lábios deliciosos do amor, minha puta tesuda." Melhor ainda é falar baixaria com os termos anatômicos corretos. "Mantenha o pubococcígeo apertadinho." "Deixe-me sentir sua túnica albugínea." "Senta na minha cara e me mostra o teu vestíbulo."

O sexo funciona melhor quando o casal faz tudo junto (ri, se movimenta, respira...). Mas vira um problema quando somente um faz todo o trabalho. Se seu parceiro parar de respirar, provavelmente é porque o coração dele também parou, e é melhor tentar reanimá-lo. Depressa. (*Consulte* **O que fazer se alguém morrer em cima de mim durante o sexo?**) Por outro lado, a vida sexual da maioria das pessoas melhora muito quando se diminui o ritmo e se para de levar tudo muito a sério. Comece comparando as anatomias. Assim, pelo menos, vocês dois saberão onde fica o clitóris.

Sexo, sono ou scrabble?

Comédia é um sexo disfarçado?

O sexo é uma continuação da comédia. Muitos casais vão a shows de humor como uma alternativa menos onerosa às preliminares. O público ri, se solta, vai para casa e manda ver (mas isso não dá muito certo se você exagerou no álcool). E, para as mulheres, o senso de humor é muito importante, pois quando o sexo não sai como o planejado não há nada pior que ficar debaixo da coberta com alguém que não vê o lado engraçado da situação e continua tentando, na esperança de que dê certo.

Os humoristas mais engraçados são aqueles a quem assistimos pela primeira vez. Se você voltar na semana seguinte, verá que, mesmo que ele alegue que a maior parte é improvisação, existem padrões e piadas que se repetem. Pode continuar sendo engraçado, mas você vai dar menos gargalhadas. No entanto, se você frequenta o show do mesmo humorista toda semana há vinte anos, e se ele quase sempre se repete, você vai começar a pensar se deve interromper a apresentação ou pedir reembolso. Como você é tímida demais para fazer isso, segue em frente e pega um livro para ler. Ou, quem sabe, vai ao show de outro comediante.

A maioria das pessoas que estão num relacionamento duradouro sempre faz sexo praticamente da mesma maneira (a não ser no início, quando você se arrisca a pedir algo excêntrico demais antes do padrão se instaurar e ainda pode sair ilesa com a seguinte resposta na ponta da língua: "Mas todo mundo faz isso.") Após alguns meses, é possível prever como vai rolar. Peito direito, peito esquerdo, lambida ligeira, é a sua vez, tire a língua, manda ver. "Ooh, eu não estava esperando isso." "Desculpa, vou pegar um lenço de papel."

Há pessoas que usam o humor ou o sexo para se livrar de agressões, mas raramente o resultado é prazer e riscos mútuos. Uma melhor comunicação une — e não divide — e surpreende sem causar danos. A maior parte das pessoas possui duas piadas e duas posições sexuais, só que não dominou bem nenhuma delas, ficando, portanto, proibida de apresentá-las em público. Mas é incrível o que se conquista com um pouco de prática. **DICA:** se explicar uma piada a um público em silêncio, você morrerá. Se explicar uma manobra sexual a uma parceira em silêncio, você provocará uma explosão de risos. "Agora estou massageando seus seios, depois irei apertá-los."

Quanto tempo depois de sofrer um ataque cardíaco eu posso fazer sexo?

Partindo do princípio de que você sobreviveu ao ataque cardíaco, pode ter relações quando quiser. Esse tempo é geralmente algumas semanas após o ocorrido. A BHF (British Heart Foundation — em português, Fundação Britânica do Coração) diz o seguinte: "Geralmente, não há problemas em ter relações sexuais se você consegue subir dois lances de escada de uma só vez sem sentir desconforto no peito ou falta de ar." Dessa forma, metade da população não pode.

Quanto à posição a ser adotada do seu vasto arsenal de duas, eu optaria pela cama, em vez de transar feito um bobo na escada, e na posição em que o(a) parceiro(a) faz quase todo o trabalho. A BHF sugere não comer uma refeição pesada nem beber em excesso antes, manter o quarto numa temperatura agradável, evitar lençóis frios e escolher uma atmosfera relaxante. Aposto cinquenta centavos que você vai pegar no sono em dois minutos.

Também é recomendável estabelecer um sinal para quando precisar parar e ter ao alcance das mãos o remédio para infarto, caso sinta uma pontada no peito. O sexo, como qualquer exercício, faz muito bem, tenha você sofrido um ataque cardíaco ou não. Se você passou por cirurgia, é bom evitar movimentos bruscos do peito que façam a cicatriz forçar. E lembre-se de que podemos fazer muito com as nossas mãos, caso não goste daqueles dois minutos de esmagamento de corpos.

Quanto tempo depois da morte do gato eu posso fazer sexo?

Novamente, não existem regras aqui, mas, no caso de a parceira estar mais triste que você com a morte do bichinho de estimação da família, ela pode estar precisando de apoio e consolo. Um abraço carente não deve, sob circunstância alguma, ser entendido como um aval para a transa. Um processo saudável de sofrimento passa pelas fases de choque, raiva, apatia e negação — mas termina com a aceitação. Quando a caixa de areia e a ração forem guardadas, você pode, quem sabe, fazer algumas tentativas. Mas vá com calma. Evite lençóis frios. Se você for um homem corajoso, pode sugerir o seguinte: "É o que o Tipsy ia querer", mas lembre-se de que o tiro pode sair pela culatra. Uma alternativa mais segura é usar o pote de geleia (*consulte* **Tem problema não ter grande interesse em sexo?**).

Infidelidade é normal?

Depende de o que você entende por "normal". Com certeza, parece ser muito comum, contanto que as pessoas admitam que pularam a cerca (mantendo o anonimato, é óbvio). No Reino Unido, existe um levantamento feito a cada dez anos (National Survey of Sexual Attitudes and Lifestyles — em português, Levantamento Nacional de Estilos de Vidas e Atitudes Sexuais) com mais de 11 mil britânicos com idades entre 16 e 44 anos. Não faço ideia de por que param aos 44, já que muitas pessoas têm o melhor sexo de suas vidas quando os filhos saem de casa. O último estudo descobriu que, no ano 2000, 9% das mulheres e 14,6% dos homens tiveram "mais de um parceiro ao mesmo tempo". Podemos entender isso de duas maneiras, mas imagino que uma delas é bastante rara. Até mesmo "a ex-máquina-de-sexo-milionária" chamada Frank Skinner se meteu em um *ménage à trois*: "Fiquei o tempo todo preocupado demais com meu desempenho. Sobre o que elas estavam cochichando?" Skinner é um humorista observador e extremamente aberto. Certa vez, enquanto fazia sexo oral, ele se deparou com um pedaço de papel higiênico "que parecia um recibo do guarda-volumes preso atrás da lapela".

A maioria das pessoas mantém o sexo extraconjugal em segredo (só o cachorro pode saber), e a melhor das estimativas é que, em 50% de todos os casais, um dos parceiros (ou ambos) pulou a cerca pelo menos uma vez. A questão não é se é normal, e sim se vale a pena.

O levantamento foi programado para ser repetido em 2010. Será interessante ver como todos nós estamos nos comportando após uma década. Dez anos atrás, o "número médio de parceiros na vida" (que é diferente do número de parceiros médios na vida) foi de 12,7 para os homens e 6,5 para as mulheres. Deixando de lado o desafio de transar com 0,5 pessoa, ou os números sugerem que os homens estão transando mais com homens, ou que eles estão exagerando e as mulheres, pegando leve. Ou, quem sabe, tem gente que não é muito boa de fazer contas ou de perceber quando trocou de parceiro. **DICA:** olhe nos olhos.

Eis mais alguns dados do milênio:

- A idade média para a primeira relação era de 17 anos para as mulheres e 16 para os homens.
- A proporção de homens britânicos que já tiveram um parceiro homossexual era de 5,4%.
- 12,3% dos homens e 11,3% das mulheres experimentaram sexo anal naquele ano (mas não o ano inteiro).
- 10,1% das mulheres e 15,4% dos homens tiveram relações sexuais de risco, definidas como "dois ou mais parceiros heterossexuais e/ou homossexuais no último ano e uso inconsistente de camisinha".
- Um em cinco homens e uma em quatro mulheres haviam tido, até então, um parceiro fixo.
- Em média, no Reino Unido, um em 23 homens pagou por sexo. Em Londres, o número sobe para um em 11 homens.

- Um em cada dez participantes do levantamento sabiam já ter tido pelo menos uma infecção sexualmente transmissível, sendo clamídia a mais comum. O número de pessoas que não sabiam ter gonorreia é desconhecido, mas faz sentido, já que o sintoma mais comum é não apresentar sintomas.

Casamento faz bem à saúde?

Sim, mas somente se a pessoa permanecer casada. Talvez você estivesse muito melhor se nunca tivesse se casado, em vez de se separar, seja pelo divórcio ou pela morte. No geral...

- Tanto os homens quanto as mulheres vivem mais e permanecem mais saudáveis em casamentos felizes. Os homens também vivem mais tempo em casamentos infelizes (provavelmente porque as mulheres continuam limpando os respingos de xixi no chão e no vaso).
- Separações traumáticas têm um preço alto (financeiro, psicológico, social e físico). Os divorciados ou viúvos apresentam maiores chances de ter depressão como consequência e também de desenvolver câncer, doenças cardíacas, diabetes, demência e problemas de mobilidade à medida que o tempo passa.

Sexo, sono ou scrabble?

Em alguns casamentos, as pessoas ficam tão dependentes uma das outras que não sabem como enfrentar a vida sozinhas.

- Os casamentos não são automaticamente felizes, mas esse quesito se aplica à vida em si. Como num tratamento estético, algumas pessoas passam por muito sofrimento durante a separação, até se descobrirem ainda mais insatisfeitas (e muito mais pobres) do que quando começaram. Outras saboreiam a nova liberdade, até o dinheiro acabar.
- Os casamentos tendem a ser mais duradouros se o casal der espaço um ao outro, não se atirar pedras nem supervalorizar os problemas em seus mínimos detalhes.
- Os filhos tendem a ter melhor desempenho escolar se os pais ficarem juntos (a menos que estes os maltratem).
- Se você é divorciado, é menos provável que receba ajuda dos filhos quando envelhecer, e muito menos dos enteados.
- O segundo casamento acaba com maior frequência do que o primeiro (a menos que você tenha conseguido fugir de um inferno de abusos e desastres).

Nada disso adianta se você não suporta mais ver, ouvir ou sentir o cheiro de seu parceiro. Todos os casamentos precisam do calor da chama queimando lentamente após o fiasco do intenso inferno. Também é necessário uma visão a longo prazo ou de alguma história compartilhada de uma satisfação futura, especialmente se o presente está difícil. Mas, se ele está muito empolgante graças ao contato visual prolongado com a(o) amante, será necessária muita vontade para recorrer à lista de possíveis perdas no casamento.

Os efeitos da infidelidade na saúde são amplamente estudados e parecem variar muito. Se der errado, você terminará cheio de culpa e com clamídia, que é muito mais fácil de solucionar do que o peso na consciência. Se der muito errado, o(a) traído(a) vai gritar tanto com você que as paredes irão tremer.

Pelo lado positivo, há pessoas que parecem ter relacionamentos extraconjugais muito benéficos; estes vão desde discretos "amigos coloridos" aos que amam duas pessoas ao mesmo tempo. A ideia de que existe um amor verdadeiro para cada um de nós é, obviamente, besteira; existem muitas e muitas pessoas com quem poderíamos ter uma vida feliz, mas tentar ter todas elas ao mesmo tempo é pura ganância.

Há muitas causas (ou desculpas) para a infidelidade: genes egoístas, pais ausentes ou ruins, vício em sexo e — a minha favorita — "uma estratégia de regulação emocional para pessoas com distúrbio de apego e de fuga, que liberta da fobia a compromisso". O que importa é que é tanto uma escolha quanto um risco. E, como em qualquer risco que decida correr, você só deve arriscar aquilo que está preparado para perder, e com benevolência.

Sexo, sono ou scrabble? ....

Será que devo escrever um blog sobre infidelidade?

Os seres humanos são fofoqueiros, e, se seu caso extraconjugal está indo de vento em popa, você pode querer espalhar aos quatro ventos que está feliz/magra/empolgada/energizada/com pele de seda/realizada/menos chata com a família devido a isso. Mas não é aconselhável contar ao conhecido que for, pois os seres humanos são fofoqueiros.

Uma solução é fazer um blog sobre infidelidade. Em geral, os homens não fazem isso — eles podem até se gabar via um breve e-mail ou mandar um SMS aos amigos (com foto anexada), mas poucos são capazes de escrever oitocentas palavras por dia para conseguir o apoio de desconhecidos. Contudo, para algumas mulheres, é algo muito terapêutico. O Truewifeconfessions.blogspot.com (site em inglês) mais parece um portal para um site pornográfico, mas foi criado por uma mulher chamada Dawn Rouse para permitir que as mulheres "digam o indizível". Dawn é a responsável pelas vinte primeiras confissões, dentre elas: "Eu sei onde estão seu cinto, seus óculos e sua carteira. Só que acho engraçado ver você feito doido procurando" e "Às vezes, você só precisa me fazer rir para o meu humor mudar. Não é uma estratégia que você usa muito".

A última coisa que essas confissões são é "indizíveis". Diga ao pobre coitado onde é que a carteira está, e, em troca, como prêmio, ele contará uma piada. Há uma opção melhor ainda: organize uma "caça à carteira" como um leve joguinho sadomasoquista cheio de recompensas e punições emocionalmente revigorantes (é preferível incluir o cinto e os óculos).

Existem muitos blogs sobre infidelidade. Eles têm conteúdos desde "Meu Deus do céu, quase morri quando pingou esperma na minha perna no meio da apresentação do colégio" até reflexões intelectuais e poesia. Muitos são uma tentativa de lidar com a culpa. Diversas traições são reveladas por causa de algo trivial: um fio de cabelo, um brinco, um recibo no bolso, uma mensagem de texto enviada na hora errada ou uma poça de esperma no seu assento na apresentação da escola. Portanto, é um grande desafio manter uma relação extraconjugal e escrever sobre isso no blog todo dia enquanto você deleta todas as evidências dela — ter um comportamento atrevido e o mascarar. E não é nada agradável quando os textos são lidos no tribunal. Ainda assim, existem provas de que escrever e refletir sobre a vida ajuda a lidar melhor com ela. Portanto, deixe todos os julgamentos de lado e visite os sites abaixo (todos eles inglês):

insidetheaffair.blogspot.com (apenas para convidados)
serialmistress.blogspot.com
msscarlettletter.blogspot.com

Assistir à pornografia é uma espécie de adultério?

Pergunte a seu parceiro. Há quem goste do fato de ele estar queimando o excesso de energia assistindo a estranhos atuarem — muito mal, por sinal — sem roupa. Já para outros, qualquer fantasia que envolva terceiros é inaceitável (pelo menos quando não está em segredo, escondida dentro do cérebro). E, é claro, depende do tipo de material pornográfico a que você está assistindo.

Sexo, sono ou scrabble?

Toda pornografia pode levar à "pornificação", ou seja, expectativas não realistas em relação à anatomia e ao comportamento do parceiro. Se você se pegar sussurrando bobeiras como "O que traz você à Califórnia?", "Você chama essa obra-prima de pênis?" ou "Só vim para consertar o aquecedor", talvez esteja na hora de cancelar a assinatura do canal pornô.

Ao assistir a materiais pornográficos, dá para perceber quem está atuando com esmero e apostando na carreira, quem está passando maus bocados na vida, quem está desesperado para transar e quem está desesperado para fugir. Alguns sites garantem que todos os atores são maiores de idade e estão fornecendo seu tempo por vontade própria, mas o número de atores pornô que acabam com o ânus rasgado ou que contraem HIV indica que isso não é pura diversão.

Na minha cidade natal, existe uma produtora pornô que permite (mediante o pagamento de uma taxa) que você passeie pelo set, assista às gravações e — de presente de aniversário — seja um figurante. É uma alternativa a andar de balão, mas a vista é muito menos impressionante. Como Kingsley Amis observou: "Qualquer genitália, quando vista de uma distância suficiente, parece o interior do ouvido de uma girafa."

O site mais educativo e erótico que existe é o Beautiful Agony. Com sede em Melbourne, revela a face de dezenas de pessoas comuns ao ter um orgasmo. Nem todos gozam com sotaque australiano. Os próprios voluntários se filmam, então não existe essa besteirada de "o que lhe traz aqui?".

A câmera fica fixada somente no rosto. Há uma vasta galeria de homens e mulheres atingindo o clímax. Algumas pessoas são até engraçadas, de tanto que gritam, outras apenas gritam e algumas são muito eróticas. Há quem possa estar fingindo ou se exibindo para a câmera, mas não restam dúvidas de que é no rosto que está o melhor da ação. Tudo de que precisamos é estar nus do pescoço para cima.

O site tem o seguinte subtítulo: *"facettes de la petite mort"*, uma referência à experiência de quase morte pela qual os franceses — e outros — denominam o orgasmo. É claro que também podemos passar pela experiência de uma morte real, pois a possível causa não é só infarto. Certa vez, vi um show do comediante Jack Dee em que ele perdeu a linha de pensamento no palco: "Odeio quando isso acontece. É igual quando estou transando com minha mulher e não tem mais ninguém para eu fantasiar." Houve um silêncio coletivo seguido por gargalhadas daqueles a quem a carapuça serviu.

Todo mundo faz isso?

Não. As sugestões que um parceiro faz ao outro para realizar uma antiga fantasia (depois de assistir a um filme pornô) geralmente são seguidas pela frase "mas todo mundo faz isso". Nem todo mundo faz isso, e, mesmo que fizessem, a única coisa que importa é se você quer fazer. Conversem. Não tenha medo de dizer "não". Se optar por experimentar, cheguem a um acordo e estabeleçam regras e cláusulas. Devagar, com carinho e com cuidado — assim será divertido.

Qual é a diferença entre uma prostituta e uma profissional do sexo?

Nenhuma, fora o fato de que as profissionais do sexo deveriam ter direitos, segurança e proteção como em qualquer outro trabalho. Na Nova Zelândia, a prostituição foi descriminalizada em 2003, quando foi aprovada uma lei que assegurava às profissionais do sexo direitos legais para ajudar a garantir segurança a elas (e aos clientes). Aliás, tudo indica que na Nova Zelândia pensou-se muito sobre essa área profissional:

- *A profissional tem o direito de recusar ter relações com um cliente por qualquer motivo — até mesmo se não houver motivo, sem ser multada por isso. Qualquer pessoa que tentar coagi-la a ter relações estará violando a lei e pode pegar uma pena de até 14 anos.*
- *O conselho de cada localidade decide o local de trabalho. Alguns permitem que se trabalhe em casa, outros estabelecem zonas para o funcionamento de bordéis. Até quatro profissionais do sexo podem abrir um negócio sem licença, contanto que não haja chefe. Assim que houver o envolvimento de um gerente, é necessário obter a licença do conselho. Não é preciso protocolar na polícia.*
- *Gerentes, clientes e profissionais do sexo devem realizar todos os passos para garantir o uso de preservativo para a prática de sexo oral, anal e vaginal.*
- *Se desejar deixar a profissão do sexo a qualquer momento, você receberá os*

> *benefícios sem qualquer multa por demissão voluntária.*
> - *Se você é gerente, cliente ou editor de jornal, será multado ou encarcerado se contratar ou publicar anúncios de profissionais do sexo menores de idade. Também é ilegal receber dinheiro de uma profissional do sexo com menos de 18 anos (mas não é ilegal ser uma profissional do sexo com menos de 18 anos).*

Bem que poderiam ser introduzidas leis semelhantes no Reino Unido, mas nós não falamos sobre sexo, muito menos sobre sexo pago. Portanto, ainda não fomos capazes de descriminalizar a prostituição e proteger as mulheres. Por ano, são mortas duzentas mulheres na Inglaterra, e o índice de condenação é desprezível. A sociedade deveria proteger os mais vulneráveis; contudo, as profissionais do sexo que mais precisam de proteção (desesperadas por dinheiro, não querem fazer isso, mas acabam nas ruas) provavelmente nunca a receberão. Uma coisa boa é que as trabalhadoras do sexo comercial, com licença e tudo, têm muito mais controle e oferecem a possibilidade de um sexo mais seguro do que se você sair bêbado de um bar, com alguém igualmente bêbado, e acabar transando sem camisinha.

A cada ano, 5% dos homens pagam por sexo — e sempre pagarão (mas não necessariamente os mesmos 5%). As mulheres que querem ser profissionais do sexo precisam de direitos trabalhistas, as mulheres que não querem ser precisam de proteção e oportunidade. Não sobrará nada se ambos os tipos forem criminalizados. Uma vez que você seguiu todos os passos para garantir que o sexo entre adultos é consensual, onde está o crime? Por que não assinar o abaixo-assinado em www.petitiononline.com/swsafety/petition.html (em inglês)? Eu sou o número 1.578.

SEXO EM NENHUMA ORDEM ESPECIAL
Quantos tipos de orgasmo existem?

Os homens têm uma tendência a classificar os orgasmos de acordo com a quantidade de sêmen e com o fato de conseguirem acertar o teto, mas a intensidade também varia (desde um pouco decepcionante até chegar àqueles raros deuses do amor tântrico, que alegam a capacidade de ter orgasmos múltiplos ao segurarem por muito tempo). Infecções têm a capacidade de reduzir o prazer — pode até ser que a ejaculação em si não doa, mas qualquer sensação meio estranha requer uma consulta médica (ainda mais se houver uma bola de pus nas calças antes mesmo de você começar o ato).

Por outro lado, os orgasmos das mulheres são continuamente classificados e etiquetados como se fossem animais em extinção. Para começar, tem o clitoriano, o vaginal, o uterino e, se a mulher tiver muita sorte, os três juntos. O primeiro tipo se dá pela estimulação do clitóris (**DICA:** encontre-o primeiro), que emite impulsos elétricos pelo nervo até a coluna, desenvolvendo, então, uma plataforma orgásmica (isso ocorre muito mais rápido do que se imagina) e resultando em todos os tipos de atividades de reflexo muscular impossíveis de se controlar.

O orgasmo vaginal ocorre pela estimulação do ponto G (para quem tem um) e percorre o nervo pélvico. Nesse caso, além de estabelecer a plataforma orgásmica, os músculos ficam incontroláveis e o útero também executa uma função. Se você tiver sorte, terá os dois tipos praticamente ao mesmo tempo (também conhecido como orgasmo combinado), e eu imagino que demore um tempinho para se recuperar dessa.

Esses termos são meio técnicos e usados na hora H muito de vez em quando. Por exemplo:

"Combine-me agora, sua besta imunda."

Ou,

"Só estou preparando o útero, querida."

"Vai querer o clitoriano?"

"Quantas vezes eu tenho que te dizer? O clitóris fica na parte de cima."

O mais interessante sobre orgasmo é que tanto homens como mulheres normalmente o sentem mais intensamente quando fazem em si próprios. É esse o segredo do jogo: quem quer sexo melhor, precisa conversar com o parceiro.

Onde se encontra a data de validade de um pênis?

Um pênis britânico deveria durar uma vida inteira, mas vale a pena inspecionar com atenção antes de usá-lo. Feridas, bolhas, verrugas, testículos doloridos, um machucado feio e vermelho e um corrimento que surge com o mais simples dos toques (e sem muito prazer) são sinais de que uma consulta médica deve anteceder a penetração. É menos comum as mulheres apresentarem sinais visíveis de infecção, então é bom os dois irem ao médico. Na Grã-Bretanha existem clínicas de saúde sexual que são um ótimo lugar para o primeiro encontro. Lá, toda a medicação é gratuita, além da distribuição de camisinha. E sua mãe/sua professora/seu médico de família nunca saberá de nada (a menos que eles estejam na clínica na mesma hora que você).

Por que o pré-gozo provoca cara feia?

Não sei. O ponto pré-orgásmico no homem indica que não há mais volta no ato sexual, e é acompanhado por várias expressões faciais muitas vezes bizarras, mas, na verdade, comoventes; é a cara que faríamos se nos dessem um copo de Coca-Cola geladinha num dia de verão e descobríssemos, na hora em que estivéssemos tomando, que o líquido é na verdade vinagre de malte. A cara é feia, mas no ato sexual os motivos são nobres.

O que é "gichigich"?

É uma prática sexual das mulheres Yap das Ilhas Carolinas, o maior arquipélago da Micronésia. A mulher senta no homem enquanto ele massageia, devagar, os lábios da vagina com o pênis até ela alcançar o orgasmo (geralmente, ao que tudo indica, mais de uma vez). Segundo o *Complete Dictionary of Sexology* [*Dicionário completo de sexologia*, em tradução livre], "devido à natureza vigorosa dessa forma de coito, normalmente só é praticado por jovens casais antes do casamento". Verifique as possibilidades com seu osteopata antes.

Toda mulher grita "jerônimo" na hora do orgasmo?

Não. Nunca ouvi isso nem nada parecido. Poderia até ajudar se as mulheres pronunciassem alguma palavra, pois muitos homens se queixam por não saberem quanto prazer já deram a elas. É muito mais fácil identificar o gozo do homem. Normalmente, o ato resulta num produto final, que a mulher tenta evitar engolir ou deitar em cima, ou que ocupa a ponta da camisinha... na melhor das hipóteses. Além disso, é comum que os homens peguem no sono logo depois de gozar, a menos que vocês estejam tendo um relacionamento extraconjugal, pois, nesse caso, as calças voltam ao lugar antes mesmo de você perguntar: "Ainda está aí?"

Para as mulheres, às vezes é mais fácil (e mais gentil) fingir, especialmente se as coisas já estiverem se arrastando há um tempo, se estiver passando algum programa bom na televisão ou se você chegou a uma parte empolgante do livro que está lendo. Se sua parceira finge bem, provavelmente ela quer que você viva na ilusão de que é um deus do amor; então por que você iria querer saber o contrário? Além disso, um orgasmo falso requer tanto (se não mais) trabalho quanto um verdadeiro. Até mesmo sexo ruim pode ser um ótimo exercício aeróbico.

Alguns homens alegam conseguir identificar o orgasmo pelas contrações musculares da parceira, pelo fluxo vaginal ou pela mudança na frequência cardíaca, mas isso tudo soa técnico demais para mim. Ao olhar nos olhos dela, estes deveriam revelar as emoções do momentos. E se ela tem icterícia.

Outra vantagem de olhar nos olhos do parceiro durante o sexo é a menor probabilidade de viajar. Casamentos, e até mesmo vidas, chegaram ao fim porque o nome errado saiu, e são pouquíssimos os nomes que permitem que a situação seja contornada. "Phil... Phil... Filme-me com seus olhos." Às vezes os trocadilhos são infames, mas podem gerar alguma solução.

Qual é a reação correta a um pum vaginal?

"Saúde." Se acontecer de novo, ignore ou negue ("Eu não ouvi nada. Você ouviu alguma coisa?"), troque de posição ou tente "saúde" em alguma outra língua. Dizer "Quem é esse homem que está peidando tanto debaixo da cama?" pode sair pela culatra — ainda mais se realmente houver um homem debaixo da cama. "O que foi isso?!" pode gerar uma recepção confusa. A flatulência vaginal ocorre quando o ar fica preso na vagina (geralmente devido à ação de sucção vigorosa, fruto de certas posições), mas ele tem que sair. Se os sintomas persistirem, você pode parar e morrer de rir ou tentar fazer aquilo que os especialistas em comunicação chamam de "espelho". Tente soltar puns normais ao mesmo tempo. Se não der certo, experimente colar a boca no pescoço dela e expirar ar violentamente (fazendo o som característico do peido) que talvez o fato seja acobertado.

Bacanal tem alguma coisa a ver com Burt Bacharach?

Não. Essas palavras nem compartilham a mesma raiz lexical. Bacanal é um eufemismo para as orgias romanas que viraram febre em 200 a.C. em homenagem a Baco (ou Dionísio), o endiabrado deus do vinho e da festa. Burt está entre nós há algum tempo, curtiu alguns casamentos e inspirou muitas preliminares e festas por aí com sua música. O bacanal foi fortemente combatido pelo governo romano em 185 a.C. A única música de Burt que talvez remeta ao assunto seja "Wives and Lovers" — a grande parada de sucesso de Jack Jones em 1963 –, mas só porque a letra é de Hal David:

> Hey, little girl, comb your hair, fix your make-up
> Soon he will open the door.
> Don't think because there's a ring on your finger
> You needn't try anymore,
>
> For wives should always be lovers, too,
> Run to his arms the moment he comes
> home to you,
> I'm warning you...
>
> Day after day, there are girls at the office,
> And men will always be men,
> Don't send him off with your hair still in curlers
> You may not see him again...
>
> Blah, blah, blah...*

---

* Ei, menina, penteie o cabelo, retoque a maquiagem/Logo ele abrirá a porta./Não pense que só por ter um anel em seu dedo/Você não pre-

A energia cósmica pode me garantir orgasmos melhores?

No geral, o orgasmo está na cabeça, e, se você acredita que a energia cósmica pode lhe ajudar a acertar em cheio, então penso que ela pode ajudar, sim. Não estou ciente de nenhum estudo que compare a energia cósmica com o tratamento padrão de dedicação, carinho e dedo inquieto. Se você tem o projeto de colocar no mercado uma caixa orgásmica de energia cósmica, saiba que já fizeram isso. O austríaco-americano Wilhelm Reich era um psicoterapeuta de renome e defensor dos direitos das mulheres, até se perder no caminho ao lançar a "caixa orgônica" — uma cabine de telefone com uma parafernália elétrica, desenvolvida para capturar e reunir energia cósmica primordial e concentrá-la na genitália (ou em qualquer outro lugar).

Um "acumulador de energia orgônica" aparentemente é capaz de curar resfriados, câncer ou impotência, além de melhorar os orgasmos. Infelizmente, a caixa orgônica não deu muito certo para o Dr. Reich, que morreu de ataque cardíaco em novembro de 1957, na penitenciária Lewisburg, onde cumpria pena de dois anos por distribuir sua invenção não aprovada e por violar a lei que controla os medicamentos e alimentos.

---

cisa mais se esforçar./Pois as esposas também devem ser amantes/Corra para os braços dele assim que ele chegar,/Estou lhe avisando.../Dia após dia, há moças no escritório,/E homens serão sempre homens,/Não se despeça dele com bobes no cabelo/Pode ser que você nunca mais o veja.../Blá-blá-blá..., em tradução livre. (*N. do E.*)

Onde posso conseguir Yab-Yum?

Em seu parceiro, mas vocês dois têm que trabalhar para isso. Yab-Yum é um termo tibetano para a unidade e a totalidade místicas conquistadas por meio do ato sexual, em que o macho e a fêmea se combinam numa unidade cósmica ideal e resolvem todas as dualidades. Para muitos casais, Yab-Yum é mais misticismo do que místico, ainda mais se o parceiro se virou, deu um peido e pegou no sono.

Devo lavar o meu tapa-sexo à mão?

Sim. Os tapa-sexos não servem só para quem caprichou até demais na depilação e acabou sentindo frio, mas também para dançarinas e atrizes que querem tirar a roupa e continuar obedecendo a certas leis da nudez. O tapa-sexo também pode ser usado para surpreender o parceiro com uma mudança repentina na cor do pelo pubiano (se ele for peludinho) e, quem sabe, fazer com que o homem se atenha mais à vulva (até um pelo grudar no queixo dele, deixando-o parecido com um bode, e ele dar um escândalo).

Originalmente, o tapa-sexo surgiu em 1796 para aqueles que perderam o cabelo após serem acometidos por varíola, escarlatina e, posteriormente, pelo tratamento de mercúrio para sífilis. Há também quem raspe todos os pelos do corpo para erradicar definitivamente os piolhos. Quando Jenner descobriu a vacina para varíola, o tapa-sexo continuou fazendo sucesso entre as prostitutas, que davam aos clientes opções de careca ou peluda, e de cores. O fato de encontrar piolho não é desconhecido, portanto, higiene é importante. No entanto, o tapa-sexo é um bichinho delicado e pode se desintegrar com facilidade se lavado com água quente ou devido ao atrito com a bermuda de seu parceiro. Então, aconselho lavá-lo somente à mão e com água morna.

A posição papai e mamãe foi ideia de quem?

Em inglês, essa posição se chama "missionária", mas existe desde muito antes de os missionários surgirem. Ela foi amplamente divulgada apenas durante as incursões cristãs na Oceania e na África a partir do século XVIII. Ela parecia uma chatice para as populações nativas, que, muito tempo antes, já haviam descoberto práticas sexuais bem mais prazerosas e ousadas. Os missionários poderiam ter aprendido uma coisinha ou outra a mais se não acreditassem em que o homem foi criado primeiro e, portanto, tinha que ficar por cima para mostrar sua primazia sobre a mulher em todos os aspectos da vida.

A posição continua popular até os dias de hoje, pois é a mais fácil para se fazer no escuro sobre um colchão duro, e as quedas são raras. A mulher normalmente não atinge o clímax durante um papai e mamãe convencional de dois minutos, mas também não é obrigada a ficar olhando a própria bunda no espelho. Saiba que existem variações; você pode consultá-las em livros ou ir experimentando. Tais variações garantem à mulher uma posição mais ativa, pois, do contrário, tudo que ela tem a fazer é ficar admirando as próprias unhas.

Como em todas as posições, o sucesso depende muito de como a questão é abordada. Os casais que ainda se amam podem usar e abusar da troca de carícias, do toque, de palavras, da troca de olhares e da respiração no mesmo ritmo. Quem está apenas fazendo por fazer, pode facilmente evitar qualquer contato visual, emocional ou clitoriano. A obra *A Feminist Dictionary* [*Um dicionário feminista*, em tradução livre] não dá muito crédito a ela: "A posição papai e mamãe é desconhecida e inexistente em muitas culturas."

Qual é a melhor posição para emagrecer?

O que acha de experimentar a posição carrinho de mão? Se você apenas quer malhar, é possível revezar: ser o carrinho ou ser quem empurra o carrinho. Se você também quer fazer sexo, é provavelmente melhor que o homem empurre. (o carrinho de mão invertido é difícil demais até para o *Kama Sutra*). Essa posição requer força e boa forma para que a cabeça possa ir às nuvens, mas também engloba os melhores aspectos do ato sexual (trabalho em equipe, liberações repentinas de ar e mudanças histéricas de humor). Se você manda muito bem, é possível transar e andar ao mesmo tempo. Só não passe em frente à casa de sua mãe.

Será que é possível gozar sem fazer aquela cara de baleia ferida?

Não, a não ser que você esteja atuando para a telona. Em Hollywood, belos casais (ou seus dublês de corpo) fingem atingir o clímax numa harmonia magnífica, exibindo um sorriso reluzente e um breve gritinho. Na realidade, a maioria dos homens faz a cara de baleia em menos de cinquenta movimentos, e as mulheres nem gozam. Na telona, ninguém parece um cachorro sedento nem coloca a camisinha errado. Brad Pitt não tem câimbras e entra de primeira. Quando vai mais rápido, nunca escorrega nem bate com o pênis em outro lugar. O sexo real é ridículo, desajeitado e um quase eterno "começa e para". A única coisa importante é que os envolvidos curtam o processo.

É necessário escovar os dentes antes de fazer sexo oral?

Talvez escovar depois seja melhor. Pouquíssimas genitálias percebem o bafo de alho, mas eu compreendo a vontade de proteger suas próprias papilas gustativas com um gostinho de menta. Segundo a teoria, escovar os dentes antes pode causar aberturas na gengiva, facilitando, assim, que uma infecção se instale, mas não há provas disso. É mais seguro chupar/sugar/babar/lamber com camisinha, seja inteira (no pênis) ou cortada na forma de um quadrado (e colocada na vulva); nesse caso, a pasta de dente ajuda a reduzir o gosto de morango emborrachado. A mistura espumosa de saliva e Colgate pode enganar o homem, fazendo-o pensar que a mulher já gozou.

> *"Olha só a prova."*
> *"Mas como passou pela camisinha?"*
> *"Foi mágica."*

"Mas por que está com cheiro de menta?"
"Não muda de assunto! Agora é sua vez."

Como vovó já dizia: "Comprido e fino vai mais fundo, pequeno e grosso encaixa justo." Ela estava certa?

Nossa! Que vovó e tanto! E ela tinha razão. A parte mais estimulável da vagina corresponde a um terço da parte exterior, sendo que a vulva é ainda mais sensível. Portanto, não existe motivo para que os seres humanos desenvolvam pênis de mais de 14 centímetros (aliás, a maioria nem chega lá). Muitos brinquedos sexuais possuem uma parte mais protuberante na lateral, igual a uma cenoura mutante. E é bem mais possível atingir o ponto G com isso do que com uma coisa que parece o braço de um bebê segurando uma maçã.

Como vovó já dizia: "Quem tem a língua igual à da vaca tem nas mãos o queijo e a faca?" Ela estava certa de novo?

Sim.

O que é a síndrome de Peggy Lee?

É a sensação de decepção que muitas jovens mulheres sentem após perder a virgindade. Recebeu esse nome devido ao grande sucesso da senhorita Lee: a música "Is that All there is?" ["É só isso?", em tradução livre]. Se virássemos o disco para ouvir o lado B, nos depararíamos com "Foreplay, Foreplay, Foreplay ["Preliminares, preliminares, preliminares"], com um solo de língua de 15 minutos.

DILEMAS SEXUAIS

O que fazer se alguém morrer em cima de mim durante o sexo?

Primeiramente, é necessário ver se a pessoa está inconsciente (e não dormindo ou em trauma pós-orgásmico), pois talvez seja possível que você mesmo(a) o(a) traga de volta à vida. Mortes durante o sexo são raras, mas geralmente acomete os homens, ainda mais quando estão muito excitados e fora de forma (por exemplo, o episódio infeliz do "durante a crise da meia-idade num motel na companhia de uma desconhecida, e com ela por cima"). A causa da morte é, geralmente, ataque cardíaco, a menos que o casal esteja fazendo joguinhos de asfixia, que a pessoa engasgue com um afrodisíaco ou que tenha alergia a nozes.

Identificar uma morte iminente não é fácil, pois a careta que o homem faz quando atinge o orgasmo é muito parecida com a careta que fica ao sofrer um infarto. Além disso, talvez seja necessário parar de se preocupar com o próprio prazer para entender o que está acontecendo. É normal acontecer o ataque cardíaco antes de o coração parar; portanto, leve a sério qualquer dor no peito, pare o que estiver fazendo, ligue para a Emergência e tome uma aspirina (diminui pela metade o tamanho do músculo cardíaco afetado). Nem todo mundo apresenta dor no peito, mas é bem provável que qualquer homem que reclame de não se sentir bem durante o ato sexual esteja muito doente.

Se você não tem certeza de que o homem está inconsciente ou dormindo, aperte os testículos dele — com força. Se ele não reagir, é porque seu coração parou. Se ele estiver em cima de você, movimente-o de um lado para outro até ele escorregar (nem sempre é fácil, mas é menos complicado do que uma tartaruga tentando se virar). Ligue para a Emergência e diga que seu parceiro sofreu um ataque cardíaco. Abra a porta para os paramédicos. Peça ajuda, se possível, e tente colocá-lo de costas no chão (**NOTA**: a essa altura, já pode largar os testículos dele).

Partindo do princípio de que ele está sem camisa, ajoelhe-se a seu lado e comece a fazer compressões no peito. Coloque uma mão sobre a outra, entrelace os dedos e pressione com força no centro do peito, na altura das axilas. É preciso pressionar mais forte do que se imagina para fazer com que o coração volte a bombear sangue (cerca de quatro centímetros para dentro do peito dele devem bastar, e não se preocupe se você ouvir um estalo esquisito no osso). Se o fizer acompanhando o ritmo da canção "Staying Alive", dos Bee Gees, está praticamente na velocidade correta (cerca de cem compressões por minuto). Já "Another One Bites the Dust" não é tão engraçada se precisar ser lida no tribunal.

Após realizar trinta boas compressões no peito, você pode fazer duas vezes a respiração boca a boca. Incline o queixo dele para a frente e a cabeça para trás, aperte o nariz, abra a boca, respire fundo, sele bem a boca do parceiro com seus lábios e sopre forte por um segundo. Faça isso duas vezes e depois volte a fazer trinta compressões. Repita o ciclo até a ambulância chegar (se Deus quiser, em oito minutos, ou menos, momento no qual você já estará se esgoelando). Não perca tempo procurando a dentadura ou pedaços de amendoim na boca da pessoa. Se houver vômito, e você não suportar a ideia de fazer a respiração boca a boca, continue as compressões até a ajuda chegar.

Se estiver sozinha, pode ser mais fácil fazer as compressões no peito ajoelhada atrás da cabeça dele. Só coloque as calças rapidinho, para não causar constrangimentos nos paramédicos quando eles chegarem. Por outro lado, se ele recobrar a consciência, vocês só têm a ganhar.

A ressuscitação raramente acontece quando alguém desfalece, mesmo se o motivo não tiver nada a ver com o sexo, pois pouquíssimas pessoas se preocupam em aprender a técnica corretamente. Existem muitos cursos, mas, mesmo quando aprendemos direitinho, nunca se sabe como reagiremos quando acontecer um problema. O tempo é essencial. Vamos recapitular: o homem está por cima e não se mexe? Aperte os testículos dele com força. Se ele acordar, peça desculpas. Se não reagir, tire-o de cima de você e ligue para a Emergência. Vista uma roupa, se for possível (mas não perca muito tempo com isso). Peça ajuda (isso pode não ser prático, porém). Repita o ciclo de trinta compressões no peito seguidas de duas respirações até a ajuda chegar. Se a boca da pessoa estiver cheia de coisas, continue fazendo as compressões.

Se o(a) parceiro(a) sofreu um derrame, a fala pode ficar incompreensível, e o rosto, assimétrico (mais uma vez, não é fácil perceber isso durante o ato sexual). Fraqueza repentina em um lado do corpo é totalmente anormal. Ligue para a Emergência. Rápido.

NOTA: existe a seguinte expressão em francês: "mort douce" (em português, "morte doce"). Pode significar a morte durante a relação sexual, a ternura e a calmaria que se seguem a um orgasmo (do ser vivo) ou a eutanásia voluntária. Vale a pena saber se estiver em outro país e tiver que pedir ajuda.

É possível um cadáver ter ereção?

Leia acima. Mesmo se a morte não acontecer durante o ato sexual, ainda é possível aparentar uma ereção, especialmente se ele morrer de bruços, devido ao campo gravitacional do sangue, ao enrijecimento muscular causado pelo acúmulo de ácido lático (rigor mortis) e ao inchaço fruto da liberação de gás bacteriano. O resultado é muito impressionante. Nos EUA, essa ereção ficou conhecida como "luxúria angelical", e na agência funerária aqui da vizinhança, como "clube satânico". No século XVII, a observação de que um homem enforcado poderia ter uma luxúria angelical levou a uma (breve e misericordiosa) conclusão de que a asfixia proposital era uma cura para a disfunção erétil. Mas hoje há outros tratamentos disponíveis.

O Sistema Britânico de Saúde Pública deveria pagar por ereções?

Eu acho que deveria, sim, mas nem todo mundo concorda com isso. Sexo é importante para muitos casais (mas, com certeza, não para todos) e mantém as famílias unidas. Porém, os britânicos são recalcados em relação a esse assunto; portanto, o tratamento é ridiculamente racionado e só é indicado a pacientes que sofrem de determinadas doenças. Um gerente da instituição certa vez me disse:

> *Não acho que o Sistema Britânico de Saúde Pública deva pagar por Viagra. Sexo é divertido,*
> *mas é possível viver sem. Não é uma coisa que temos que fazer, como cortar a grama — que aliás é um enorme desprazer para mim. Se o governo pagar para os homens transarem, vai ter que pagar para alguém cortar a grama da minha casa. Eu teria muito mais prazer nisso do que com um punhado do remedinho azul.*

Minha visão a favor do tratamento foi influenciada por aquela maravilhosa especialista em enfermagem chamada Irmã Nolly: "O pênis não serve para mexer o chá. Eu dou ereção aos homens." Com uma taxa de sucesso acima de 90%, poucas pessoas podem contestar sua alegação de que é "uma ferramenta de endurecimento". A clínica de Nolly foge dos padrões, porque ela dirige o espaço sem nenhum médico atrapalhando ou metendo o bedelho. Possui uma equipe de recepção muito compreensiva e um espelho angular para ajudar os homens gordos a localizarem o pênis. Depois disso, é com Nolly.

"Na primeira consulta, não encosto o dedo no paciente. Só escuto." Ela tem histórias incríveis de homens que não conseguiram ter ereção durante vinte anos da vida de casados, mas nunca tiveram coragem de procurar ajuda — ou nem sabiam que havia ajuda disponível. Nolly apoia a participação da parceira, e, com frequência, as mulheres carregam tanta culpa quanto os homens. "Os homens culpam as mulheres, as mulheres se culpam, e o casamento fica destroçado." No entanto, o efeito do tratamento pode ser igualmente profundo. Os casais chegam cabisbaixos e saem de lá felizes da vida. Não conheço muitos tratamentos oferecidos pelo Sistema Britânico de Saúde Pública que gerem esse efeito nas pessoas.

Qual é a firmeza mínima necessária para uma ereção?

Terapeutas sexuais falam sobre isso e recorrem a exemplos como marshmallow, tofu, banana e pepino. Suspeito que tofu seja para os clientes classe média, mas, em resumo, se funciona, está firme o suficiente. Se você não tem certeza, guarde uma abobrinha debaixo do colchão para emergências.

Um selo postal pode detectar ereção?

O teste do selo serve para distinguir aqueles homens que têm problemas para ter ereção na maioria das vezes que tentam (geralmente, a causa é física) daqueles que ficam muito ansiosos durante o dia, mas têm ereção dormindo. Cola-se, com firmeza, uma tira de selos sobre o pênis "em descanso"; se houver ereção, o picote dos selos se rompe. E ainda é possível usar os selos posteriormente, com um divertido P.S. "Tome um selo para sua coleção. Você nem imagina por onde ele andou!"

O tamanho do remédio para ereção importa?

Só se você não consegue engolir a medicação. Há três comprimidos diferentes receitados para disfunção erétil (aguarde que haverá novidades): Sildenafil, comercializado como Viagra, o diamante azul; Vardenafil (Levitra, redondo e laranja); Tadalafil (Cialis, oval e de cor mostarda). Nunca houve uma comparação direta entre os três, então fica difícil dizer qual é o melhor; ou seja, o melhor é aquele que funciona para você. No geral, dão certo em 70% dos homens, em 70% das vezes. Nenhum deles é afrodisíaco — é preciso estar a fim para as coisas acontecerem.

Cialis permanece na corrente sanguínea por mais tempo, o que talvez signifique que o homem possa transar mais de uma vez em 36 horas (nem pense em transformá-lo em uma máquina sexual). Levitra alega possuir uma taxa de sucesso um pouco maior na primeira vez que é usado. Viagra deve ser ingerido uma hora antes do coito, e o efeito pode ser prolongado por meio da alimentação. Levitra deve ser ingerido pelo menos 25 minutos antes do sexo, mas o efeito pode ser prolongado com uma refeição rica em gorduras. Tudo indica que a alimentação não afeta o Cialis, que pode ser ingerido meia hora antes da relação sexual, mas é possível se deparar com mais uma ereção até 24 horas após tomá-lo, e isso nem sempre é conveniente.

Viagra é a marca icônica e líder. Para alguns homens, basta ter o diamante azul guardado no criado-mudo como um incentivo psicológico. Contudo, o remédio é de fácil identificação, e, para quem quer ser mais discreto quanto ao consumo farmacológico, uma boa ideia pode ser escolher por um alternativo que pareça uma vitamina.

O consumo é proibido para quem toma fármacos vasodilatadores (nitratos), e, caso você tenha sofrido infarto ou derrame recentemente, procure um médico. Em algum momento, todo homem tem disfunção erétil (por exemplo, quando a parceira quer mais uma antes de dormir), mas, se persistir, talvez o pênis esteja lhe dizendo algo importante: que você está clinicamente deprimido, bebendo demais ou que suas artérias estão ficando entupidas. Se você está preocupado quanto à ideia de procurar um médico por causa disso, diga à recepcionista que você quer se consultar sobre seus níveis colesterol.

Hoje em dia, ainda se aplicam injeções no pênis?

Sim. Os homens que sofrem de disfunção erétil e não podem tomar esses remédios, ou que não reagem a eles, podem injetar uma droga chamada Alprostadil na lateral do pênis. Para tal, é necessário ter a mão firme. Talvez demore algumas vezes para se acostumar, então é sempre melhor que um médico, ou uma enfermeira, lhe mostre como aplicar, antes de fazê-lo sozinho. É preciso dissolver a substância em água, tirá-la do frasco com a agulha e a seringa, manter a pele na lateral do pênis e evitar veias visíveis. Após retirar a agulha, comprima o local por um minuto com um algodão embebido em álcool, e *voilá*: uma ereção.

O maior efeito colateral é o priapismo — uma ereção que não passa. Acontece em um a cada cem homens e é um ótimo truque para entreter os outros em uma festa. Se após quatro horas não passar ou se os convidados começarem a ficar entediados, uma boa ideia é procurar ajuda. Entre seis e oito horas de ereção, o pênis sofre uma trombose, e os danos são irreversíveis. Portanto, muito antes disso, você tem que fazer uma daquelas idas cheias de constrangimento ao pronto-socorro, onde vão tirar o sangue do pênis com uma pequena agulha enquanto conversam sobre o tempo.

É possível escolher o tamanho do pênis com uma bomba a vácuo?

Sim, mas com limites. Praticamente qualquer homem é capaz de ter uma ereção com uma bomba a vácuo. O aparelho foi patenteado em 1917 pelo Dr. Otto Lederer e não mudou muito desde então. Basta colocar o pênis dentro do tubo de plástico com um pouquinho de lubrificante e ligar o aparelho (caso seja à bateria). Quando a pressão atingir cerca de cem milímetros de mercúrio, o sangue começa a chegar ao pênis. Você, ou sua parceira, pode escolher entre pequeno, médio e grande, mas não dá para abusar da sorte e exagerar na dose, pois há riscos de causar inchaço e hematomas.

Para manter a ereção, deslize um anel peniano por dentro do tubo, até chegar à base. O efeito dura, no máximo, meia hora; depois disso, fica dolorido e, se deixá-lo por muito tempo, pode coagular (o que não será nada bonito). A ereção em si pode impressionar, o pênis fica frio e azulado, e o anel peniano pode bloquear o fluxo de sêmen; aí as coisas ficam meio incertas na base. Mas muitos casais se dão bem com a técnica e, se estiverem precisando de um dinheiro, podem alugar a bomba para os vizinhos.

DICA: Converse com eles primeiro.

OUTRA DICA MUITO IMPORTANTE: Se você está satisfeito com o tamanho de sua ereção, mas enfrenta problemas para mantê-la, só o anel peniano já ajuda. Escolha um que não esteja apertado demais e que tenha uma ou duas alças, para poder retirá-lo (ou você gostaria de correr para o pronto-socorro?).

É seguro dormir com um extensor de pênis?

Não. Mas, geralmente, é um erro que se comete pelo menos uma vez na vida. No meu caso, foi quando eu era entregador de jornal e descobri sobre o Dr. Chartham e seu revolucionário extensor de pênis. Um assinante do *Times* recebia, uma vez por mês, a revista pornô *Fiesta*. A publicação chegava na sexta-feira, mas eu só entregava na segunda (até o dia em que fui pego levando a revista para casa).

Além de me familiarizar com o tipo de anatomia feminina que não estava presente em meu livro de Biologia, vi uma propaganda que prometia aumentar sete centímetros no comprimento do pênis e 2,5 centímetros na circunferência. Eu era ruivo, usava óculos e tinha sardas. Precisava, então, de um chamariz. Então, doei minhas economias ao bom Dr. C., que teve a decência de me enviar o dispositivo num pacote sem identificação. Falei à minha mãe que era um polidor de pedras (na época, eu era um colecionador apaixonado).

O extensor era apenas uma bomba a vácuo barata que possuía um lacre de borracha de um lado e uma bomba manual do outro. Transformava uma salsicha num salame king size, até que fosse retirado e tudo voltasse ao tamanho normal. É evidente que o Dr. Chartham percebeu isso e só garantia melhoras a quem seguisse à risca seu regime, toda noite, durante 12 semanas. Isso incluía uma série de exercícios: enrolar o pênis numa flanela para melhorar a circulação e depois meia hora de alongamento passivo. Como, na época, meus hormônios estavam à flor da pele, raramente passei dos cinco minutos.

Aquilo tudo requeria muito comprometimento e privacidade, algo que eu só podia garantir depois que todas as luzes da casa estivessem apagadas. Meu rendimento escolar começou a cair. Após quatro semanas do programa, eu peguei no sono com o extensor. O Dr. Chartham advertia sobre ultrapassar o limite de meia hora; passei oito horas com o dispositivo.

Quando acordei, me deparei com um pênis reencarnado sob a forma de um manjar branco cilíndrico, de vinte centímetros de comprimento e sete centímetros de largura, completamente inutilizável. Estava caído como um limpador de para-brisa quebrado. Não senti dor alguma até tentar mover o prepúcio, que estava muito inchado, comprimindo a circulação até a ponta e se recusando a retrair. Tive visões sobre ir ao pronto-socorro com o pinto na mão, até aquela coisa sobre-humana começar a recuperar sua antiga anatomia. E me indaguei se ele voltaria a ficar duro um dia (senão, seria muito difícil dar explicações).

Tudo indica que a medicina já evoluiu muito, e hoje já é possível passar por uma cirurgia corretiva para responder (ou arruinar) a maior insegurança do homem. Quem recorre a clínicas privadas para aumentar o pênis são homens na casa dos 30 a 40 anos, e de todos os estilos de vida. O pênis da maioria deles está dentro dos padrões anatômicos normais, mas a cirurgia estética sempre se fiou mais nas impressões do que na verdade. O que todos esses homens têm em comum são alguns milhares sobrando no bolso. Essa grana corresponde a quase infinitos turnos de um entregador de jornal.

No geral, existem dois tipos de cirurgia: alargadora e extensora. Alargar é menos arriscado e usa uma técnica de "lipoaspiração reversa" em que são retirados 115 milímetros de gordura do abdômen e injetados sob a pele do pênis. Na teoria, é possível injetar mais gordura, pois essa pele é muito elástica, mas não há como aumentar a cabeça e manter a proporção — uma cereja sobre um pepino ficaria meio ridículo. As células adiposas transplantadas tendem a se acumular, conferindo ao pênis um aspecto bastante irregular. Após um sexo vigoroso, também é possível sofrer um efeito de monte de neve. A gordura migra para a base do pênis, que, no fim, fica parecendo uma pastinaca.

Sexo, sono ou scrabble?

O aumento da circunferência também pode resultar numa perda de sensibilidade; é como se você estivesse usando uma camisinha de banha, e, se for muito azarento, você pode acabar com uma infecção no tecido mole — isto é, celulite no pênis. E ficará proibido ter relações sexuais durante um mês após a cirurgia, para erradicar o deslocamento de gordura permanente. Contudo, na maioria dos casos, é sempre possível sugar aquela gordurinha infame.

Aumentar o comprimento requer uma confiança inabalável na onipotência do cirurgião. A cirurgia consiste em realizar cortes no grupo de ligamentos que sustentam a base do pênis até a lateral do osso pélvico e puxar a base, que normalmente fica presa logo acima do escroto. Aumenta de três a seis centímetros, mas existe o risco de ficar meio cambaleante e se tornar mais um pinto que parece limpador de para-brisa quebrado. Além disso, pode ser que o pênis operado não consiga se erguer tanto quanto no passado e, se algum nervo for cortado, pode nunca mais levantar. E tem mais: aumentar o pinto faz com que os pelos pubianos passem a chegar até a metade do membro. Alguns homens ficam insatisfeitos de maneira curiosa com a vida sexual após a cirurgia: "Olha só, eu estou lhe dando um limpador de para-brisa enorme, dorminhoco, cabeludo e na forma de pastinaca. O que mais você quer?"

Algumas mulheres gostam de pênis grande, mas muitas preferem um limpinho, com um bom coração e senso de aventura. As zonas mais erógenas estão próximas à superfície do corpo e nas profundezas da mente.

É normal soltar um jato durante o sexo?

Para os homens, sim. Mas, de acordo com as boas maneiras, é melhor pedir permissão primeiro. Algumas mulheres liberam um jato de fluido na penetração ou na hora do orgasmo. Em 1950, o ginecologista alemão Ernst Grafenberg (que ficou famoso pelo ponto G) alegou que isso era o equivalente feminino da ejaculação e que era mais facilmente causado se o ponto G fosse estimulado. O local se localiza na parede vaginal anterior, numa altura entre 3 e 6 centímetros (portanto, até os homens menos dotados são capazes de alcançá-lo), entre a parte posterior do púbis e na frente do colo do útero (mas isso não serve para nada se você não conhece sua própria anatomia). Uma alternativa é acariciar a parte superior na parede vaginal e tentar encontrar uma área de sensibilidade intensa. Parece que nem todo mundo tem um, mas é bem divertido procurar.

No século XVII, o embriologista holandês Regnier de Graaf descreveu pequenas glândulas próximas ao orifício uretral nas mulheres que produzia um fluido "que deixa as mulheres mais libidinosas devido ao cheiro forte e à salinidade". Duzentos anos depois, foram batizadas como glândulas de Skene, em homenagem ao ginecologista escocês Alexander Johnston Chalmers Skene. Equivalem à próstata do homem, e ambas produzem uma enzima chamada fosfatase ácida. A próstata também produz grandes quantidades de fluido translúcido para garantir a mobilidade dos espermatozoides. Mas as glândulas de Skene produzem a ejaculação da mulher?

Na década de 1930, o ginecologista holandês Theodore H. Van de Velde observou:

Parece que a maioria dos leigos acredita que deve sair algum jato ou esguicho do corpo da mulher durante o orgasmo; normalmente, isso deveria acontecer, como é no caso do homem... Mas não posso ousar concluir se realmente esse é o caso, segundo a lei da natureza.
Não há dúvidas de que aconteça em algumas mulheres. Mas, se estas representam uma minoria ou uma maioria, sou incapaz de determinar.

Poderíamos deixar o assunto quieto e aproveitar o espetáculo, mas a ciência é impiedosa na busca de respostas a questões acadêmicas, como: "Aquele troço que jorra é gozo de mulher ou xixi?" É evidente que mulheres corajosas que enfrentaram alguns partos fazem um pouquinho de xixi durante os joguinhos de "pular-saltar-tossir-rir-transar". Contudo, estudos realizados para descobrir precisamente o que é liberado no orgasmo são limitados e incompletos Num grupo de seis mulheres, os níveis de fosfatase ácida do material coletado eram parecidos com os da urina. Porém, um estudo pequeno, realizado apenas com uma mulher, revelou que ela tinha níveis equivalentes ao do fluido prostático.

E daí? Se você curte o apelo visual de um fluxo dourado ou translúcido e se tem um suprimento de toalhas velhas à mão, então deixe estar. Se nenhuma dessas situações se aplica a você, faça xixi antes de transar e veja se há alguma diferença. Se o xixi tem sido um convidado indesejável em outras ocasiões, consulte seu clínico geral. Há muita coisa que pode ser feita. Apenas diga à recepcionista que você foi se consultar por causa da próstata.

É possível ter orgasmo seco?

Para a mulher, quase sempre, não. Estar seca geralmente indica uma quantidade negligente de preliminares, falta de desejo ou estrogênio em baixa, e é provável que a relação sexual seja dolorosa ou insatisfatória. Se o mantra do Tony Blair tivesse sido "Preliminares, preliminares, preliminares", ele teria deixado um legado muito maior. O homem pode ter um "gozo seco" se for jovem e se masturbar sem parar; se for velho e o esperma for para a bexiga; se passou por uma cirurgia de próstata; ou quando usa um anel peniano tão apertado que o sêmen não consegue passar.

Por que é normal mulher ter cistite na lua de mel?

Na lua de mel ideal, você teria chance de fazer xixi antes do sexo (para evitar vazar) e depois do sexo (para botar para fora qualquer bactéria da flora intestinal que tenha chegado ao local do fruto proibido). Mas quando a mulher está transando muito, a pausa para fazer xixi pode ser negligenciada. O orifício uretral fica entre o clitóris (que fica acima) e o orifício vaginal (que fica abaixo), e pode ficar machucado ou inflamado durante o sexo, favorecendo o surgimento de uma infecção e tornando o sexo menos gratificante. Tire uma folga e en-

Sexo, sono ou scrabble?

contre a cláusula que versa sobre as pausas para fazer xixi, nas letrinhas miúdas do contrato nupcial.

É possível fraturar o pênis?

Sim. Apesar de o pênis humano não ter osso, nunca tente dobrá-lo pela metade (mesmo se ele for enorme). Essa situação quase sempre acontece acidentalmente, quando a mulher — surpresa e entusiasmada, pois, para variar, está por cima — desce com força, e os dois erram a entrada. Se o homem tiver sorte, só dói um pouco. Se ele for muito azarado e se a parceira estiver com um aparelho para surdez, é possível escutar um barulho tipo estalo — seguido por dor extrema, flacidez imediata e hematomas impressionantes.

Nem ligue para a Emergência ("Pinto morto, pinto morto, pinto morto, pinto morto... Você diria que é um caso de diabetes?") — vá direto para o pronto-socorro. Antigamente, um pênis fraturado era tratado com compressas geladas e uma tala. Atualmente, é comum optar por reconstrução cirúrgica imediata. Por sinal, é uma boa ocasião para perguntar: "O senhor já fez uma cirurgia dessas antes?"

É possível ferir acidentalmente o pênis com os dentes?

Acontece. A revista *Cosmopolitan* sempre enfatiza o uso delicado dos dentes para intensificar o prazer do homem. A palavra-chave é "delicadeza". De vez em quando, dá até para usar a força a fim de lembrar o que você tem na boca, ainda mais se já esta lá há um tempão e você começa a sentir um pouco de fome. Vale ressaltar que um picles não vem com um homem acoplado.

Ainda assim, acidentes acontecem. Há uma cena famosa em *O mundo segundo Garp*, em que um casal está no carro, e a mulher está fazendo sexo oral no homem quando o veículo é atingido. E tem o trauma da Shrove Tuesday,* quando um homem chega ao pronto-socorro com o pênis todo cortado, na companhia da namorada, que está com uma queimadura no rosto e um hematoma na parte posterior do couro cabeludo. O homem estava preparando panquecas românticas para os dois, abriu uma garrafa de champanhe, colocou um som ambiente. A parceira resolveu retribuí-lo lá embaixo. O homem, distraído, vira a panqueca. E, ainda, distraído, deixa a panqueca cair. A panqueca quentíssima cai na testa da mulher. A mulher, em estado de choque, morde o pênis. O homem bate na cabeça da mulher com a frigideira para que ela solte. Péssima ideia.

Essa é uma das poucas ocasiões na vida em que uma boa avaliação sobre saúde e segurança teria feito diferença. A colocação de uma rede de segurança teria evitado o trauma e salvado uma bela panqueca.

---

* Data também conhecida como "Dia da Panqueca", ocorre na terça-feira imediatamente anterior à Quarta-feira de Cinzas. Como esta data marca o início da Quaresma, era comum que as pessoas se alimentassem com um "modesto banquete", e se tornou tradição que este fosse formado por panquecas. (*N. do E.*)

Sexo, sono ou *scrabble*?

O sêmen deveria fazer parte de uma dieta de baixa caloria?

Acho que empregar "poderia", em vez de "deveria", melhora a pergunta. Uma colher de sopa do fruto do amor contém a mesma quantidade de calorias que cinco latas de Coca-Cola diet, sem os arrotos. A parte mais nutritiva provavelmente vem da próstata, que adiciona suas secreções salgadas que garantem velocidade aos espermatozoides. O sêmen também contém vitamina C, ácido cítrico, zinco, prostaglandina e todos os tipos de coisas pelas quais pagaríamos uma grana preta numa loja de alimentos saudáveis. A maior parte é simplesmente água, mas o sabor da água do filtro deve ser melhor.

Aquele adesivo do amor para colocar no bumbum funciona mesmo?

Não tenho certeza. Os gigantes da indústria farmacêutica Procter & Gamble lançaram, em 2008, um adesivo de testosterona para mulheres que deveria "estimular pensamentos sobre sexo". Seu uso é restrito a mulheres que tiveram menopausa prematura — considerando que, anteriormente, gozavam de um bom desejo sexual —, estão com baixos níveis de testosterona e precisam de uma ajudinha hormonal. Contudo, assim como os suplementos de testosterona para homens, tem-se certeza de que é vendido a pessoas com níveis hormonais normais que estão desesperadas a ponto de experimentar qualquer coisa. "Vai, amor, prega no bumbum e se vira."

Existem também muitas razões não hormonais para mulheres com níveis baixos de testosterona não quererem sexo.

Qual mulher desesperada não agarraria com as duas mãos a chance de reacender a chama extinta há muito tempo por um marido emburrado, quatro filhos hiperativos e um chefe terrível? Basta colar um adesivo no bumbum.

Se você teve menopausa prematura, talvez valha a pena recorrer a um pouquinho de testosterona. Aliás, alguns ginecologistas recomendam implantes de testosterona caso os ovários tenham sido removidos. Mas os adesivos Intrinsa são apenas a primeira das vinte drogas que estão sendo desenvolvidas para o tratamento da disfunção sexual feminina. Para se obter sucesso, primeiro é preciso convencer a paciente de que ela tem um problema que precisa ser tratado, e não uma queda natural na libido ou um desejo de procurar outros prazeres que não envolvam sexo.

Parece inacreditável, mas há muitas pessoas que não querem sexo o tempo todo. Entretanto, temos muita sorte de haver uma indústria farmacêutica forte e determinada a encontrar uma poção mágica multibilionária para curar a todos nós. E não nos esqueçamos da Dra. Gillian McKeith com suas pílulas para sexo, feitas de fórmula rápida de ervas daninhas com complexo de bode chifrudo.

Quanto ao adesivo de testosterona, minha avó adora. Ela está muito mais assertiva e sempre no início da fila quando vai receber sua pensão. Mas só quando conseguimos tirá-la do quarto. No entanto, ela sofre de um efeito colateral: está com um acréscimo de pelo indesejável... no pênis dela. Se isso é medicina para você... relaxe e aproveite.

Sexo, sono ou scrabble?

NOTA AOS ADVOGADOS DA PROCTER & GAMBLE: Isto é apenas uma piada.

Aceito o fato de que não há provas de que o adesivo de testosterona, aplicado apropriadamente, faça crescer um pênis na mulher. Contudo, há provas que sugerem que, em mulheres com baixos níveis de testosterona, a Intrinsa lhes garante "em média, um acréscimo de 1,9 episódios sexuais satisfatórios por mês, comparado a 0,5 com o placebo".

Homem que sofre de ejaculação precoce sempre chega cedo aos compromissos?

Geralmente, sim. O centro do problema é um sentimento de pressão temporal.

É necessário um cronômetro para diagnosticar a ejaculação precoce?

Não. Uma pessoa ao lado gritando "preparar, apontar, pinto" só vai piorar as coisas. Claro que isso já aconteceu, pois os médicos são obsessivos quando a questão envolve análises meticulosas. Quando indagamos os homens acerca do desempenho, eles muitas vezes mentem propositalmente. Ou talvez não tenham noção do tempo. De qualquer forma, o livro *O relatório Hite da sexualidade masculina* (1981) revelou que a maioria termina tudo rapidinho. De 11.239 homens entre 13 e 97 anos, 62% disseram gozar após 15 minutos de penetração, 21% não aguentavam nem um minuto e um perdeu a dentadura.

Sete por cento alegaram não ejacular antes de 15 minutos, mas esse tempo provavelmente incluía uma soneca de dez minutos no meio.

Num recente "estudo multinacional de cronometragem numa população heterossexual aleatória", "o tempo de latência de ejaculação intravaginal" foi de 5,4 minutos. Parafraseando a música "Love train", dos O'Jays, quando as pessoas do mundo todo se dão as glândulas (no original, as mãos) e dão partida na locomotiva do amor, geralmente não demora mais do que a própria canção. Os pesquisadores indicaram que atingir o orgasmo em até um minuto de penetração era "claramente ejaculação precoce".

Mesmo assim, não é nada simples. Se você e seu parceiro ficam satisfeitos com apenas um minuto (em relação a sexo anal, quem não ficaria satisfeito com esse tempo?), então não há nada com que se preocupar. Você se surpreenderia com o alto número de pessoas que querem acabar logo com o ato para ligar o rádio... ainda mais se os pombinhos estiverem no meio do mato. A ejaculação precoce só ocorre nos indivíduos que atingem o orgasmo sem querer e antes do tempo, que não conseguem retardá-lo nem se pensar na morte do cachorro, que passam a noite acordados preocupados com o assunto, que param de gostar de sexo ou que param de fazer sexo de uma vez por todas. E isso é uma lástima.

Quanto se deve apertar para parar o gêiser de sêmen?

Espere aí. Há algumas coisas com as quais devemos trabalhar antes de chegar à parte de apertar. Deixar o pênis ao ar livre é um bom começo, mas muitos casais não conversam muito antes, durante ou entre as transas. Não se olham nos olhos para detectar a angústia do parceiro. Se um dos dois tenta puxar papo, o outro se vira. Portanto, o problema talvez só apareça quando o casal se separar. É como Loudon Wainwright III falou certa vez:

> We used to be in love
> But now we are in hate
> You used to say I came too early
> But it was you who came too late*

NOTA: Loudon Wainwright (pai de Rufus e Martha) é um astro da música, assim como da honestidade e do humor com os quais articula as questões masculinas. Uma vez, em Edimburgo, eu o segui até o banheiro e lhe disse (enquanto fazíamos xixi lado a lado): "Loudon, você é meu herói." Ele respondeu com um "Fique firme, rapaz". Mas consegui um autógrafo dele.

Caso você goze muito rápido e sempre tenha sido assim, não se importando quem seja a parceira, se for a um médico especialista, provavelmente ele lhe oferecerá um inibidor seletivo da recaplação da serotonina (IRSR). Se o homem tiver uma vida sexual muito ativa, poderá escolher entre tomar todo dia

---

* Nós estávamos apaixonados/Mas agora nos odiamos/Você costumava dizer que eu chegava muito rápido/Mas era você que demorava a chegar, em tradução livre. (*N. da T.*)

ou seis horas antes de transar (nem sempre é um plano fácil). Num estudo realizado sobre o assunto, as drogas ajudaram os homens a demorar até nove vezes mais tempo para ejacular, mas tudo indica que a média fica entre três e quatro vezes. Os IRSRs podem causar efeitos colaterais (fadiga, bocejo, náusea moderada, desarranjo intestinal, sudorese, agitação, redução da libido e — por ironia do destino — disfunção erétil). Para alguns homens, representam um divisor de águas; já outros não os suportam.

Há uma alternativa. Você pode comprar um spray anestésico tópico (com o sutil nome Premjact na Grã-Bretanha e vendido em drogarias). Basta aplicar na cabeça do pênis dez minutos antes da relação, e isso reduzirá um pouquinho a sensibilidade. Se usar preservativo, a fricção também será reduzida, e a anestesia não passará à parceira. Outra opção é comprar camisinhas com anestésico. Em terras britânicas, existe a marca Durex Performa, mas elas podem causar uma dormência desconfortável.

Se você passou a gozar rápido recentemente, com uma nova parceira, e se a ideia de recorrer ao mundo farmacêutico não lhe agrada, é possível se divertir muito ao aprender a se segurar, contanto que (como tudo que envolve sexo) você tenha senso de humor e visão a longo prazo.

Há algumas coisas que você pode fazer por si mesmo, como se masturbar antes do coito (só funciona até certas idades), usar preservativo (no pênis), fazer movimentos mais curtos e circulares, dar uma pausa, retirar o pênis, apertar a cabeça, pescar a camisinha, lembrar-se de, na próxima vez, segurar a base do preservativo ao retirar o pênis da vagina, colocar uma camisinha nova, entrar de novo, falar o nome do campeão mundial de futebol de 1966 (de preferência, em voz baixa), rir, respirar fundo e apertar as nádegas repetidas vezes próximo ao clímax. Depois, vá em frente quando os dois estiverem prontos para o ápice do prazer.

O exercício de contrair o ânus é bom para homens (para aguentar mais tempo) e para mulheres (para manter o assoalho pélvico intacto). Se você é competitivo, é possível praticá-lo na fila do mercado (**DICA**: certifique-se antes de que já tenha dominado a técnica de neutralizar a cara de contração). Cem contrações por minuto é uma marca incrível (esse número representa a frequência dos batimentos após uma parada cardíaca).

Você também pode fazer outras coisas concomitantemente, como conversar, ouvir, rir, trocar olhares, usar e abusar das preliminares nela e depois ficar nos chamegos pós-coito, se necessário. A técnica de apertar é muito mais legal se feita a dois, mas não use muita força. Assim como alguns homens tentam encontrar o ponto G fazendo da mão um batedor de ovos e torcendo para dar tudo certo, muitas mulheres "batem" no homem como se estivessem arrancando uma árvore. Toquem-se com carinho. Comecem devagar e gentilmente, façam contato visual e sinalizem quando o ritmo for mudar.

A técnica de apertar: converse, beije, abrace, faça carinho no pênis, sinta o prazer, mas dê um sinal para parar antes de gozar.

Uma boa opção é combinar um sinal com a mão ou gritar "Nobby Stiles". Aperte logo abaixo da cabeça do pênis por vinte segundos com rapidez e carinho. Converse, ria, faça cinquenta contrações anais, pense no Ronaldinho Gaúcho e relaxe por trinta segundos. Recomece. Repita três vezes e, então, goze. Se gozou antes do esperado, e daí? Na próxima vez, tente com lubrificante. Quando tiver uma boa reserva de energia, transe com a parceira por cima (ou por baixo, se preferir) e use os mesmos sinais para começar e parar.

A boa notícia é que quase todos os casais acham que esse método ajuda. A má notícia é que requer muita paciência e perseverança, e vários dias da semana durante vários meses. Não é coisa para sexo casual. A longo prazo, os meros fatos de que o casal está se concentrando no prazer mútuo e se olhando farão mais por sua vida sexual do que um minuto olhando para o travesseiro.

FAZENDO NENÉM

Por que são necessários milhões de espermatozoides para fertilizar um óvulo?

Porque nenhum deles vai parar para perguntar o caminho.

Sexo, sono ou scrabble? ....

Em qual das seguintes opções há mais chances de engravidar: guardando a energia para uma única e boa vez ou transando várias vezes?

Pode parecer lógico guardar o esperma para uma explosão enorme no meio do ciclo, mas, quanto mais se transa, mais provavelmente ocorrerá a fertilização. Apesar de liberar um número menor de espermatozoides a cada vez, eles se movem mais rápido e têm melhores chances de se deparar com um óvulo. A posição e a fase da Lua não influenciam as chances de haver fertilização, mas nunca faz mal ficar deitado abraçadinho após o coito.

É verdade que um peixe excitado pode ser usado para detectar uma gravidez?

Praticamente sim. Um antigo e popular teste de gravidez consistia em pegar uma fêmea do peixe *Rhodeus amarus* (ele é parecido com uma carpa) e colocá-la em um recipiente com um litro de água doce para cada duas colheres de chá da urina da mulher que realizará o teste. Em casos de gravidez, o peixe exibirá seu exuberante ovipositor (o órgão responsável pela deposição dos ovos); daí a crença. O ovipositor não estimulado mede apenas dois milímetros, mas chega a 25 milímetros quando estimulado. Portanto, o resultado parece ser muito mais evidente do que um teste de farmácia.

No entanto, resolveram tirar à prova essa antiga crendice, e, em 1936, foram analisadas 28 amostras de urina de mulheres que sabiam estar grávidas. O peixe pôs o ovipositor para fora para 26 delas em até 24 horas e para as outras duas em 48 horas. Até aí, tudo bem; o teste funciona. Só que o peixinho também se exibiu para três mulheres que estavam no período de menstruação, três homens, duas crianças e uma senhora que já havia passado pela menopausa. Como agora já existe uma gama de testes mais específicos para gravidez, podemos deixar o pobre animal em paz.

Mas não sinta tanta peninha assim dessa espécie. A fêmea possui ovipositores muitos compridos que depositam os óvulos por entre os filamentos das brânquias de mexilhões de água doce. Antes de o mexilhão ter tempo para ver se concorda ou não com a ideia, o macho expele o esperma na água corrente, ocorre a fertilização, e os pais vão embora, delegando ao mexilhão a missão de criar seus filhos.

Como saber se meu colo do útero está pronto?

Praticamente toda médica grávida que conheci na vida já examinou o próprio colo do útero. Digamos que o fizeram mais por curiosidade do que por medo, para avaliar a maturidade. Para quem nunca viu, o colo do útero normal é firme e comprido, como uma cenoura. Já no fim da gravidez, fica macio e mole, como um marshmallow quente. Acredita-se que médicas desesperadas dão uma "varrida" no local para tentar induzir o trabalho de parto. Depois de 42 semanas de azia, dores na coluna e hemorroidas, a pessoa tenta qualquer coisa.

O teste oficial que avalia a maturidade para o parto não tem a ver com apertar nada. Chama-se Índice de Bishop. Atualmente, vemos Bishop por todos os lados, mas, neste caso, foi um obstetra que queria prever se o colo do útero estava pronto para dar início ao trabalho de parto. Seis fatores analisados recebem uma pontuação entre zero e três por meio de um exame interno, mas, em resumo, se o seu parece uma cenoura, ainda vai demorar para o bebê sair (não importa quantas vezes você transou fazendo a posição carrinho de mão e comeu pratos apimentados). Se, por outro lado, você estiver ficando igual a um marshmallow mole, mantenha o plano do parto sempre ao alcance.

Um homem pode parecer grávido?

Muitos homens adquirem a forma de uma mulher grávida graças ao bebê Budweiser,* mas também podem desenvolver os sintomas juntamente com a mulher. Há um termo em francês para descrever tal fenômeno — *couvade* (que vem de *couver*, que significa "chocar"). A *couvade* é documentada na maioria das culturas ocidentais e revela um número surpreendente de futuros papais que sofrem de náusea, vômito, azia, prisão de ventre, dor na coluna, dor de cabeça, agitação, insônia, falta de concentração, irritabilidade, fadiga, tensão, desejos por alimentos esquisitos e um ganho de peso muito maior do que a cerveja poderia explicar.

Alguns homens até sentem as dores do parto, algo que, em algumas culturas, é visto como forma de compartilhar o fardo e afastar os espíritos ruins da mãe; deve ser louvado e celebrado. No Ocidente, quem passa por isso provavelmente

---

* Há outras marcas de cervejas disponíveis.

será taxado como neurótico; será ordenado a se conter e sair da sala de parto. Também existem cintas com peso que o homem pode usar para sentir o desafio mecânico equivalente a carregar para cima e para baixo um bebê dentro de si. Mas, com certeza, fará papel de bobo.

Eu posso pedir uma cesariana para manter a minha vagina intacta?

Com certeza, você pode pedir, mas talvez tenha o trabalho de precisar convencer o obstetra de que uma vagina intacta é "uma necessidade clínica". A seu favor está o fato de que algumas médicas e esposas de médicos optam pela cesariana para salvar o assoalho pélvico da destruição causada por um ser de três quilos com ombros proeminentes. Mas a cesariana envolve riscos e custa muito mais caro que um parto normal.

Como médico, só fui chamado para atender partos difíceis; portanto, minha percepção de parto (uma desordem dolorosa em que os bebês sempre ficam presos e as vaginas ficam devastadas antes de serem suturadas na direção errada) entra em conflito com o nascimento normal e alegre pelo qual a maioria das pessoas aparentemente passa, em que a cabeça sai primeiro, preservando a anatomia humana

O último parto que testemunhei foi um dos mais agradáveis; foi uma cesariana planejada e com raquianestesia. Eu estava rodando um documentário sobre a história da anestesia e sobre como evoluímos de amputações teatrais com pacientes uivando de dor até conseguir apagá-los totalmente e deixá-los quase mortos e livres da dor. O parto se encaixou na última afirmativa e foi muito comovente. Não há como discutir sobre a eficiência da cesariana — o médico tem que ser muito incompetente para não conseguir tirar o bebê –, porém, ainda assim, existem riscos que envolvem uma anestesia: erros cirúrgicos, formação de coágulos, infecções, dor da cicatrização e recuperação mais demorada.

A maioria das mulheres pesa todos os fatos e opta pelo primeiro caminho, mas, se eu estivesse grávido, com certeza consideraria outras opções. Uma em cada dez mulheres apresenta dificuldades para controlar os gases e as fezes após dar à luz, especialmente mulheres mais velhas e com bebês grandes. O número de mulheres que ficam com incontinência urinária é ainda maior, e não é anormal considerar todos esses fatores. Como não gostamos de falar sobre isso, muitas mulheres não fazem ideia de onde estão se metendo. Há tratamentos que podem ajudar, mas é necessário fazer uma escolha consciente.

Os homens sofrem problemas com o parto?

O parto só o começo. Certa vez, fui a um bar com vários papais de primeira viagem e compartilhamos nossas experiências e preocupações.

Primeira rodada

> *"É ótimo ser pai. Passamos o dia todo preocupados com meningite e a noite toda preocupados com a síndrome da morte súbita do lactante. Então, corremos para comprar um carro grande de segunda mão*

"e instalamos um monte de detectores de fumaça em casa."

"Ele era muito difícil nos três primeiros meses — inconsolável e furioso –, e isso nos influenciou. Eu tinha certeza de que sua primeira palavra seria 'otário'."

"Não sei por quê, mas estava esperando uma menininha linda, e não uma coisa toda amassada e coberta de sangue. Ela parecia um tomate sem pele."

"Pois é, mas o cheiro deles é muito bom."

"Não nas partes íntimas."

"Nunca pensei que veria minha mulher irada, xingando e me mordendo. Bom, não tudo junto. Não sei por que tem que ser tão doloroso."

"Ouvi dizer que é como evacuar uma melancia."

"Ouvi dizer que é como colocar uma bola de basquete vazia bunda adentro, depois enchê-la aos poucos durante nove meses e, por fim, cagá-la."

"Acho que nunca me recuperarei após ter visto as hemorroidas de minha mulher. Gigantescas. Pareciam os jardins suspensos da Babilônia."

Sexo, sono ou scrabble? . . . .

"Minha mulher estava cheia de pontos que não se desfizeram, então tive que cortá-los. Lá embaixo estava a maior bagunça. Tenho certeza de que as coisas mudaram. Acho que o sexo nunca mais será o mesmo."

"A sensação lá é a mesma depois de passar um bebê?"

"Sei lá. Quem já transou?"

"Eu não."

"Eu não."

"Eu não."

"Rolou uma masturbação."

"Agora que o neném nasceu, ela não quer mais fazer sexo oral. Mas eu não entendo a lógica. Poxa, o filho não sai pela boca."

"Tem mais alguém com o orifício na lateral do pênis?"

(Silêncio)

"É a minha vez de pagar a rodada."

"Não. Deixa comigo."

Segunda rodada

"Foi mal. O que você está falando mesmo?"

"Nada."

"Alguém já trocou fralda?"

"Não."

"Não."

"Não."

"Não."

"Sim. E tudo mudou. Nos primeiros três meses, eu detestava ser pai. Ele tinha muita cólica, e tudo que eu podia fazer era colocá-lo no sling, ligar meu iPod e ficar horas passeando no quintal. Eu não o odiava, eu não o amava. Eu só queria dormir. Aí, um dia, troquei a fralda dele. Não tinha certeza do que estava fazendo, demorou, e ele ficou inquieto. Ele meteu a mão no cocô, depois na minha boca e aí o babaca sorriu para mim.

Formamos um elo para a vida inteira. A partir de então, ele passou a arrancar os óculos de minha cara, me imitar colocando a língua para fora e sorrir como o maior cretino. Na competição 'Quem Leva a Melhor com o Bebê?', as mães lideram até o bebê começar a falar. É mais fácil falar 'papá' do que 'mamã', mas é necessário estar presente para testemunhar."

"Já terminou?"

"Não. É hipospádia."

"O quê?"

Sexo, sono ou scrabble?

"O orifício na lateral de seu pinto. É bastante comum, e eu conheço um cirurgião plástico brilhante para dar um jeito nisso."

"Beleza. Quer dar uma olhada?"

"Agora, não. Mas vou tomar outra cerveja."

Homem pode amamentar?

Teoricamente, sim. Temos peito, e há certas drogas e doenças que podem causar a lactação. Contudo, a amamentação é um grande passo para os homens. Conheço um cirurgião ortopedista que, por compaixão aos mamilos doloridos da esposa, deixou que o bebê mamasse nele, para ver como era a sensação. Ele gritou igual a um... bem, igual a um homem amamentando.

É normal se sentir excitado ao ver a parceira amamentando?

É difícil dizer. O mais novo papai, sofrendo com a falta de sono, com a falta de sexo e com uma grande carga emocional, pode reagir de todas as maneiras. Se algo lhe dá prazer sem causar danos, tudo bem. Eu só teria cautela para não compartilhar isso com um grupo de homens. A amamentação é algo fabuloso e garante ao bebê a nutrição de que ele precisa nos primeiros seis meses de vida. Então, não interrompa o ato com uma ereção. Aguente firme e pense no dinheiro que está economizando por não ter que comprar papinhas infantis.

Os seios são um ótimo instrumento multifuncional, por isso os homens os acham tão complicados. Garantem estímulos visual e tátil, e podem ser ativados pelos hormônios a vida toda, após ficar no modo de espera meses e meses, caso tenham que ser utilizados para amamentar um bebê (por mais incrível que pareça, sua função é essa mesmo). Se as mamas estão funcionando bem, o bebê não precisa de nenhum outro alimento nos primeiros seis meses. Nada de incrementar a alimentação com papinhas ou lanchinhos açucarados, ou o resultado será uma criancinha acima do peso. Além disso, a amamentação tem outros benefícios.

Para as mães, o aleitamento:

- **Fortalece os ossos.**
- **Reduz os riscos de desenvolver câncer de ovário ou de mama.**
- **Ajuda a voltar à antiga forma mais rápido.**
- **Faz a fralda feder menos.**

Para os bebês, o aleitamento:

- **Protege contra diarreia, gastrenterite e infecções de ouvido ou do sistema respiratório.**
- **Reduz os riscos de diabetes e eczema.**
- **Faz a fralda feder menos.**

Para algumas mulheres, a lactação é um desafio, especialmente no início, mas há muitos profissionais qualificados para auxiliar a mãe nesse período. Para encontrar alguém perto de você, consulte o site www.lcgb.org (em inglês).*

Por que em certos lugares a placa que indica amamentação é uma mamadeira?

Isso ocorre em nações pudicas. Quem não consegue encarar uma placa de amamentação num posto de gasolina, nunca conseguirá encarar o ato em si, ao vivo e em cores. A amamentação requer muito tempo e trabalho; às vezes, faz bem sair de casa. Mas ser forçada a amamentar num banheiro público imundo ou num carro entupido porque um bando de ignorantes se sente ofendido com mamilos em público é um absurdo. Se um grande número de mães pudesse amamentar durante os primeiros seis meses de vida do bebê, isso seria muito melhor para a saúde da nação do que qualquer outra coisa em que posso pensar. Atualmente, apenas 2% das mães o fazem. Amamentar em locais públicos deveria preencher o lugar deixado pelos fumantes, e logo... antes que engordemos.

EVITANDO NENÉM

Num mundo ideal, a contracepção deveria ser divertida. Ajudaríamos uns aos outros a colocar o diafragma e a camisinha, o que influenciaria em nosso desempenho. Deixaríamos bilhe-

---

* Esse serviço abrange apenas o Reino Unido. No Brasil, um serviço semelhante é oferecido pela Fundação Oswaldo Cruz através do site www.fiocruz.br/redeblh (N. do E.)

tinhos espirituosos pela casa toda para a parceira lembrar de tomar a pílula. O DIU seria implantado em lojas de departamentos, e os homens iriam felizes da vida rumo à clínica para fazer vasectomia. O fato de que nada disso acontece e de que apresentamos taxas altíssimas de gravidez indesejada sugere que a maioria das pessoas encara a contracepção como uma injeção no bumbum (não é um método que recomendo ser feito mais de uma vez).

O planejamento familiar pode salvar o mundo?

Com certeza pode ajudar. Recentemente, fui a uma palestra muito interessante de um amigo meu, o ambientalista britânico Jonathon Porritt. Ele falou a uma plateia culta sobre os perigos que nosso planeta enfrenta, e, depois, houve um tempo para perguntas. A última veio de uma mulher elegante que estava nos fundos: "Compreendo que você esteja tentando ser o mais construtivo possível, mas estamos ferrados?"

"Pergunta difícil", respondeu Porritt, "mas, infelizmente, acho realmente que estamos ferrados". Se você quer saber por quê, leia o artigo que até mesmo o Greenpeace se recusou a publicar em www.jonathonporritt.com (em inglês). O tema central gira em torno do fato de que o problema não é queimarmos muito carbono, e sim termos queimadores de carbono demais. Os países do Ocidente talvez estejam frente a uma futura crise de mão de obra, mas, no geral, o planeta não é capaz de manter um crescimento populacional exponencial, e não nos restam esperanças de salvá-lo sem "uma política responsável de controle da natalidade".

Sexo, sono ou scrabble?

Segundo Porritt:

> *Os governos de vários dos países mais pobres do mundo estão implorando por ajuda financeira para fazer planejamento familiar, mas não conseguem coisa alguma. As vidas de milhões de mulheres são devastadas pela incapacidade de controlar a própria fertilidade, centenas de milhares morrem todo ano devido a abortos ilegais e complicações vindas de gestações não planejadas. Mas a voz delas passa despercebida. Além de tudo, cada problema ambiental que enfrentamos hoje é agravado pelo crescimento populacional, e os desafios já enormes de conseguir uma redução de 80% na emissão dos gases do efeito estufa até o ano de 2050 se tornam algo completamente fantástico por conta da aguardada chegada de mais 2,5 bilhões de pessoas nos próximos quarenta anos.*

Suspeito que o Greenpeace não tenha aceitado publicar o artigo porque o tema da restrição populacional é muito polêmico e cheio de sutilezas no campo da religião e dos mecanismos de repressão. Além disso, implica que o trabalho de todas as obras de caridade, com pessoas que dedicam a vida para fazer com que reduzamos o consumo, não faz sentido quando existem consumidores demais. Há argumentos contra, que Porritt desmorona com destreza em seu artigo, mas a questão é simples. Sem um planejamento familiar decente para todos, estamos realmente ferrados.

Como vovó já dizia: "Sossega o facho." O que ela queria dizer com isso?

Suspeito que a vovó queria dizer que não ter relações sexuais é um método contraceptivo muito eficiente e de fácil execução se a genitália não está sendo exibida. Aprender a dizer "não" é quase tão importante quanto aprender a ouvir esse vocábulo.

É possível engravidar durante a menstruação?

Sim. É raro engravidar durante o período menstrual, mas não se desconhece o fato, especialmente lá pelo fim. Um preservativo pode evitar isso, além de preservar o pênis das manchas de sangue — mas ainda pode ser necessário ter uma toalhinha à mão. Lembre-se de retirar o absorvente íntimo antes, senão ele pode se alojar mais fundo e ser esquecido por lá até começar a cheirar mal (e ainda existe o risco de síndrome do choque tóxico).

Uma razão para a ocorrência de gravidez durante a menstruação é a mulher ter um ciclo curto (digamos, de 21 dias), em que o óvulo pode ser expelido no último dia de sangramento. Outra razão é aquele não ser o período menstrual realmente. Algumas mulheres apresentam sangramento no meio do ciclo, que pode ser causado por pílulas anticoncepcionais, mas, no geral, a culpa é da clamídia. Se ocorre sangramento após uma relação sexual, é necessário consultar o médico.

NOTA: A síndrome do choque tóxico (SCT) é — felizmente — rara, e nunca se provou que existe alguma relação com o uso de absorvente íntimo. Apesar disso, tal uso pode favorecer o crescimento de uma bactéria (*Staphylococcus aureus*) ou sua entrada no organismo. Febre repentina (acima de 38,9°C), vômito, lesões na pele semelhantes a queimadura de sol, diarreia, desmaios, dor muscular, tontura e confusão mental são sintomas demais para que o absorvente íntimo leve toda a culpa; por isso, a SCT comumente demora para ser diagnosticada, mas, se você sentir tais sintomas (seja lá qual for a causa), procure ajuda imediatamente.

Para mais informações sobre a SCT, leia as informações que vêm na embalagem do absorvente íntimo — apesar de eu nunca ter conhecido alguém que já tenha lido. Resumindo, as principais dicas em relação ao uso de absorvente íntimo são:

- *Lave as mãos antes e depois de colocar o absorvente.*
- *Retire o plástico envoltório.*
- *Sempre escolha o produto com a menor capacidade de absorção possível.*
- *Alterne o uso com absorventes regulares.*
- *Troque o absorvente íntimo regularmente, pelo menos na frequência indicada na embalagem.*

- Nunca coloque mais de um por vez.
- Ao usar à noite, coloque um absorvente novo antes de se deitar e retire-o assim que acordar.
- Certifique-se de que você removeu o último absorvente íntimo usado no fim do período menstrual.
- Não deixe crianças colocá-los no nariz; não é uma ideia inteligente e não prova nada.

Quantas mãos são necessárias para colocar uma camisinha corretamente?

Para alguém que sofre de ansiedade, em média, três. A camisinha pode ser um saco para se colocar de forma correta, a menos que você ganhe a vida fazendo isso. Certa vez, uma profissional do sexo me mostrou como pôr o preservativo na boca e depois, furtivamente, colocá-lo envolto numa banana (não que fosse de se esperar que a banana sentisse alguma coisa, mas foi para fins meramente ilustrativos). A questão é que, se você vai colocar vários pênis na boca durante uma noite movimentada, acaba aprendendo a entrar em sintonia com o preservativo e, assim, reduzir o risco de infecções. Ela também fazia um check-up rápido nos clientes. Quem tivesse verrugas, úlceras, bolhas, testículos sensíveis ou secreção era, com toda educação, dispensado e recebia indicações sobre uma boa clínica. O cliente nunca tem razão quando tem gonorreia.

Aprender a lidar com uma camisinha não é fácil. Mas eu tenho uma informação que pode ajudar a manipular esse troço muito escorregadio. Sem sombra de dúvidas, a dica mais importante no uso de preservativo é envolver o parceiro. Encare como uma parte das preliminares: vistam-se para a ocasião. As regras vêm na embalagem, mas é claro que você não está com ela, pois a camisinha anda no bolso de sua calça há um ano e já passou pela lavadora duas vezes.

Você precisa de um preservativo novo e intacto. Verifique a data de validade e o selo de garantia (ninguém nunca faz isso), retire da embalagem com cuidado e examine atentamente. Ao olhar de um lado, sob uma boa luz, você verá que a camisinha vem com uma borda para fora (e é a partir daí que você deve desenrolá-la). Se tentar utilizá-la com a borda virada para dentro, você ficará muito frustrado e terá que limpar todo o esperma que vazou por ter colocado errado. Jogue o preservativo fora e pegue outro.

Se estiver forçando demais a vista e não conseguir ver qual é a direção certa para desenrolar a camisinha sob a penumbra da sedução, você pode acender a luz principal, pegar os óculos ou pedir uma segunda opinião para o(a) parceiro(a). De preferência, faça as três opções. Camisinha tem um cheiro engraçado, e até a de sabor groselha tem gosto de pneu velho, mas tudo que ajuda a evitar gravidez e prevenir HIV, hepatite, herpes, gonorreia, sífilis, HPV, clamídia e ejaculação precoce tem direito de ter sabor de pneu velho. (**NOTA:** a camisinha não previne completamente de todas essas coisas. A única forma de prevenção total é se cobrir da cabeça aos pés com roupa de borracha. Tem gente que gosta, mas não se esqueça de deixar uma abertura para respirar.)

Antes de desenrolá-la, prenda a ponta com os dedos para remover bolhas de ar e deixar um espaço para o esperma.

Tome cuidado para que unhas grandes não a rasgue. Coloque-a direitinho antes da penetração. Não caia na antiga armadilha de ceder ao "vamos um pouquinho sem nada", só para começar. A linha de chegada nunca é tão longe quanto você havia imaginado. Se for executar todo o seu incrível repertório de duas posições, vale a pena, na troca de uma para outra, verificar se a camisinha continua lá. Segure na base e, assim que atingir o orgasmo, retire-a. O preservativo escorregar muito facilmente de um pênis murcho; aí você terá que pescá-la lá de dentro e recorrer a um contraceptivo de emergência. Não jogue camisinha na privada, pois pode entupir o vaso — e ter que chamar um encanador será constrangedor e caro.

Se você ainda é jovem o bastante para transar duas vezes na mesma sessão, use uma camisinha diferente. Se você é dos avantajados, e uma camisinha normal facilmente estoura, compre uma das grandes. Se você é tímido demais para fazer isso (poucos homens o são), compre-a on-line. Não compre camisinha com espermicida extra, pois não garante proteção extra e aumenta o risco de transmissão de HIV e hepatite.

OUTRA GRANDE DICA: É ótimo colocar o preservativo a tempo, mas o pênis tem que estar ereto. Tentar colocar camisinha num pênis flácido é um ótimo exercício aeróbico (5 mil calorias por hora), mas é algo fadado ao desastre. Se tudo indica que não vai dar certo, esse é o momento para criar uma distração, levar a camisinha à boca e soprar. Você vai relaxar; as risadas eliminam a ansiedade em relação ao desempenho, e você estará pronto de novo. Mas, por favor, use uma camisinha nova.

NOTA: Algumas pessoas acham divertido colocar a camisinha em uma narina e puxá-la pela outra. É engraçado (às vezes) quando dá certo, mas já vi uma ficar presa no nariz, e os pronto-socorros ficam ocupados demais sábado à noite (mas sempre podemos rir de situações tristes).

O preservativo vegano vale por uma das cinco porções?

Infelizmente, não. A fabricante alemã Condomi foi a primeira a apoiar o sexo livre de laticínios ao usar cacau em pó na produção do preservativo em vez de caseína. É reconhecido pela Sociedade Vegana, tem selo de garantia e suporta um volume de 18 litros, mais do que suficiente até para o vegetariano mais bem-dotado. Apresenta uma seleção normal de sabores (me disseram que o de chocolate é bastante autêntico) e há desenhos ilustrativos feitos à mão.

Se você é alérgico a látex ou quer experimentar algo que dê uma sensação diferente, compre camisinha de poliuretano. É um pouco mais cara, mas dá para sentir mais o calor do corpo e pode ser usada com lubrificante à base de água ou de óleo (o látex se dissolve em óleo. *Veja* **O leite masculino do Dr. Phil)**.

Para quem não é vegano, existem preservativos de membranas naturais (por exemplo, pele de cordeiro. São mais finos e mais fortes do que o látex e, aparentemente, garantem mais sensibilidade. Mas, apesar de manterem o esperma fora, permitem a entrada de algumas bactérias; portanto, não é algo que ocupe o topo da minha lista de Natal).

A primeira camisinha de borracha com um reservatório para a ejaculação foi introduzida em 1901 com o nome de Dreadnaught (literalmente, "Não tema nada"). Em minha opinião, é melhor do que "não sinta nada". Se você encontrar na gaveta uma camisinha feita de linho ou de tripa de carneiro amarrada com um laço no fim, provavelmente ela é muito velha e não deve ser usada (apesar de já ter sido, com certeza, usada muitas vezes antes). Contudo, talvez valha a pena levá-la para uma casa de leilões. Uma camisinha do século XVIII, que tinha a ilustração de três freiras safadas, foi vendida por 3.300 libras na Christie. Se você conseguir bater o preço de uma pintura de Gainsborough com sua camisinha das antigas, não existirá mais crise mundial para você.

Quem era o Dr. Camisinha?

O médico imaginário do rei Charles II, a quem se credita a invenção da camisinha. Mas não foi ele... porque era imaginário. Apesar de tripas de animais (que provavelmente eram usadas como preservativo terem sido encontradas em escavações no Egito), foi o anatomista italiano Falópio (sim, o das trompas) quem descreveu pela primeira vez uma camisinha, feita de linho, para proteção contra sífilis. O que se precisa é de um Dr. Camisinha real, que espalhe por todo o mundo a mensagem de orgulho, responsabilidade e diversão que cerca o uso do preservativo. Tenho certeza de que tem um monte de gente livre para fazer esse serviço, eles só precisam bolar um uniforme legal.

Sexo, sono ou scrabble? ....

Alguém usa camisinha feminina?

Eu, não; e nem o Dr. Google parece ter disponíveis os números de vendas. Femidom (no Brasil e nos EUA, Reality) é uma camisinha feminina feita de poliuretano e, portanto, apresenta menor probabilidade de estourar ou causar reações alérgicas se comparada à de látex. Além disso, pode ser usada com qualquer lubrificante. É meio complicada para ser colocada, pois tem 15 centímetros de comprimento, sete centímetros de largura e um anel em cada ponta. O anel menor, na extremidade fechada, fica no interior da vagina, no colo do útero — portanto, pelo menos, aprendemos sobre anatomia. Se tanto o homem como a mulher estiverem usando camisinha sem dizer um ao outro (o que pode acontecer em um parque público no escuro), elas podem grudar e causar deslizamento mútuo. Ainda tem o problema de jogá-la fora. Segundo Jo Brand, nas manhãs de domingo os melhores parques públicos mais parecem um cemitério de águas-vivas.

Ainda existe esponja contraceptiva?

Boa pergunta. Ainda existe a banda Mott the Hoople? A esponja contraceptiva combina os métodos de barreira e espermicida e é inserida na vagina o mais profundamente possível, até cobrir completamente o colo do útero. (**NOTA**: serve apenas para mulheres.) Então, a mulher pode transar o quanto quiser por 24 horas, contanto que a esponja permaneça no local durante seis horas após a última emissão. É obrigatório retirá-la em até trinta horas, devido ao (pequeno) risco da síndrome do choque tóxico. Nem sempre é simples removê-la (talvez você tenha que fazer força e romper a pressão com o dedo), mas os fabricantes possuem um atendimento telefônico de ajuda nos EUA. Se não adiantar, corra para o pronto-socorro.

A esponja apresentou problemas de fabricação alguns anos atrás; por isso, é provável não haver estoques do produto, mas acredito que ainda possa ser adquirida on-line. As chances de engravidar em um ano fazendo uso correto da esponja são de 10%, mas sobem para 16% se você enfiá-la de qualquer jeito. Os riscos duplicam se a mulher já teve filhos, pois o colo do útero, nesse caso, já se expandiu um pouco e fica mais difícil cobri-lo completamente.

Outros métodos de barreira para mulheres que não queiram ceder aos hormônios vão desde os antigos (como o diafragma e o capuz cervical) às novidades (Lea's Shield e FemCap). No geral, apresentam pouquíssimas reações adversas além da inquietação pré-coito e do fato de não serem tão eficazes para evitar um gravidez quanto os métodos hormonais e o DIU. Além disso, apenas a camisinha garante proteção contra infecções.

É possível fazer vasectomia em si próprio?

Há inúmeras coisas que podemos fazer com um canivete suíço, flexibilidade e um ótimo espelho para barbear, mas vasectomia é algo que eu delegaria a um especialista. Conheço alguns poucos médicos que realizaram a cirurgia em si mesmos, e os motivos mais comuns para meter uma faca no próprio escroto são "para ver se consigo", "para ter certeza de que a anestesia está na dose certa" e "para fazer direito". As duas últimas desculpas não inspiram qualquer confiança na indústria da vasectomia, mas, como o mercado tem forçado as clínicas a se transformarem em uma fábrica de produção em série, é comum existirem pacientes que sentem tudo que está acontecendo lá embaixo e cirurgiões que removeram mais do que dois ductos deferentes. Um consultor médico estava mais preocupado com a confidencialidade do que com a competência do colega. "É que eu não queria que outro cirurgião visse o meu pênis, ainda mais alguém com quem eu possa encontrar socialmente."

É possível fazer vasectomia sem bisturi?

Sim. Você pode usar os dentes (não recomendado). Ou você pode tentar usar o método livre de bisturi — desenvolvido na China na década de 1970 (não deixe as informações extras sobre data e local desanimá-lo). Essa seria a minha opção devido ao menor risco de sangramento e dor. É realizada uma punção tão pequena que talvez nem seja necessário dar ponto nos ductos deferentes (são os tubos de esperma, um de cada lado), que são puxados com uma pinça minúscula e cortados ou cauterizados. Alguns homens ficam com muitos hematomas após a incisão, mas conheço um cara que, ao passar pelo método livre de bisturi, deixou a mulher tão grata que transaram naquela mesma tarde (com camisinha, e somente após deixarem a clínica).

Geralmente, são necessárias vinte ejaculações para limpar os espermatozoides dos tubos. Dependendo de sua atividade sexual, você terá que usar outros métodos contraceptivos ao longo de alguns meses. Você fará o teste para ver se o esperma está realmente livre de espermatozoides, mas tenho uma dica: veja se é possível colher a amostra em casa, e não num lugar cheio de gente e com um exemplar de *National Geographic* como inspiração.

Se você fosse uma adolescente, que método contraceptivo escolheria?

Abstinência me parece razoável. Já ouvi muita coisa sobre a vida nas salas de parto para saber que nunca iria querer dar à luz, a menos que fosse algo absolutamente necessário. Sou péssimo para lembrar de tomar pílula, então eu optaria por um implante de progesterona no braço, a fim de poder parar de me preocupar com gravidez durante três anos. Eu também insistiria para meu parceiro usar camisinha e inspecionaria cada pênis meticulosamente, numa luz boa, antes de deixá-lo se aproximar de mim. E aprenderia a dizer "não" em 47 línguas.

O que é a ducha de Coca-Cola?

É um método contraceptivo completamente ineficaz. Algumas jovens mulheres fazem sexo nos lugares mais imundos e depois tentam lavar o esperma com um jato de sua bebida gaseificada favorita. Segundo a teoria, tanto a pressão do refrigerante como sua leve acidez destroem e matam os espermatozoides. Na verdade, porém, esses dois fatores podem simplesmente forçá-los a subir e passar pelo colo do útero. A marca que você escolher não importa, porque nenhuma funciona. Para ser sincero, a empresa Coca-Cola gasta uma minúscula quantia de seus lucros monumentais tentando dissuadir moças de recorrer à prática. Além disso, há alguns outros métodos contraceptivos pós-coito muito eficazes, que funcionam até 120 horas após o evento e não deixam uma poça espumante no chão.

Devo guardar o contraceptivo de emergência na despensa?

Talvez não na despensa, mas não é má ideia ter um arsenal em casa (mas guarde-o num lugar fácil de lembrar, fora do alcance dos cachorros e dos filhos). O contraceptivo de emergência é também chamado de pílula do dia seguinte, mas: a) não é necessário esperar o dia seguinte para tomá-lo; b) continua apresentando chances razoáveis de evitar uma gravidez até 120 horas após a relação. Funciona melhor o quanto antes for tomada e, ao ganhar o nome de "contraceptivo de emergência", passa realmente a mensagem de que: a) é uma emergência; b) você não deve ter vergonha de pedir ajuda. (Por exemplo: "O doutor está muito ocupado agora. É urgente?" "Sim.")

Você pode escolher entre uma droga de dosagem única chamada levonorgestrel (que apresenta diferentes nomes comerciais) ou uma espiral de cobre. A pílula pode ficar guardada na caixinha de remédios, escondida embaixo do vidro de mertiolate. O DIU deve ser colocado por alguém que saiba o que está fazendo (de preferência, por um profissional da área de saúde). A pílula do dia seguinte não precisa de receita médica em algumas partes da Grã-Bretanha, mas pode haver restrições quanto à idade, sendo disponível apenas para maiores de 21 anos. O restante da população pode comprá-la livremente por 25 libras (mais barato do que um bebê, mas ainda assim ridiculamente cara). Se tomá-la dentro de 24 horas, as chances de não engravidar ficam em até 95%, o que é bastante animador.

O DIU pode ser até mais eficaz, mas encontrar alguém para colocá-lo em pleno fim de semana pode ser um problema. Nos EUA, as adolescentes podem receber uma receita para contracepção de emergência (conhecida como plano B) sempre que se consultarem com um médico; assim, elas mantêm uma solução ao alcance das mãos. No Reino Unido, cabe ao médico a decisão (essa é uma das muitas razões que explicam as altas taxas de gravidez na adolescência). Mas não são apenas as adolescentes que precisam disso. O segundo grupo mais vulnerável à gravidez indesejada é composto por mulheres de meia-idade, que voltaram ao jogo após o divórcio e cujas habilidades de paquera estão meio enferrujadas (as mulheres se esquecem de comprar camisinha junto com a garrafa de vinho). Além disso, há o risco de contrair DSTs. Se eu ganhasse uma libra por cada vez que ouvi: "Eu tenho 53 anos. É impossível eu ter gonorreia..."

Todas as médicas usam sistema intrauterino?

Não todas, mas, numa enquete realizada num encontro sobre concepção a que fui, sugeriu-se que muitas usam. Mirena (o nome comercial do endoceptivo) é "um sistema intrauterino que libera hormônio". Portanto, se você não conseguir lembrar o nome comercial, as chances de descobrir sobre esse método são quase inexistentes. É como um DIU, só que libera doses baixíssimas de levonorgestrel, que é o mesmo hormônio usado na contracepção de emergência. Existe desde 1995 e deve ser implantado no colo do útero por um profissional na primeira semana do ciclo menstrual, pode ser usado durante cinco anos e é muito, muito, muito eficaz para evitar uma gravidez. Além disso, é reversível: a fertilidade retorna quando é retirado.

Além disso, reduz a perda de sangue durante a menstruação (muito útil para quem tem fluxos fortes) e as cólicas. O lado negativo é que pode causar dor na mama, retenção de líquido e acne. No Reino Unido, custa cerca de 80 libras (nove vezes mais caro do que o DIU), então é possível que nunca lhe ofereçam este produto. O jeito é abordar o assunto. Mas, ao longo de cinco anos, atua como um contraceptivo muito barato. Além disso, a mulher economiza uma fortuna em absorventes.

É possível usar muco cervical para fazer cortina de corda?

Durante a ovulação, o muco cervical pode ser esticado até atingir um comprimento impressionante. A capacidade de formar filamentos, curiosamente, recebeu um nome em alemão, Spinnbarkeit, mas eu precisaria de fotos para me convencer de que é possível produzir uma cortina com isso. A elasticidade do muco cervical forma a base de um método anticoncepcional cujos precursores são dois australianos, John e Evelyn Billings. Quando o muco está o mais lúbrico possível, igual a uma estalactite de clara de ovo, ele facilita a passagem do esperma pelo canal cervical; é um sinal para não transar se você não quiser engravidar. O método Billings de controle de natalidade talvez não seja o mais eficaz (John e Evelyn tiveram nove filhos — todos planejados, aparentemente), mas é barato, não tem hormônio, o papa adora e é uma ótima forma de dar surpresas.

NOTA: Existem muitos outros métodos de monitorização da fertilidade. Na pior das hipóteses, consistem em uma ótima aula de biologia, mas requerem muito mais tempo, atenção, comprometimento e boa visão do que muitos casais podem oferecer.

O que é mais difícil: lembrar-se de tomar a pílula ou lembrar-se de o que fazer caso se esqueça de tomá-la?

Eu nunca me lembraria de tomar pílula todo dia, por isso optaria por uma medicação que atuasse por mais tempo e fosse reversível. Algumas pílulas combinadas requerem uma pausa de uma semana, o que me deixaria ainda mais confuso, mas você pode optar por pílulas que contenham comprimidos de placebo para tomar todo dia, acompanhado do ritual diário que escolheu para associá-la com (escovar os dentes, aparar sobrancelha, alimentar o gato).

Se você se esquecer de tomar uma pílula, precisaria de uma memória incrível para lembrar-se do que fazer. Então tenho tudo aqui escrito...

Sexo, sono ou scrabble?

Se você faz uso de pílula de progesterona, tem que tomá-la praticamente no mesmo horário todo dia — a não ser que você use Cerazette, que permite um intervalo de 12 horas (mas é mais cara; portanto, é necessário pesar os prós e os contras).

Se deixou de tomar apenas uma pílula num intervalo de três horas (12 horas para Cerazette):

- *Relaxe. Tome a pílula assim que você se lembrar e a próxima no horário habitual. Você está protegida contra gravidez.*

Caso tenham se passado mais de três horas (ou mais de 12 horas para a Cerazette):

- *Relaxe. Tome a pílula assim que você se lembrar. Mesmo se você tiver deixado de tomar mais de uma pílula, tome somente uma.*
- *Tome a próxima pílula no horário habitual, mesmo se forem duas pílulas no mesmo dia.*
- *Você não está protegida contra gravidez durante dois dias. Continue a tomar as pílulas como de costume, mas faça uso de outro método contraceptivo também, como camisinha, nesse período. Ou não tenha relações sexuais. Se você teve relações sem preservativo, tome um contraceptivo de emergência.*

Se você faz uso de pílula combinada, deixar de tomar apenas uma pílula em qualquer período, ou começar uma nova cartela com um dia de atraso, não é problema.

Caso você tenha deixado de tomar até duas pílulas em qualquer período (ou apenas uma se faz uso de Loestrin 20, Mercilon, Sunya e Femodette):

- *Relaxe. Tome a última pílula que você esqueceu agora.*
- *Continue a tomar o restante da cartela, como de costume.*
- *Não é necessário adotar outras medidas contraceptivas.*
- *Dê a pausa de sete dias, como de costume.*
- *Você não precisa de contraceptivo de emergência.*

Se você deixou de tomar três ou mais pílulas (ou duas se faz uso de Loestrin 20, Mercilon, Sunya e Femodette):

- *Relaxe. Tome a última pílula que você esqueceu agora.*
- *Continue a tomar o restante da cartela, como de costume.*
- *Deixe para lá as pílulas que não tiver tomado anteriormente.*
- *Adote outras medidas contraceptivas nos próximos sete dias.*

Sexo, sono ou scrabble? . . . .

- *Se teve relações sem preservativo nos dias anteriores, tome um contraceptivo de emergência.*

Caso restem sete ou mais pílulas na cartela depois da(s) que você deixou de tomar:

- *Termine a cartela, dê o intervalo de sete dias, como de costume, ou tome comprimidos de placebo.*

Caso restem menos de sete pílulas na cartela depois da(s) que você deixou de tomar:

- *Termine a cartela e comece outra no dia seguinte (isso significa não dar o intervalo ou não tomar os comprimidos de placebo).*

PARA QUALQUER PÍLULA: Se você deixa de tomar pílulas da cartela deste mês e deixou de tomar pílulas da cartela anterior, talvez necessite de contraceptivo de emergência ou de um teste de gravidez.

Se não sabe ao certo como agir (o que é muito comum), continue a tomar as pílulas e faça uso de outro método contraceptivo, como preservativo, ou procure um médico.

NOTA: Lembrar o que fazer quando se esquece de tomar uma pílula é tão difícil que até mesmo muitos médicos se equivocam. Geralmente, eu preciso buscar as informações. A bula do medicamento deve conter todas essas instruções, mas esse conteúdo deveria ser ensinado nas escolas. É uma lição que aborda matemática, biologia, sociologia, psicologia, noção de tempo, capacidade de solucionar problemas futuros e habilidades de comunicação. Se você dominar plenamente essas informações, dominará o mundo.

VERRUGAS E COMPANHIA

Eu já trabalhei para um consultor em saúde sexual que saía para almoçar comigo e ficava falando sobre clamídia em voz alta num lugar lotado. Bom para ele. O primeiro passo para acabar com estigmas é incluí-los no cardápio da lanchonete.

Se eu tivesse uma doença sexualmente transmissível, eu saberia?

Provavelmente, não. O sintoma mais comum de infecções sexualmente transmissíveis é não apresentar sintomas. Portanto, além de a maioria das pessoas não saber que tem uma DST, se ela surgir no meio de um relacionamento, não é prova de infidelidade. Algumas infecções, como a herpes, podem demorar anos para aparecer. Se você der início a inúteis joguinhos de culpa, a relação pode ficar fora de controle.

O que é corrimento matinal?

É uma secreção leitosa que surge na ponta do pênis quando o homem se levanta pela manhã. Se você não estiver excitado e a secreção for branca e translúcida, não é sêmen. Se for amarela ou esverdeada, com certeza não é sêmen, não importa que horas sejam ou o tipo de ereção que possa estar tendo. Coloque o pênis no lugar e procure um médico imediatamente. Pode ter cura. Apesar de alguns corrimentos parecerem passar com o tempo, eles continuam ali, e o que os causou é transmitido a outras pessoas. Além disso, pode se alastrar para os testículos, a próstata e as juntas (um desastre para quem gosta de praticar esportes). Atletas profissionais tiveram carreiras arruinadas pelo consumo de antibióticos.

Qual é a diferença entre DST e IST?

O nome. As "doenças" sexualmente transmissíveis foram rebatizadas para "infecções" a fim de soarem menos ameaçadoras. Algumas pessoas dizem infecções sexualmente "compartilhadas" para promover a ideia de que pouquíssimas pessoas as transmitem de propósito e de que, geralmente, é impossível dizer quem pegou primeiro e há quanto tempo. Afinal de contas, sexo é compartilhamento. Se você compartilha o prazer, existe o risco de compartilhar uma infecção, e é essencial que o casal compartilhe o tratamento. E, assim, é possível continuarem dando prazer um ao outro muitas vezes, sempre com um preservativo novo.

Qual é a diferença entre uma clínica especializada em DSTs e um centro de saúde sexual?

Essa distinção existe no Reino Unido. As clínicas especializadas em DSTs de vinte anos atrás eram as chamadas Clínicas de Medicina Gênito-urinária (com a sigla em inglês GUM — Genito-urinary Medicine), mas sempre se referiam a elas com um pseudônimo ridículo, como "a clínica especial", "a clínica 19" ou "Lídia". Normalmente, ficavam em locais escondidos, e, como ninguém sabia o que gênito-urinária significava, ninguém lembrava a sigla. Os únicos pacientes que recebiam tratamento eram aqueles corajosos a ponto de perguntar como se fazia para chegar à clínica.

No Reino Unido, os centros de saúde sexual modernos são muito mais fáceis de achar, tanto pelo nome como pela localização; os medicamentos são gratuitos, as informações sobre o paciente permanecem na clínica e não são transmitidas a ninguém nem serão inseridas em base de dados central. Lá, exames são feitos e tratamentos são realizados para todos os problemas sexuais; além disso, são fornecidas informações sobre sexo saudável e seguro, aconselhamento, contraceptivos e, às vezes, até um café. Oferecem tratamento a praticamente todos os problemas, se não a cura. Ou seja, não tem por que não ir se tratar.

Qual é a infecção sexualmente transmissível mais bonita?

Muitas infecções, e até mesmo cânceres, parecem muito menos assustadores sob a lente do microscópio. Uma boa maneira de compreendê-los é dar uma olhada e poder visualizar aquilo com o que se está lidando.

A trichomonas vaginalis é minha IST favorita, pois é rapidamente diagnosticada, facilmente curada e sua taxa de infecção vem apresentando um declínio, enquanto todas as outras ISTs estão se tornando cada vez mais comuns. O Trichomonas é um parasita unicelular que oscila e gira enquanto agita suas quatro minúsculas antenas. Sob o microscópio é muito legal, mas pode causar irritação nas partes íntimas, além de dor, corrimento e mau cheiro. Contudo, é curada com uma dose única de antibiótico (para você e seus parceiros).

Herpes realmente merece toda essa propaganda espalhafatosa?

Não. Herpes genital consiste apenas em erupções nas partes íntimas. Não é a melhor coisa da vida, mas também não é o fim do mundo. Herpes causa muito mais dano psicológico do que físico, e a grande culpada por isso é a mídia. A divulgação de informações errôneas começou com o lançamento de um medicamento, Aciclovir, que reduz e evita os ataques. Até o lançamento ia tudo muito bem, entretanto a empresa queria recuperar os investimentos o mais rápido possível, e a melhor forma para fazê-lo foi agravando a importância do herpes.

O Aciclovir foi descoberto em 1974, e durante a longa caminhada até seu lançamento, em 1982, a companhia farmacêutica Wellcome (agora Glaxo SmithKline) usou e abusou de seu departamento de marketing. A mídia mordeu a isca; no entanto, a *Time Magazine* mordeu duas vezes e descreveu o herpes como "a nova lepra sexual" (1980) e "a nova Letra Escarlate" (1982).

Balela. Herpes não tem cura, na mesma proporção que catapora não tem. O vírus fica na raiz nervosa e pode ocorrer reativação (mas não é comum). Quando realmente há a reativação, cada ataque tende a ser mais brando do que o anterior e, geralmente, passa despercebido. Não chamamos as crianças com catapora de "leprosos"; então por que pegar tão pesado assim com o herpes?

Existem dois tipos de vírus Herpes simplex: o tipo 1 causa vesículas na boca; o tipo 2, vesículas nos genitais — mas o tipo 1 pode ocorrer nos genitais e o 2, na boca. Até 60% de novas incidências de herpes genital são do tipo 1, transmitido através de sexo oral. Portanto, tem muita gente por aí se divertindo demais com a boca sem perceber que está transmitindo a doença. Setenta e cinco por cento de quem tem herpes somente apresentam sintomas leves ou não apresentam sintomas; então, é normal não saber que se tem este mal ou que se está compartilhando o vírus.

Pouquíssimas pessoas transmitem uma infecção propositalmente, e culpar o outro é destrutivo. Os primeiros sintomas podem aparecer meses, ou mesmo anos, após a infecção inicial, então o surgimento repentino de vesículas não é prova de infidelidade. Entre 70% e 80% das pessoas, dependendo da idade, possuem anticorpos para o herpes tipo 1. Praticamente todo mundo já foi infectado, mas poucas pessoas apresentam os sintomas.

Os anticorpos para o tipo 1 garantem muita proteção contra os sintomas da infecção do tipo 2. Consideremos um casal; se uma pessoa tem herpes genital, e a outra pessoa fizer um exame de sangue que indique que ela possui os anticorpos do tipo 1, é muito improvável que ele ou ela tenha problemas causados pela infecção do tipo 2, caso isso ocorra. Se o parceiro possui anticorpos do tipo 2, melhor ainda.

Para as poucas pessoas que sofrem de herpes severa e recorrente, o Aciclovir funciona muito bem para suprimir o ataque. O medicamento existe há tanto tempo que até já trocou de nome (antes era Acyclovir) e é vendido a preço de banana. Um suprimento mensal custa à rede pública de saúde na Grã-Bretanha a bagatela de nove libras, mas muitos médicos hesitam em receitá-lo porque ainda possuem aquela imagem da caríssima droga-maravilha lançada há quase trinta anos e conhecem pouco sobre herpes. Muitas mulheres que recebem tratamento por afta recorrente têm herpes.

Para quem quer receber bons conselhos e um ótimo apoio, na Grã-Bretanha existe a Associação dos Vírus do Herpes (em inglês, Herpes Viruses Association, com a sigla HVA). Fundada há mais de 25 anos para conter a propaganda espalhafatosa acerca do herpes, a HVA tem sido um exemplo de sanidade no combate ao estigma das vesículas — seja lá onde ocorram — e ao garantir aconselhamento, apoio e educação aos portadores da doença e a quem faz o tratamento. Infelizmente, o Ministério da Saúde cortou as verbas; então a sobrevivência da associação depende de doações. A HVA é tão valiosa para pacientes, parceiros e profissionais da saúde que me tornei seu patrono.

Logo depois do lançamento do Aciclovir e da propaganda enganosa acerca de a doença ter atingido seu pico, um estudo realizado com 375 pessoas com herpes genital descobriu que metade sofria de depressão, 35% evitavam relacionamentos íntimos, 35% relataram uma queda na libido, 10% pararam de ter relações sexuais e 15% apresentavam pensamentos suicidas. No Reino Unido, cabe à HVA lutar contra o estigma do herpes, e muitos de seus membros estão em relacionamentos duradouros graças ao apoio e aconselhamento que a instituição fornece. São apenas vesículas que somem, mesmo sem tratamento. Mas, com a HVA ausente, a culpa duraria muito mais tempo.

Para maiores informações e doações, acesse www.herpes.org.uk (site em inglês).

O Reino Unido é a capital mundial da verruga genital?

Talvez logo se torne, mas, com toda facilidade do mundo, poderia ser diferente. Em 2007, foi lançada a vacina Gardasil, que protege mulheres dos vírus que causam o câncer do colo do útero e as verrugas genitais. Muitos países aderiram ao uso, mas o Reino Unido cruzou os braços e ficou esperando. Até que — em 2008 — optou pela vacina Cervarix, que protege apenas contra o câncer do colo do útero. Desperdiçaram uma grande oportunidade, e dei o melhor de mim para esbravejar sobre esse péssimo ato em *Private Eye*, no *British Medical Journal* e em *Trust me, I'm (Still) a Doctor*.

As verrugas genitais são muito comuns (100 mil novos casos por ano somente na Inglaterra) e, apesar de não matarem, podem assassinar sua vida sexual por um tempo. O tratamento é desagradável e caro (£25 milhões por ano), geralmente há reincidências, e o uso de preservativo oferece apenas proteção parcial. Optar pelo Gardasil, que tem o mesmo preço de tabela do Cervarix, rapidamente economizaria muito sofrimento e dinheiro.

A Austrália leva a sério as verrugas genitais. Desde abril de 2007, oferece a vacina Gardasil a meninas entre 12 e 18 anos de idade num programa escolar; além disso, o medicamento também está amplamente disponível a quem não frequenta a escola. No fim de 2008, pesquisadores do maior centro de saúde sexual do país, em Melbourne, descobriram uma redução de 48% de verrugas genitais em mulheres com menos de 28 anos de idade e uma queda de 17% em homens heterossexuais. Isso resultou em uma grande economia de tempo e dinheiro, a ser aplicado no tratamento de outras infecções sexualmente transmissíveis. O maior medo, contudo, é que mochileiros não vacinados de outras partes do mundo, como do Reino Unido, espalhem verrugas genitais pela Austrália. Já foi até sugerido (espero que sob tom de piada) que os turistas deveriam provar que receberam a vacina Gardasil para ter a entrada no país liberada.

A imunização em massa e a escolha do paciente não andam de mãos dadas tão facilmente. Alguns pais, com toda razão, querem esperar até que mais dados de segurança estejam disponíveis antes de vacinarem as filhas; há quem opte pela Cervarix por acreditar que ofereça proteção mais longa contra o câncer do colo do útero em comparação à Gardasil.

Todos precisam de informações imparciais e atuais para poderem chegar a uma conclusão. Quando eu estava pesquisando sobre a Gardasil para minha filha, o site do Sistema Britânico de Saúde Pública sequer indicava essa opção. O governo tomou a decisão em nome de toda a nação e não admite a possibilidade de haver uma alternativa. A equipe do programa de vacinação na escola de minha filha nunca tinha ouvido falar da Gardasil nem tinha permissão para aplicá-la; assim como o clínico geral com quem você se consulta. Há muitas clínicas particulares que oferecem a vacina, por £400 e três viagens a Bristol.

Quando o sistema público mete os pés pelas mãos, os médicos ligam para os amigos. Conversei com dois consultores em saúde sexual, e ambos foram categóricos ao dizer que eu seria "louco" se não protegesse minha filha contra as verrugas genitais caso houvesse a opção de uma receita para Gardasil. Numa conferência, o Dr. David Salisbury — chefe do programa de vacinação do governo britânico — rejeitou o meu projeto para dar às mocinhas pelo menos a escolha de tomar Gardasil ou Cervarix e se referiu a mim como "o médico comediante". Prefiro ser o médico comediante a ter a consciência cheia de verrugas genitais. Acesse o link a seguir, Dave, não é nada engraçado: http://www.chestersexualhealth.co.uk (em inglês).

É possível remover verrugas genitais com um ralador de queijo?

É, sim, mas há outros tratamentos disponíveis. É incrível como algumas pessoas (homens, especialmente) evitam a qualquer custo uma ida ao médico para tratar da saúde sexual e usam limpa-cachimbos, lixa, cigarro em brasa, detergente e desinfetante lá nos "países baixos". O estrago feito pela automedicação é muito pior do que qualquer infecção.

As verrugas genitais podem ser duras ou moles e ocorrer sozinhas ou em grupos (às vezes, até em comunidades, como um ramo de brócolis). Geralmente, não apresentam sintomas, a não ser uma dificuldade ao se limpar ou para acertar a privada. Mas podem coçar, sangrar e tornar você muito cauteloso para mostrar os genitais ou o ânus a outra pessoa. Como se gravidez já não fosse difícil o suficiente, as verrugas geralmente surgem pela primeira vez nessa época.

As infecções sexualmente transmissíveis gostam de andar juntinhas; portanto, se você tem verrugas (ou outra IST), talvez tenha alguma outra infecção também, então vale a pena realizar mais exames. Como no caso do herpes, a maioria das pessoas apresenta um dos trinta e poucos vírus do papiloma humano que podem causar as verrugas genitais, mas só as mais azaradas manifestam os sinais. Assim como as demais verrugas, o tratamento deve ser repetido, seja com cremes ou congelamento. Mas não passe a noite com o pênis no freezer nem use aqueles cremes para verrugas vendidos nas farmácias; a medicação necessária é controlada (Podofilotoxina ou Imiquimod). Além disso, o congelamento-degelo-congelamento da crioterapia requer a mira de um profissional.

O tratamento pode ser desconfortável, e o vírus pode não ser completamente erradicado; portanto, 30% das pessoas apresentam reincidências. Por outro lado, a maioria das pessoas adquire imunidade com o passar da idade, e quem toma Gardasil estará imune para sempre. (**FATO DESAGRA-**

DÁVEL: o tabagismo provavelmente prolonga a vida das verrugas e, entre as mulheres, aumenta o risco de câncer do colo do útero... caso você precise de mais um motivo para parar de fumar.)

Clamídia é um ótimo presente de Natal?

Não, mas é tão comum quanto meias. Segundo Peter Greenhouse, consultor em saúde sexual: "Quem não teve clamídia até os 30 anos, não se esforçou nem um pouco." Assim como muitas outras infecções, a clamídia geralmente não apresenta sintomas, por isso ela pode causar danos em silêncio. É uma infecção bacteriana sexualmente transmissível, mas o tratamento é simples e quase sempre bem-sucedido. Se não for tratada, as consequências podem ser devastadoras, ainda mais nas mulheres. As bactérias podem acabar se espalhando gradualmente do colo do útero para as trompas, entre os ovários e o útero, onde destroem os finos "cílios" responsáveis por levar os óvulos pelas trompas. Os danos podem causar gravidez ectópica (em que o embrião se desenvolve nas trompas), infertilidade e doença inflamatória da pélvis.

Um sintoma muito comum nas mulheres é o sangramento no meio do ciclo menstrual, pois o colo do útero está inflamado. Mais comum ainda é não apresentar sintoma algum; nesse caso, a única forma de descobrir se você tem clamídia é fazendo um exame. Os exames são muito simples e precisos — na Inglaterra, a própria mulher pode coletar o material. Já os marmanjos de plantão têm que fazer xixi num potinho, além da vantagem de poder enviar o resultado via mensagem de celular. No Reino Unido, todos entre 15 e 24 anos têm o direito de fazer exame anual de clamídia gratuitamente, sem precisar se consultar com um médico nem ter o resultado anunciado para toda a escola. Para mais informações, consulte www.chlamydiascreening.nhs.uk (site em inglês).

A infecção é mais comum entre aqueles que têm menos de 25 anos, mas, se não for tratada, seus efeitos podem colocar as manguinhas de fora bem mais tarde. Há trinta anos, médicos na liberal Suécia reconheceram os perigos que a doença representa: ofereceram tratamento, educaram o público e monitoraram e cuidaram dos contatos dos que estavam infectados. A incidência de doença inflamatória da pélvis caiu para um sexto da taxa anterior. Na Grã-Bretanha, as pesquisas sobre clamídia sempre careceram de recursos, e o diagnóstico só veio muito depois. Podemos ser os pioneiros em fertilização in vitro, mas, se uma fração dos recursos fosse usada para prevenir a infertilidade, poucas mulheres precisariam de tratamento para engravidar, e um grande número delas engravidaria muito mais facilmente com esse procedimento.

É possível pegar chato na sobrancelha?

Sim. E também nos cílios, no bigode e em qualquer pelo que não seja muito denso (peito, axila, coxa e, claro, pelos pubianos). Os franceses, que são excelentes em não fazer rebuliço diante dessas bobeiras, chamam o chato de "papillons d'amour", ou seja "borboletas do amor". Até parece... "Olhe só! Tem uma borboleta do amor no seu bigode. Que fofo!"

O chato não pula, não salta nem dá cambalhota; portanto, não tem qualquer utilidade nas Olimpíadas. Também não voa e nem sabe nadar. Esconde-se nos arbustos, é transmitido de uma pessoa à outra através do contato físico e é extremamente resistente (já foi encontrado em múmias de 4 mil anos).

Chato coça, ainda mais à noite e num espaço de dois milímetros, mas não é visível a qualquer olho humano. Se você achar que viu um, pegue-o e o observe através de uma lupa. Todas as pernas surgem na parte da frente do corpo, mas o chato se fixa com as patas do meio e as posteriores, que possuem garras no formato de pinça.

O chato é o maior preguiçoso da face da Terra. Ele se agarra ao pelo e quase nunca se move durante o dia, transferindo-se de um pelo ao outro à noite. Há loções à venda nas drogarias. Aplique no corpo todo, do pescoço para baixo, mesmo se só os pelos pubianos estiverem coçando. Não aplique nas sobrancelhas nem use a medicação se estiver grávida. A loção deve ser aplicada à noite e retirada no banho no dia seguinte. Ao repetir a aplicação, após sete dias, os ovos recém-eclodidos serão eliminados. Lavar as roupas íntimas e a roupa de cama com água quente e um pouco da loção pode ser uma boa ideia.

Na Grã-Bretanha, quem quer a opinião de um especialista em chato, exames para outras infecções ou receber o medicamento de graça, basta ir a uma clínica de saúde sexual. Se você é uma pessoa corajosa, peça para observar toda a glória do chato sob uma lupa.

5

Linguagem corporal

É realmente possível morrer de vergonha?

Sim. O câncer pode surgir nos locais mais constrangedores. Porém, quanto antes procurarmos ajuda para tratar sangramentos, caroços, sensibilidade, dor ou perda de peso, melhor. Hoje em dia, há cura para muitos cânceres, mas somente se o paciente buscar tratamento imediatamente. Já conheci um cara que permitiu que seus testículos inchassem até atingirem 15 centímetros — muito maior do que uma laranja — porque ficou constrangido de ter um caroço nas partes íntimas e, à medida que foi crescendo, ficou com medo de que o médico pensasse que ele era um idiota por ficar de braços cruzados por tanto tempo. Ele só buscou ajuda quando as terminações nervosas realmente começaram a ser comprimidas. O homem sobreviveu, mas perdeu um testículo, que poderia ter sido salvo se tivesse procurado ajuda antes.

O ciclo do retardo causado por vergonha, medo, estoicismo e otimismo inapropriado é muito comum na medicina. Causa muito sofrimento e até mesmo mortes. Além disso, nem sempre é fácil de prever. Algumas pessoas se sentem constrangidas por terem uma doença sexualmente transmissível ou morrem de vergonha de revelar um caroço na mama ou um sangramento no ânus. Caspa, verrugas, mau hálito, orelhas de abano, acne, camisinha estourada, incontinência, baba, mama masculina, suor em excesso, pelo em excesso, impotência, cotonete preso no ouvido, taco de golfe preso na traseira... praticamente todo problema imaginável já fez com que se demorasse, por medo da recepcionista, a busca por ajuda.

Hoje em dia, as recepcionistas são muito mais agradáveis do que no passado, e médicos e enfermeiros estão acima de qualquer constrangimento. Já vimos de tudo nesta vida (pelo menos duas vezes). Ultimamente, só fico vermelho depois de transar ou se pegar no sono sob o sol (daí o apelido Salmão Hammond). Primeiro dê uma olhada na internet (www.embarrassingproblems.com — em inglês —, é um ótimo começo), depois procure um médico e lhe mostre. Ou mostre àquela enfermeira que não para de dar risadinhas.

Tenho que me deitar sobre o meu lado esquerdo, me encolher, ficar com os joelhos no peito e respirar fundo algumas vezes?

Não. Consultar-se com um médico a respeito de um problema anal (seu, e não do médico) é, geralmente, muito mais constrangedor para você do que para ele. É de se esperar que ele (ou ela) já tenha visto dezenas de ânus na vida, então não ficará nem um pouco intimidado. O doutor deve ouvir sua história e conversar sobre suas preocupações antes de examiná-lo de luva e com uso de lubrificante. Você pode levar um amigo para acompanhá-lo (escolha bem essa pessoa) ou pedir a presença de uma dama de companhia. Se você não quer ser examinado, não tema em dizê-lo. Se você não quer ser examinado de lado, com os joelhos no peito e a visão da parede, peça para ficar de pé e se inclinar para a frente.

Respirar devagar com a boca aberta ajuda a relaxar o esfíncter a ponto de permitir a passagem de um dedo; com uma abordagem gentil e bastante lubrificante, vai passar muito facilmente. Começamos abrindo as nádegas para examinar o orifício anal e verificar se há hemorroidas, ondulações, verrugas ou fissuras na mucosa anal. Depois, o dedo pressiona gentilmente o orifício até que o paciente relaxe, permitindo a entrada. Já se ouviu por aí uma história de que a ponta da gravata do médico teria entrado junto, mas é um erro que geralmente só se comete uma vez. É de se esperar que o profissional jogue a gravata fora. Na verdade, nenhum médico deveria usar gravata, pois o acessório carrega todos os tipos de germe, e a imagem de um médico jogando a gravata para trás logo antes de fazer um exame íntimo pode permanecer para sempre na memória do paciente.

É muito difícil para o médico ver o rosto do paciente em qualquer uma dessas posições; portanto, se sentir dor, tem que falar. Costumamos girar o dedo lá dentro para sentir toda a região. Um dos meus pacientes costumava dizer: "Se você não colocar o dedo lá dentro, vou ganhar um pé na bunda." Ele não quis ser literal, mas queria dizer que o exame proctológico é muito útil para identificar câncer de reto e de próstata. Às vezes, sai um pouco de cocô na luva, mas isso é extremamente útil para ver se há sangue nas fezes. Depois, basta limpar, conversar sobre os achados e ir ao banheiro se você precisar se aliviar.

PARA ELE
Posso examinar minha própria próstata?

Teoricamente, sim, mas é necessário ter um dedo comprido, usar lubrificante e se inclinar para a frente no chuveiro. A próstata pode ser sentida através da parede posterior do reto e, normalmente, é bem lisa e meio mole (mas não é nojenta). Possui uma ranhura central e deve ter praticamente o mesmo tamanho em ambos os lados. Qualquer inchaço ou assimetria significam a necessidade de se procurar ajuda, apesar de que nem sempre se trata de câncer (agora, lave bem as mãos). Há alguns sites dos EUA que são a favor do autoexame da próstata, mas nunca me deparei com um homem que admita fazê-lo. Muitos mal chegam aos testículos.

Se você quer fazer um exame sem o uso do dedo, faça uma busca no Google por Escore Internacional de Sintomas Prostáticos (há mais resultados em inglês, com o termo International Prostate Symptom Score). É um ótimo jogo para o bar, quando todas as mesas de sinuca estiverem ocupadas. As perguntas questionam os hábitos urinários no último mês. A seguir, estão parafraseadas cinco das sete questões:

- *Quantas vezes você teve a sensação de não esvaziar totalmente a bexiga após achar que já tinha terminado?*
- *Quantas vezes teve que urinar novamente menos de duas horas após ter urinado?*
- *Quantas vezes observou que, ao urinar, parou e recomeçou várias vezes?*
- *Quantas vezes observou que foi difícil conter a urina?*
- *Quantas vezes teve que fazer força para começar a urinar?*

Para cada pergunta, marque 0 (nenhuma), 1 (menos de uma vez em 5), 2 (menos da metade das vezes), 3 (metade das vezes), 4 (mais da metade das vezes), 5 (quase sempre). A pergunta extra, que permite que você recorra à ajuda da esposa, é: "No último mês, quantas vezes, em média, você teve que se levantar à noite para urinar, desde a hora em que se deitou até a hora em que normalmente se levanta?" (Pontue cada pergunta).

Claro que há um elemento subjetivo aqui, mas, se atingir 20 pontos ou mais, trata-se de uma pontuação muito alta (vale a pena procurar um médico se for superior a 9 pontos). Caso precise de mais perguntas para chegar a um resultado "conclusivo", há algumas opções: "Onde fica a próstata?", "Qual é a função dela?", "Como ela interfere no fluxo urinário?" e "Cadê aquele maldito baralho?".

Pode ser que o médico queira realizar o exame de toque, mesmo se o próprio paciente já tiver feito, e o exame de urofluxometria. Parece algo muito técnico, mas simplesmente mede o tempo que você demora para fazer xixi no potinho. Você pode fazê-lo em casa (ou no bar, mas é melhor usar o banheiro masculino) e vai precisar de uma jarra medidora e um cronômetro. (**NOTA:** muitos homens sofrem de bexiga tímida; então um xixi demorado pode ser confundido com problemas de próstata.)

Eis o que você medirá:

- *O tempo entre o início e o fim do fluxo urinário e as tentativas de urinar, quando quase nada ocorre.*
- *O volume de xixi.*
- *O tempo que leva para alcançar o fluxo constante.*
- *Velocidade média do xixi, dividindo-se o volume de urina pelo tempo levado para ser expelida.*

Como um carro de corrida, um homem jovem deve atingir a aceleração máxima em sete segundos e livrar-se de cerca de 400 mililitros em vinte segundos. Qualquer coisa abaixo de 250 mililitros ou acima de 75 segundos sugere algum problema, como, por exemplo, alguém do lado de fora perguntando: "Está tudo bem aí?"

A urofluxometria se mantém em vantagem em relação ao autoexame em alguns quesitos. Mede o pico de fluxo (qualquer valor acima de 15 mililitros/segundo é muito bom, mas é muito difícil o próprio paciente julgar com precisão, a não ser que se valha de uma outra jarra medidora para obter o segundo melhor resultado). Além disso, há menor probabilidade de você deixar a comida queimar por ter ido ao banheiro.

exo, sono ou scrabble?

Se tudo isso soa meticuloso demais para você, então considere o quanto sua micção está enchendo seu saco. Se lhe causa desconforto, constrangimento, aborrecimento e conflito matrimonial, e impede que você faça algo de que gosta (por exemplo, ir a partidas de futebol), então procure um médico. Tanto o uso de medicamento como a cirurgia (ou ambos) podem fazer uma enorme diferença. O mesmo se aplica às mulheres (é óbvio que não a parte da próstata, mas no tocante de buscar ajuda nos casos de incontinência. Acontece à maioria das pessoas que já empurraram para fora um — ou mais — seres de três quilos).

É possível realizar o exame de próstata sem ter ereção?

Sim. Alguns homens gostam de massagem na próstata como parte de sua rotina diária ou, quem sabe, como um agrado especial em dias importantes ou nas férias. Mas, num ambiente médico, a avaliação digital do tamanho da próstata com o paciente deitado de lado, com os joelhos no peito e se esforçando para não ter flatulências parece não atingir o centro de ereção no cérebro. Caso atinja, o médico geralmente está preocupado demais ou é educado demais para perceber.

É verdade que ketchup reduz os riscos de câncer de próstata? Então, como devo aplicá-lo?

Há provas de que duas ou mais porções semanais de frutas vermelhas que contenham licopeno — tomate, melancia e goiaba — podem reduzir em 25% o risco de câncer de próstata. Melhor ainda é a notícia de que basta a ingestão oral. Os tomates cozidos ou processados são ainda mais ricos em licopeno, e o ketchup é uma ótima fonte (embora possa conter muito açúcar e sal). Consumir peixes oleosos três vezes por semana tem um efeito muito impressionante (reduzem o risco em até 45%), mas, normalmente, só os esquimós comem tanto peixe assim. Outros possíveis benfeitores da próstata são selênio (em grãos, peixe, carne e frango), produtos à base de soja e vitamina E.

Gotejamento de urina é um indício de câncer de próstata?

Nunca foi. Em minha época de residente, me ensinaram que o câncer ocorre em direção à parte exterior da glândula (e geralmente é possível senti-lo com o dedo) e que o aumento de um tumor benigno ocorre no centro, pressiona a uretra e causa incontinência/gotejamento/fluxo fraco/manchas na calça/levantar-se três vezes à noite/quartos separados até culminar no divórcio. Pensando bem, não é nada benigno.

Agora sabemos que até 15% dos cânceres ocorrem na zona central. Portanto, se você consultar um médico sobre o gotejamento de urina (o que é uma boa ideia, pois há medicamentos que podem ajudar), pode ser que ele sugira um exame de sangue antígeno prostático específico (PSA) para avaliar os riscos de câncer (seja antes ou depois do exame de toque, dependendo do humor do profissional).

Sexo, sono ou scrabble? ....

Existe algo mais doloroso do que biópsia de próstata?

Sim. Biópsia de próstata sem anestesia. E provavelmente o parto, mas é raro uma mesma pessoa ter que encarar ambos. A biópsia da próstata é geralmente recomendada a quem obtém resultados suspeitos com o exame de toque ou níveis altos do exame de sangue PSA. É feita com o paciente completamente consciente, mas deve haver certificação de que, primeiramente, foi aplicada uma boa quantidade de anestésico local e de que o paciente tome antibióticos antes e depois para reduzir os riscos de infecção. Também é necessário aguardar um pouco para o anestésico fazer efeito.

Um hospital bem-equipado contém uma pistola automática para biópsia que é guiada por um transdutor transretal (sim, mais uma vez, é via ânus). São retirados de oito a 14 fragmentos de biópsia, dependendo do tamanho da próstata. Como nunca passei pelo procedimento, só tenho o relato de meus pacientes. Para alguns homens, é extremamente doloroso, para outros, há um leve desconforto. Suspeito de que a diferença de opinião se deve ao anestésico e à técnica. Se o médico não conseguir tirar a pistola do coldre, pergunte se ele já realizou alguma biópsia antes. Ou aperte os dentes e lembre-se: a maioria dos homens que fizeram biópsia não tem câncer.

Como posso saber se meu câncer de próstata é um gatinho ou um tigre?

A nomenclatura é algo particular. Não temos como saber qual câncer envolverá a próstata, ronronará e não causará mal algum, e qual provocará uma grande destruição. Pelas autópsias, sabemos que 80% dos homens que atingiram os 80 anos de idade tinham um câncer "gatinho" na próstata que nunca lhes causou mal. Por outro lado, os cânceres "tigre" são a segunda maior causa de morte (atrás apenas do câncer de pulmão) de homens com mais de 50 anos.

Estamos, a passos lentos, melhorando na distinção entre gatinhos e tigres. A velocidade das mudanças no exame de sangue PSA é muito útil, e existe um novo marcador molecular chamado PCA3, medido nas células da urina, que parece ser um marcador mais específico e sensível do que o exame PSA (sigla essa que já foi descrita como "Promovendo Stress e Ansiedade", pois o exame não é tão preciso assim). A desvantagem do PCA3 é que a coleta da urina deve ser feita imediatamente após massagem da próstata; então é necessário estar com a bexiga cheia, ser conduzido por um ótimo profissional, ter senso de humor e ficar com um potinho na mão. Tudo indica que outros exames genéticos serão desenvolvidos.

Será que mais alguém tem o meato uretral na lateral inferior?

Sim. Um em cada trezentos homens nasce com a abertura da uretra (por onde saem a urina e a ejaculação) no lugar errado (hipospádia), geralmente na parte de baixo. Se for detectada ainda na infância, um especialista (ou seja, alguém que tem muita prática em reconstrução de pênis, e não apenas um interessado no assunto) pode tratar a anomalia com sucesso total.

Porém, frequentemente os pais não percebem o defeito congênito, e o garoto se acostuma a fazer xixi no chão ou a se sentar para urinar. Como geralmente os homens não comparam os pênis entre si nem pedem ao médico para dar um olhada, é comum que a mulher, que está lá embaixo, perceba que as coisas não são como deveriam ser. Em adultos, a cirurgia corretiva ainda é possível, mas talvez não seja essencial, dependendo do local exato do orifício, das características do prepúcio e da possível inclinação do pênis. Peça a seu médico a indicação de um especialista que lhe mostrará fotos do "antes" e "depois".

Ah, se um amigo um dia perguntar: "Será que mais alguém tem o meato uretral na lateral inferior?", não finja que não ouviu, não ria nem o faça mostrar o pênis no meio de um bar lotado. Acompanhe-o a um clínico geral ou lhe mostre esta página.

O que faz uma bexiga ser tímida?

Pelo menos um em cada dez homens tem dificuldade para urinar com outras pessoas olhando (mesmo que de lado e a três metros de distância). Quanto mais longa for a fila, maior é a ansiedade em relação ao desempenho e menores são as chances de sair alguma coisa, graças a todos os outros pobres coitados com bexiga tímida em busca de privacidade. Quanto mais tempo ficar encarando o mictório, mais intensos se tornarão os olhares, até você desistir e ir assistir ao segundo tempo numa tortura constante (ou resolver voltar a tentar no meio do jogo e perder o único gol da partida).

Pesquisadores mostraram, num experimento bastante duvidoso, que a presença de um desconhecido ao seu lado enquanto você urina é um inibidor para muitos homens (o que só piora se o desconhecido se aproximar ainda mais). A família parece exercer um efeito inibidor menor (a não ser que seja sua sogra ou se você descobrir que seu filho adolescente tem um pênis maior do que o seu). De acordo com a revista *The Lancet*, os mamíferos marcam o território urinando e deixando um cheiro, e alguns homens apresentam uma preocupação subconsciente de que urinar acompanhado marca uma reivindicação sobre seu território e desafia o outro homem para uma luta. Segundo minha própria experiência, isso só acontece se você urinar em alguém sem querer.

As curas são muito óbvias. Respirar fundo, fazer contas mentalmente ou fingir que você é um homem em miniatura tentando subir pelos azulejos do banheiro. Comigo funciona.

Ainda se pode escrever "escroto de violoncelo" num atestado médico?

Não mais. Depois de "dor nas costas" e "leve presença parasitária", escroto de violoncelo, até há muito pouco tempo, era o meu diagnóstico preferido para escrever num atestado médico. Foi descrito pela primeira vez em 1974, pela Dra. (e agora baronesa) Elaine Murphy, após revelar o "mamilo de guitarrista", uma leve irritação causada pelo atrito do instrumento contra o peito após uma apresentação virtuosa. Se a guitarra pode esfolar lá em cima, por que um violoncelo não pode causar estrago lá embaixo? Em 2009, a baronesa Murphy admitiu que a doença era uma fraude, uma espécie de piada. Mas não para quem sofre com isso há 34 anos.

Qualquer violoncelista dirá que é necessário manter uma posição muito alta e incomum (ou uma hérnia muito grande) para causar abrasão lá embaixo, mas é possível causar uma lesão de enlouquecer a vagina se o espigão escorregar até o chão. A maioria das pessoas que diagnostiquei com escroto de violoncelo não possuía o instrumento. Ou nem mesmo escroto. A questão que envolve os rótulos diagnósticos prova que eles não existem tão somente para realizar um diagnóstico, mas para ajudar o paciente a se deleitar em toda a glória de estar no papel de doente. Assim como o fato de que muitas pessoas que desenvolvem cotovelo de tenista não jogam tênis e de que a maioria das pessoas que sofrem com o joelho de padre não são padres, usamos um diagnóstico criativo para apimentar uma situação sem graça e reconhecer o sofrimento. Se você viesse se consultar comigo porque está com dor no ombro e eu dissesse "você está com o ombro dolorido", que utilidade isso teria? Mas rotulando a dor com o nome de "ombro de lançador de dardo", você teria o direito a uma licença de 15 dias, sem sexo, trabalho ou uma pia cheia de louça.

Meus dias de problemas causados por violoncelos podem ter chegado ao fim, mas eu continuarei a diagnosticar "axilas de atleta" (infecção fúngica que, normalmente, acomete não atletas bastante rechonchudos), "nádegas de fazendeiro" (hemorroidas), "dedo de peixe" (infecção bacteriana causada por mordidas de peixes tropicais) e até mesmo "escroto de limpador de chaminé". Essa última ficou famosa ao ser descrita por Percival Pott, em 1775, e é muito desagradável: caracteriza-se por tumor devido a exposição prolongada à fuligem. Agora se tornou algo muito raro, já que não mandamos mais menininhos limparem a chaminé (mas você ficaria impressionado em saber o que colocar o filho de castigo sentado no chão pode fazer, ainda mais se o carpete for meio áspero).

Quanto ao atestado médico, ele também tem passado por reformulações. Atualmente, deve haver também um prognóstico. Talvez você não possa mais tocar violoncelo, mas ainda pode dedilhar o violão. Talvez você não possa subir a chaminé, mas ainda pode ser padre. Basta acreditar.

O prepúcio deve ser removido por bem ou por mal?

Não. É estranho o fato de que a circuncisão feminina seja considerada uma barbárie e uma violação dos direitos humanos, mas o equivalente masculino seja visto por muitos como algo trivial, com o qual não vale a pena se preocupar. O prepúcio não é uma peculiaridade redundante da evolução; na verdade, compreende entre 50% e 80% da pele peniana (dependendo do tamanho do pênis). Se seus componentes fossem colocados longitudinalmente, haveria mais de um metro de veias, artérias e capilares, e mais de 70 metros de fibras nervosas com 20 mil terminações nervosas. Se destrinchado, ocuparia uma área entre 90 e 130 centímetros quadrados. Já foi desenvolvida uma forma de crescimento de pele para vítimas de queimaduras a partir do prepúcio de bebês circuncidados. Com apenas um prepúcio, é possível realizar um crescimento de pele que cobre até seis campos de futebol.

Particularmente, eu prefiro jogar no gramado, mas está óbvio que o prepúcio é muito mais importante do que se imagina. Porém, qual é sua função? Ele se expande para cobrir o pênis durante o ato sexual, facilita o movimento, torna-o mais suave, e todas as terminações nervosas tornam o sexo mais gostoso. Isso não significa que os homens circuncidados não tenham prazer, mas apresentam uma sensibilidade um pouco menor na extremidade. O prepúcio também protege a cabeça do pênis e possui glândulas que ajudam na lubrificação e que produzem proteínas antibacterianas, como as encontradas no leite materno.

Então, por que uma pessoa poderia querer removê-lo? Boa pergunta. A imagem mais antiga de uma circuncisão ocupa a parede de uma tumba no Egito, que tem em torno de 4.400 anos. Tal procedimento é muito realizado por preceitos religiosos, como por exemplo em bebês do sexo masculino com oito dias de idade na fé judaica — mas os próprios judeus têm questionado a sabedoria de fazê-lo sem anestesia.

Em Israel, o costume de remover o prepúcio após a morte e antes de um enterro judaico agora é proibido. Na cultura ocidental, a circuncisão sem razões religiosas tornou-se um ótimo negócio na era vitoriana para impedir a masturbação (mas só funcionava a curto prazo) e como uma "cura" para insanidade, epilepsia, histeria, tuberculose e miopia. Em 1891, Jonathan Hutchinson, presidente da Academia Real de Cirurgiões da Inglaterra, escreveu um artigo intitulado "On Circumcision as a Preventative of Masturbation" ["Sobre a circuncisão como preventivo da masturbação"], no qual expôs o seguinte:

"Clarence era dado ao vício secreto praticado entre os rapazes. Realizei a circuncisão. Ele precisava de uma punição legítima pela dor para acabar com seus prazeres ilícitos."

Na virada do século, a amputação do prepúcio foi "cientificamente comprovada" como cura e prevenção da subnutrição, paralisia, enurese noturna (que nada mais é do que fazer xixi na cama), doença na articulação do quadril, dor de cabeça, alcoolismo, criminalidade, pé torto e doenças do coração. Ciência da pior qualidade, é verdade. Alguns estudos recentes provaram que a circuncisão pode ajudar a prevenir o câncer de pênis e a reduzir o risco de infecções sexualmente transmissíveis, mas ter uma boa higiene pessoal, não fumar e fazer sexo seguro são muito mais importantes. Poderíamos cortar vários pedaços de nossa anatomia se não quiséssemos nos dar ao trabalho de limpá-las apropriadamente ou se desejássemos que nunca apresentassem uma infecção ou desenvolvessem um câncer, mas, geralmente, as deixamos ficar e as aproveitamos. Então, por que pegar no pé do pobre prepúcio?

Nos EUA, o único país do mundo a circuncidar a maioria de suas crianças sem motivos religiosos, o prepúcio se tornou uma grande vítima da moda. Apesar de as taxas de circuncisão terem caído de 85% na década de 1960 para 60% atualmente, continua a ser um grande negócio nestes tempos de recessão. Algumas mulheres acreditam que, como os homens circuncidados têm menos sensibilidade, resistem mais para atingir o orgasmo; além disso, o pênis de "um cara normal" circuncidado tem uma aparência melhor, mas isso lá é motivo para ir cortando metade da pele peniana de um homem? Na Finlândia, onde o prepúcio é muito valorizado, não há remoção no nascimento, e as chances de precisar realizar posteriormente uma circuncisão no prepúcio infeccionado e muito apertado é de 1 em 16.667.

No Reino Unido, ainda removemos milhares de prepúcios por ano por motivos médicos, mas a maioria das circuncisões poderia ser evitada por meio de outros métodos, como o uso de pomada de esteroides para soltar a extremidade apertada ou antibióticos para infecções. A metade de todas as circuncisões médicas é realizada em garotos com menos de 10 anos, um terço em crianças com menos de 6 anos de idade, e a maioria das circuncisões religiosas ainda é feita nos primeiros dias de vida. Alguns homens sentem muita raiva por terem tido o genital mutilado quando crianças sem o próprio consentimento e por terem sido privados de uma parte muito útil da anatomia masculina. O Dr. John Warren, grande defensor do prepúcio, afirma: "Não ter o prepúcio é como não ouvir os violinos de uma orquestra. Com certeza, fica a sensação de que falta alguma coisa." Existem poucas e raras razões médicas para a circuncisão, como balanite xerótica obliterante e fimose, quando o prepúcio não retrai completamente. Mas, fora isso, basta manter o local limpo e deixar o prepúcio em paz. O lado B de algum disco dos Beatles bem que poderia ter tratado sobre o assunto.

É possível fazer circuncisão em si próprio?

Eu não tentaria. A circuncisão não é uma simples incisão, mas uma cirurgia complexa que requer muita habilidade. Quanto menor o pênis, mais fácil será cortar mais do que deveria. As complicações vão desde a amputação de todo o pênis até danos à glande e à uretra, hemorragia, infecção e péssimos resultados estéticos. Se alguém a quem eu amasse com todo meu coração precisasse passar por essa cirurgia, eu me certificaria de que fosse realizada num hospital, com anestesia geral e por um cirurgião pediátrico muito experiente.

A anestesia nem é uma questão nas circuncisões religiosas, pois a maioria não é realizada em hospitais e é feita em recém-nascidos conscientes. A circuncisão ritualística já é uma maldade, mas realizá-la sem qualquer forma de anestesia é uma barbárie. A circuncisão médica nunca se justifica se o paciente tem menos de 13 anos, e raramente ocorre antes dos cinco anos. A circuncisão religiosa em recém-nascidos é especialmente arriscada devido ao fato de o pênis ser muito pequeno. Só deveria ser realizada com um analgésico adequado e de preferência quando a criança estivesse grande o bastante para poder escolher se quer ou não a pele do pênis cortada. Suspeito de que a maioria diria "não".

É possível fazer o prepúcio crescer novamente?

Alguns homens se sentem tão incompletos após a circuncisão que tentam recriar o prepúcio com um sistema elaborado de fitas e pesos. Isso pode provocar gargalhadas no bar, mas se você digitar "reconstrução do prepúcio" em seu navegador, ficará impressionado com os muitos diários ilustrados que garantem sucesso absoluto. Há até mesmo testemunhos de esposas preocupadas, constrangidas e, acima de tudo, convencidas. Eu começaria pelo site NORM (The National Organization of Restoring Men, www.norm.org — em inglês), no qual você pode fazer o download da bíblia da reconstrução, *The Joy of Uncircumcising* [*A alegria da não circuncisão*, em tradução livre], como um e-book.

É possível um homem negro ter pênis rosado?

Sim, se ele trabalha numa mina de carvão e só vai em casa para almoçar. Além disso, o vitiligo faz com que a pele perca a pigmentação e pode atingir o pênis. Não existe cura. O banho de sol só piora, pois a pele da parte afetada não produz melanina e, portanto, não se bronzeia e queima com muita facilidade. Mas tem um lado positivo: há ótimos cremes de camuflagem (não, eles não farão o pênis desaparecer) que, mesmo se não derem resultado, não o farão cair. Seja lá qual for a cor que seu pênis tenha adquirido, sempre vale a pena mostrar ao médico para confirmar o diagnóstico.

Estou com inchaço escrotal. O Dr. Google disse que pode ser elefantíase. O que você acha?

Eu precisaria examinar o seu escroto, especificamente com você grudado a ele, mas problemas geralmente comuns são, bem, comuns, e elefantíase é algo muito raro. É muito mais provável que seja presença de líquido em quantidades anormais dentro do escroto (hidrocele) ou veias dilatadas (varicocele). Seja lá o que for, será preciso mostrar imediatamente a um médico. É como a enfermeira de nosso consultório sempre diz: "Ao ouvir trotes sobre a ponte, primeiro pense ser um cavalo, e não um unicórnio."

É possível examinar os dois testículos ao mesmo tempo, para poupar tempo?

É possível, sim, mas os homens não são muito bons em executar várias tarefas ao mesmo tempo, além do risco de girá-los em direções opostas. Cerca de 1.500 homens desenvolvem câncer de testículo a cada ano no Reino Unido; é o câncer mais comum em homens jovens. A incidência dobrou nos últimos vinte anos, mas se desconhece a razão para tal. Apresenta uma taxa de cura muito boa, e a vida sexual e a fertilidade geralmente não são afetadas. Basta identificar o nódulo e buscar ajuda.

Examine seus testículos durante ou depois do banho (seja no chuveiro ou na banheira), quando o escroto está relaxado, e os testículos, livres, leves e (quase) soltos. Observe se há inchaço e, depois, role-os, um de cada vez (ou os dois juntos, caso seja ambidestro), com cuidado, por entre os dedos e o dedão. Eles devem ser lisos e borrachentos. Localizado na parte de trás e de cima dos testículos está o epidídimo, que é o duto que coleta e armazena os espermatozoides. Compare-os, mas, assim como ocorre com os seios, é comum que um seja maior do que o outro ou que um fique mais abaixo (geralmente o da esquerda).

Um câncer pode começar como um grão de areia na superfície do próprio testículo e se desenvolver em um nódulo mais notável. Mostre ao médico qualquer caroço que aparecer, relate qualquer sensação estranha. Quanto antes for diagnosticado, mais fácil será o tratamento.

Por que os médicos perdem o interesse nos testículos de um paciente de mais de 50 anos de idade?

Os médicos não têm o menor interesse por caroços no saco escrotal quando o paciente atinge a casa dos 50 porque, muito provavelmente, ele não terá câncer nessa área. Contudo, muita coisa ainda pode acontecer ao escroto de idade. Quando eu estava na faculdade de medicina, uma das primeiras imagens que vi foi a de um homem empurrando sua hérnia escrotal num carrinho de mão. Se fosse julgada, entraria para o livro dos recordes. Em geral, qualquer coisa que se pareça com um melão despertará interesse rapidamente.

PARA ELA

O que devo esperar de um exame ginecológico?

Nenhuma surpresa. A Royal College of Obsteticians and Gynaecologists [Academia Real de Obstetras e Ginecologistas] da Inglaterra possui um comitê para discussão sobre exames íntimos que se reuniu em 1997 e foi atualizado em 2001. Quatro dos seis membros são mulheres, e eles produziram um guia de 37 páginas com diretrizes sobre exames constrangedores. Está disponível para download no site www.rcog.org.uk (em inglês).

Em resumo, o corpo é seu, e ninguém pode encostar em você sem seu consentimento. O médico deve sempre dizer o que fará, junto com uma justificativa; cabe a você concordar ou não. A paciente deve ser tratada com dignidade, respeito, um espéculo gentil e delicado, e com privacidade (mas você pode pedir a presença de um acompanhante ou de um tradutor). Se você prefere uma médica, basta dizer. Piadas durante o exame devem ser evitadas; nada de nomes de bicho, nada de comentários sobre bronzeado ou sobre o fim de semana, e nada de conversar sobre sexo até o fim do exame, quando as luvas descartáveis já estiverem no lixo.

Eis outras diretrizes que valem a pena ser conhecidas:

- *"Deve-se tomar todas as medidas necessárias para reduzir o grau e a duração da nudez."*
- *"Devem-se usar luvas nas duas mãos durante os exames vaginais e especulares."*
- *"Durante um exame pélvico de rotina, deve-se tomar cuidado para evitar o contato dos dedos com o clitóris."*
- *"Deve-se garantir que os exames sejam realizados num local fechado com acesso proibido durante os exames, que também não podem ser interrompidos por ligações, bipes e mensagens sobre outros pacientes."*
- *"Não há provas científicas que corroborem o uso do exame do reto como forma de avaliar o colo do útero durante a gravidez e o trabalho de parto. Como a maioria das mulheres o acha mais desconfortável do que o exame vaginal, ele não pode ser recomendado."*
- *"Se for realizado qualquer exame que faça uso de imagens (seja fotografia ou vídeo),*

deve-se obter a autorização da paciente. A privacidade e a honra da mulher têm de ser protegidas. Deve-se fazer de tudo para garantir que as imagens não tenham conotações sexuais."
- "Deve-se obter uma autorização por escrito para qualquer exame íntimo realizado com anestesia. Mantenha sempre o profissionalismo; a equipe que realiza o exame deve tratar a paciente com o mesmo carinho e respeito que lhe apresentariam se ela estivesse acordada, evitando comentários pessoais e protegendo sempre sua honra."

O fato de a Academia julgar necessário articular aquilo que, para muitos, parece completamente óbvio se deve a coisas muito ruins que aconteceram no passado. É raro, mas sempre haverá aquele médico esquisito e tinhoso, ou um sociopata "bem-intencionado"; portanto, essas diretrizes visam ajudar a identificar uma pessoa assim e a denunciá-la. Fique atenta para qualquer médico com apenas uma luva.

Os padeiros são ótimos para examinar as mamas?

Sim, mas eu não recorreria a um padre para uma segunda opinião. As mamas se mantêm ativas o tempo todo, especialmente durante os anos férteis, quando têm que estar prontas todos os meses, caso ocorra uma gravidez. Como resultado disso, os seios mudam de consistência e de granulosidade durante cada ciclo, o que faz com que o exame para identificar a presença de algum caroço seja muito confuso.

O melhor método (que me foi ensinado por um mastologista, e não por um padeiro) é levantar os braços para cima e dar uma boa olhada uma vez por mês diante de um espelho grande. Se um seio sempre teve tamanho ou forma diferente do outro, não há por que se preocupar. Contudo, se houver qualquer diferença nova, principalmente ondulações ou distorções da pele ou do mamilo, você deve procurar um médico. Depois, massageie os seios com delicadeza contra a caixa torácica. Caroços moles e macios raramente são cânceres, mas é bom buscar ajuda se não desaparecerem durante o ciclo.

Para a mamografia é mesmo necessário que as mamas sejam apertadas com tanta força assim?

Bom, quem inventou a mamografia foi um homem. As mulheres que têm seios maiores costumam sentir mais o "esmagamento", mas todos os seios doem quando comprimidos por duas chapas duras. O pior de tudo é que, apesar de a mamografia identificar a maioria dos tipos de câncer de que já se tenha sentido a presença do nódulo, ela só identifica a metade dos tipos de câncer que ainda não foram notados. Além disso, pode sugerir haver um câncer quando este não existe.

Mas isso é verdade para todos os exames. Mesmo as melhores mãos podem deixar escapar um câncer ou até tratar alguns pacientes desnecessariamente. Os riscos de errar o diagnóstico de câncer de mama diminuem se houver uma avaliação tripla: opinião de um especialista, diagnóstico de imagem com raios-X/ressonância magnética e biópsia do tecido.

Posso examinar meus próprios ovários?

Não é fácil. Os ovários ficam bem escondidos e, apesar de ser teoricamente possível que seu parceiro os examine para você, da mesma forma que você pode examinar os testículos dele, o simples fato de pensar em localizar os ovários faria a maioria dos homens dar um chilique. É para isso que existem os médicos.

O difícil é saber quando examinar os ovários. Os sintomas do câncer de ovário podem ser ambíguos e difíceis de ser identificados no começo; quando eu era residente, me disseram que o câncer de ovário era um "assassino silencioso" e que não apresentava sintomas. Geralmente, isso não é verdade — acontece que não se percebem os sintomas ou, se identificados, eles são associados a outra coisa, como intestino irritado ou síndrome pré-menstrual. Se houver um inchaço constante no estômago, procure um médico especialista com urgência.

Eis alguns dos sintomas iniciais do câncer de ovário:

- *Dor na pélvis, na parte inferior do estômago ou nas laterais.*
- *Sensação de estar cheia e inchada no estômago.*

- Dificuldade de comer ou saciedade muito rapidamente.
- Necessidade de urinar com urgência e com maior frequência do que o normal.

Eis alguns sintomas tardios:

- Inchaço no estômago.
- Dor na parte inferior do estômago.
- Dor durante relação sexual.
- Prisão de ventre.
- Menstruação irregular.

Eis alguns sintomas avançados (de qualquer câncer):

- Náusea.
- Perda de peso.
- Falta de ar.
- Perda de apetite.
- Fadiga.

Se você acha que se encaixa em alguma dessas descrições, procure um médico (especialmente se algum parente próximo teve câncer de ovário). Um exame interno será necessário, assim como possivelmente exames de sangue e de imagem. É chato para diagnosticar, e seu tratamento não é moleza, mas, quanto antes for identificado, melhor.

No Reino Unido, não existe um programa nacional de exames de diagnóstico por imagem, mas a paciente pode receber esse direito se tiver dois ou mais parentes próximos (como mãe, irmã ou filha) que foram diagnosticadas com câncer de ovário antes dos 15 anos de idade.

É possível tornar o exame preventivo menos constrangedor?

Já é possível que a própria mulher colete o material em caso de suspeita de clamídia, e eu tenho certeza de que não vai demorar a chegar o dia em que as próprias mulheres coletarão material para o papanicolau. Conheço uma enfermeira que faz tudo sozinha, mas reconheço que ainda é bastante complicado para uma leiga realizar o exame em si. A maioria das mulheres tem alguma história constrangedora sobre o exame preventivo. Como vivemos numa época ditada por números e alvos, alguns médicos tentarão pregar um papanicolau surpresa em você quando o motivo da consulta for uma tosse que não passa. No entanto, você pode se recusar a fazer o exame, ainda mais se estiver vestindo uma calcinha suspeita ou escondendo um morango. Mas pode fazer o exame também, se quiser. As enfermeiras não são tão fáceis de impressionar e devolverão o morango depois.

Quando pergunto a uma plateia sobre sua experiência em preventivo, as mulheres, por incrível que pareça, são muito receptivas. Uma contou que se limpou com um spray de purpurina por engano e presenteou o médico com "uma noite de mil estrelas". Outra falou do horror que foi ouvir a enfermeira mandar "tirar a tanguinha e abrir as pernas como um sapo". Já outra mulher admitiu ficar alérgica a bate-papos depois que uma enfermeira, durante o exame, comentou do corte de sua túnica, depois fungou e disse: "Oh, que perfume bom!"

O segredo do exame preventivo é refletir sobre como você gostaria de ser tratada e deixar isso bem claro aos profissionais responsáveis. Gosta de conversar ou de manter um silêncio clínico? Gostaria de ter uma acompanhante? Prefere que o espéculo esteja frio ou quentinho? Se quer realizar o preventivo na consulta, diga logo; não deixe para falar depois de dez minutos de conversa. De outra forma, pode ser necessário marcar outra consulta.

Câncer do colo do útero é uma infecção sexualmente transmissível?

Não, mas pode ser provocado por uma. A infecção causada por certos tipos do vírus do papiloma humano (HPV) pode levar a mudanças no colo do útero que podem provocar câncer. Há diversas formas de reduzir o risco de câncer do colo de útero. Uma é não ter muitos parceiros. Outra é sempre usar preservativo, não importa o número de parceiros que você tenha. Uma terceira é fazer o exame preventivo com frequência. A quarta é não fumar, pois o tabagismo parece fazer com que seja mais provável que os danos causados pelo HPV progridam para câncer. E a forma mais nova é tomar a vacina para HPV, que parece ser muito eficiente para deter os tipos de vírus mais comumente associados ao câncer.

No Reino Unido, as jovens em idade escolar podem tomar Cervarix, uma das vacinas para HPV, gratuitamente, como parte de um programa de vacinação aplicado nas escolas (é mais eficaz se a mulher toma a vacina antes de iniciar sua vida sexual). As clínicas particulares oferecem a vacina, assim como a Gardasil, que protege contra câncer e verrugas genitais.

Por que o meu sutiã fica subindo nas costas?

Porque está grande demais, porque abriu ou porque você se esqueceu de fechá-lo. Se isso acontece sempre, você precisa de um sutiã novo ou de uma visita à clínica de memória.

Um número surpreendente de mulheres usa sutiãs que não lhes serve. Há tantos modelos disponíveis que não é fácil acertar no bojo, nas alças, nas barbatanas, nos fechos, na sustentação... e ainda ficar atraente. Se o sutiã enruga, amassa, alarga, sobe, desce, fica ridículo ou lhe dá dor nas costas, faça um agrado a você mesma e recorra a uma especialista em sutiã. Segundo informações que me passaram, é um evento que muda a vida de muitas mulheres.

Eu devo usar calcinha com abertura na frente para ir ao ginecologista?

Não, obrigado. Podem economizar um minuto no preventivo, mas passam a mensagem errada. Quando eu era um estudante ingênuo (ruivo, notas altíssimas e pouquíssimas namoradas no currículo), me deparei pela primeira vez com uma calcinha aberta embaixo e parti do princípio de que a paciente tinha vestido a peça enquanto andava de bicicleta. Alguns médicos homens alegam ficar perplexos diante de uma "peça íntima inapropriada", mas, às vezes, é difícil julgar o que é aceitável. Só as calcinhas brancas e imaculadas de algodão servem? Num mundo ideal, qualquer peça íntima exposta a olhos estranhos deveria passar no desafio sem percalços, mas, segundo a lei de Murphy, quando uma mulher tem uma crise de apendicite, ela estará usando uma calcinha que, nas palavras imortais de Jo Brand, "deveria ser enterrada no fundo do quintal com uma estaca atravessada".

Depois da menopausa é só curtição?

Não. De fato, eu odiaria ser mulher. Parto, filhos, menstruação, culpa por trabalhar fora, cuidar, limpar, outra menstruação com sangramento mais forte, ondas de calor, ondas de calor mais quentes ainda e, finalmente, a menopausa. Mas dá para relaxar? Dá para cair na farra? Secura e sensibilidade vaginais, sexo com dor, incontinência urinária e infecções urinárias recorrentes que não respondem a antibióticos — esses sinto — mas não acometem todas as mulheres, mas, quando se lançam sobre elas, muitas (demais, até) sofrem em silêncio.

Então, o que está acontecendo? As mulheres (e os homens) possuem receptores de estrogênio no corpo todo, e, depois da menopausa, sente-se a falta desse hormônio em todos os locais. A maioria das mulheres está ciente das ondas de calor, das mudanças emocionais e dos riscos a longo prazo da osteoporose, mas é muito mais difícil falar sobre os sintomas lá embaixo. Sem estrogênio, a pele e os tecidos de sustentação dos lábios vulvares e da vagina se tornam finos e menos elásticos. Isso faz com que se machuquem com mais facilidade, ainda mais durante o coito, se houver pouca lubrificação. Até mesmo o atrito diário da vulva com a calcinha pode causar desconforto. E é melhor nem tentar subir numa bicicleta.

A carência de estrogênio também muda o pH das secreções vaginais, o que suprime os níveis normais das bactérias boas (por exemplo, os lactobacilos) e causa um corrimento aquoso, desbotado e com um leve mau cheiro, que pode ocasionar queimação e irritação. Não é de surpreender o fato de algumas mulheres acharem que estão com alguma infecção sexualmente transmissível.

O estrogênio em baixa também causa a flacidez do assoalho pélvico, e muitas mulheres sofrem prolapso quando o útero cai sobre uma parede vaginal enfraquecida (geralmente, a anterior). O capuz que protege o clitóris pode encolher, o que pode deixar este exposto, dolorido e tornar esse assunto muito difícil de ser comentado. Ainda há os sintomas do trato urinário, que vão desde incontinência até uma bexiga demasiadamente ativa, além de sintomas recorrentes de infecções do trato urinário.

É necessário conversar com um profissional da área da saúde, que provavelmente entenderá todas as questões (digamos, uma enfermeira que esteja na casa dos 50. Mas não se veem muitas por aí). O sabonete tende a ressecar a pele, o que é péssimo para uma vagina já ressecada; portanto, substituí-lo por um gel feito à base de água pode fazer uma grande diferença. Quanto aos lubrificantes, o mais conhecido (KY) é bem mais pegajoso do que muitas marcas que existem no mercado.

A terapia de estrogênio tópico pode fazer uma diferença enorme na secura vaginal, na sensibilidade e nos sintomas urinários. Pode ser encontrada sob várias formas: comprimidos, supositórios, cremes vaginais de uso diário ou um anel vaginal de sílica que pode ser introduzido por três meses. A boa notícia é que a dose de estrogênio é baixa, e os riscos de reações adversas associadas à terapia de substituição hormonal (TSH) são muito menores. Exercícios para o assoalho pélvico são muito bons; existem até fisioterapeutas especialistas nessa região, que conhecem todos os segredos e ferramentas para fortalecer a área. Às vezes, faz-se necessário passar por cirurgia quando ocorre prolapso ou incontinência por estresse (o tipo que faz com que saiam gotas de urina quando você tosse ou pula), mas agora é muito menos invasiva do que costumava ser. Para mais informações, consulte www.menopausematters.co.uk (em inglês).

FATO INTERESSANTE: depois da menopausa, as mulheres costumam apresentar níveis de estrogênio mais baixos do que os homens.

Eu devo me segurar antes de espirrar?

Se der tempo, sim, mas o espirro pode pegá-la desprevenida. Há muito que pode ser feito para tratar uma bexiga imprevisível, seja lá qual for a causa, e eu acho que as enfermeiras sabem muito mais sobre isso do que um clínico geral. Uma das nossas faz com que mulheres, junto de seus parceiros, contraiam o ânus e trabalhem o assoalho pélvico como se ele fosse um elevador. Começa no porão e sobe até a cobertura, e depois desce de novo. A incontinência urinária precisa de um ouvido amigo e de um diagnóstico correto. Assim que conseguir completar esses dois quesitos, o tratamento surtirá efeito rapidamente.

Saquinho de chá é bom para dor vulvar, mas o chá pode ser feito antes de o saquinho ser usado?

Pode, sim, mas é necessário deixar esfriar antes de usá-lo para este propósito específico. Chá em saquinho, especialmente Indiano ou Earl Grey (para a vulva mais requintada), contém ácido tânico, que é um anestésico local e pode aliviar a sensação de dor nos lábios vaginais. Você pode colocar os saquinhos de chá na banheira ou aplicar um saquinho úmido e *frio* diretamente na área dolorida.

Porém, é extremamente importante obter o diagnóstico correto para a dor vulvar. Herpes genital, especialmente no primeiro ataque, talvez cause muito sangramento, além de poder impossibilitar o ato de urinar tal como torná-lo dolorido. É necessário mais do que saquinhos de chá; a paciente tem que tomar uma alta dose de Aciclovir (800 miligramas três vezes ao dia) o quanto antes. Se iniciar o tratamento logo, o ataque pode acabar em apenas dois dias de medicação. Se quiser um diagnóstico preciso, vá a um ginecologista. (*Consulte também* **Herpes realmente merece toda essa propaganda espalhafatosa?**).

Raramente há recorrência do herpes, e, quando há, é normal ser leve a ponto de a pessoa nem perceber. Mas, se você for uma das poucas azaradas que apresentam recorrências severas, é possível fazer tratamentos de supressões regulares ou aprender a detectar um ataque de antemão e arrancar o mal pela raiz. O vírus vive inofensivo nas raízes do nervo espinhal e só causa dor quando viaja até a terminação dele. O aviso mais comum é uma sensação de formigamento, que pode ser na parte inferior das nádegas, na parte posterior das coxas até os joelhos ou na coluna lombar. É nessa hora que você deve tomar a medicação. Se agir a tempo, não será preciso desperdiçar nenhum saquinho de chá.

Sabe-se muito pouco sobre as demais dores vulvares; portanto, lhes damos nomes bobos. "Síndrome da vestibulite vulvar" é uma dor repentina, bem na abertura e sem qualquer razão aparente, muito comum em mulheres jovens. "Vulvodínia" causa leve dor e coceira, sendo que é pior à noite e tem ocorrência maior em mulheres mais velhas. A vulva parece normal, mas a dor não tem nada de normal. Existe também câncer de vulva, que, assim como o câncer de pênis, é raro, mas não é algo sobre o qual você vá querer se sentar. Procure um médico.

Precauções que se deve tomar com a vulva:

- *Ame-a. Ela vai melhorar com o tempo.*
- *Use sabonete sem perfume.*
- *Lave as calcinhas com sabão neutro.*
- *Coloque dois punhados de sal na água da banheira.*
- *Urine no banho (costuma ajudar a melhorar a dor).*
- *Eis outras coisas que algumas mulheres acham úteis: conversar, escutar, gelo, gel de*

babosa, gel à base de água, óleo de vitamina E (esprema a cápsula) e banho de aveia.
- Seu médico pode ajudar ao receitar uma pomada anestésica (e você não precisa suspender as relações sexuais), analgésicos controlados ou encaminhando você para um especialista.
- Entre em contato com a Vulval Pain Society (www.vulvalpainsociety.org — em inglês).

Coisas que não se deve fazer com a vulva:

- Desistir dela.
- Usar sais de banho, sabonete líquido ou xampu perto dela.
- Usar desodorantes ou perfumes íntimos, ou qualquer coisa desse tipo.
- Usar ducha íntima ginecológica. Assim como o ouvido, a vagina se limpa sozinha, de forma natural e perfeita (não exatamente como o ouvido, mas é importante deixá-la quieta).
- Acreditar em todas as informações encontradas na internet (outro ótimo site é o www.vulvarhealth.org — em inglês).
- Castigá-la.

Como colocar iogurte dentro da vagina sem que o sofá fique todo sujo?

Inserir iogurte natural na vulva e na vagina pode aliviar os sintomas da candidíase, mas não garante uma cura mais rápida. Se quiser usar iogurte, saiba que é fácil passá-lo na vulva, mas colocá-lo na vagina pode ser um tanto desagradável. Uma boa maneira de mandá-lo para dentro é com um absorvente íntimo com aplicador. Empurre um pouco o absorvente, deixando espaço na ponta para o iogurte, e coloque-o normalmente, mas lembre-se de retirá-lo em uma hora. Se não funcionar, há muitos medicamentos para candidíase. Tudo bem se você quiser optar por algo natural, mas não compre os produtos com pedaços de frutas.

PARA COMPARTILHAR

Devo colocar meu umbigo para fora para poder limpá-lo?

Não, isso só deixará o umbigo dolorido. Se já estiver doendo e soltando secreções, lave-o com delicadeza em água com sal e seque-o com cuidado. Se a secreção não desaparecer, ou se ficar amarelada, procure um profissional da área de saúde. Se sair um bebê dali, você está tendo alucinações.

Devo empurrar as hemorroidas para dentro com o cabo da escova de dentes?

Não com o cabo da escova de dentes. As hemorroidas, costumam vir em três graus. As de primeiro grau ficam no ânus e geralmente não perturbam. As de segundo grau saem quando você evacua e depois voltam ao seu devido lugar. As de terceiro grau saem com a força feita durante a evacuação, e só voltam ao lugar com uma ajudinha. Não use nada duro, como um cabo de escova; empurre-a para cima com o dedo enquanto mantém o esfíncter relaxado. Depois lave as mãos. Se você for azarado, pode ser que sofra de hemorroidas de quarto grau, que ficam para fora permanentemente.

Piles, outra denominação para hemorroidas usada no idioma inglês, vem do latim *pila* (ou bola) e pode se referir a qualquer forma arredondada e inflamada que surja no ânus (como, por exemplo, uma noz mal colocada ou um anel perdido). O vocábulo "hemorroida", por outro lado, vem do grego *haimorrhoís*, que significa "fluxo de sangue". Mas não parta do princípio de que sangramento proveniente do reto é causado por elas. Provavelmente é, mas seria uma boa ideia obter uma opinião médica.

As hemorroidas não são veias varicosas, mas veias ao redor do ânus que se inflamam ou dilatam. Um ânus saudável possui três bulbos esponjosos (se você ficar deitado de costas com as pernas para o alto e um espelho estrategicamente posicionado, ficará parecendo um relógio que marca 4, 7 e 11 horas). Esses bulbos são como lábios da outra extremidade do sistema digestivo e atuam como um selo extra para manter a porta dos fundos fechada até o cérebro enviar o comando para ela abrir. As hemorroidas externas ocorrem quando um desses bulbos moles fica para fora (geralmente devido à força feita para evacuar algumas e poucas fezes duras) deixando ao sair, suas veias deixando comprimidas, causando a expansão. Isso pode originar uma pelota que fica sensível, sangra, dói, coça e, se o selo não existir mais, pode até deixar a famosa "freada" na calcinha ou na cueca. Se as hemorroidas forem internas, pode haver gotas de sangue no vaso sanitário, no papel higiênico ou cobrindo as fezes (e não misturadas a elas, o que nesse caso, sugere um sangramento mais interno), mas vale notar que é um processo indolor. As hemorroidas externas também podem sangrar se o coágulo que entope o vaso hemorroidário romper, porém isto é raro, e geralmente é notado como uma mancha nas calças.

A maioria das pessoas, em algum ponto da vida, desenvolve hemorroidas, como punição por ter adquirido postura ereta (já que tudo tende a cair). Elas podem ser hereditárias, provenientes de gravidez, velhice, ganho de peso, obesidade, diarreia e prisão de ventre; esses fatores aumentam o risco de incidência. Contudo, paredes de pedra e radiadores quentes não aumentam as chances de desenvolver hemorroidas, mas tornam mais provável que a pessoa as sinta. Podem desaparecer sozinhas, ainda mais se você resistir ao apelo de coçar. A coceira é causada pelo vazamento de um muco do intestino grosso que irrita a pele. Para deixar tudo em ordem, basta lavar a área com cuidado usando água morna com sal, secar com leves pancadinhas usando bolinhas de algodão e passar vaselina.

Usar papel higiênico macio também ajuda, assim como se limpar no bidê (para quem pode), usar calças largas, consumir muita fibra e muitos líquidos, e pegar leve com a força na hora H. As hemorroidas podem enganar o organismo, fazendo com que ele pense que tem mais coisa para sair, quando, na realidade, não há mais nada. Portanto, a evacuação deve ser breve; nada de ficar à toa na privada lendo revistas. Laxante e paracetamol são uma boa combinação. Além disso, há, nas farmácias, várias pomadas e géis. Alguns desses produtos possuem nomes infelizes, como Anusol, que — dependendo de como é pronunciado — pode entregar o jogo, caso o vendedor peça-o aos gritos ao funcionário do estoque.

Hemorroidas de terceiro e quarto graus que sejam persistentes podem precisar de uma ajudinha extra. A maioria responde bem à colocação de uma faixa elástica da base até onde estão caídas. Esse método deixa uma cicatriz e pode causar dor por 48 horas, e também sangramento, especialmente em quem toma medicação anticoagulante. Contudo, resolve o problema em 80% dos casos. A antiga hemorroidectomia geralmente fica reservada aos casos muito, mas muito graves. As pernas ficam no ar, e as veias doentes são retiradas, mas os métodos para tal são diversos (entretanto, todos garantem dor no pós-operatório). A vantagem é que o paciente recebe anestesia geral; a desvantagem é que é necessário ficar internado até o intestino voltar a funcionar, quando, segundo minha bíblia cirúrgica, pode haver "um certo grau de dor", um eufemismo para "cagar um ouriço". No entanto, estamos muito bem-munidos de analgésicos e laxantes; além disso, se não houver uma crise no quadro de funcionários do hospital, o paciente toma banho duas vezes por dia para aliviar o local da cirurgia e mantê-lo limpo. A ferida leva entre quatro a seis semanas para cicatrizar completamente, e durante esse período é normal haver evacuação involuntária. Métodos mais novos (como o que remove as veias e grampeia a pele) parecem exigir um tempo de recuperação menor.

Existe estrangulamento das hemorroidas?

Pode existir. O estrangulamento não ocorre por um prazer erótico, mas sim quando há um inchaço das hemorroidas de quarto grau, o que as torna muito inflamadas, formando um coágulo. A dor pode ser intensa, a ponto de requerer cirurgia imediata. As hemorroidas externas podem encolher e virar bulbos cutâneos que, por sua vez, tornam o ato de se limpar muito desafiante. No entanto, há a possibilidade de elas serem retiradas.

Posso levar as hemorroidas retiradas para minha casa?

Você é dono das partes de seu corpo, pelo menos até morrer. Se pedir com educação e antecedência, pode ser que lhe deixem levá-las para casa a fim de realizar um enterro formal. Ou, então, ficarão surpresos e mandarão você para uma consulta com o psiquiatra de plantão.

É possível prender oxiúros colocando fita adesiva no ânus?

É possível pegar os oxiúros que você já tem enquanto eles saem pelo ânus à noite e botam milhares de ovos (que provocam muita coceira) na borda do ânus. Aí você coça o traseiro, os ovos entram debaixo de sua unha e (mais tarde) você coloca os dedos na boca, permitindo que o ciclo de infecção se repita. Tudo muito engenhoso. Como vovó já dizia: "Nunca coce o bumbum e depois chupe o dedo."

O oxiúro é branco, tem pouco mais de um centímetro de comprimento e qualquer um pode contraí-lo. O tratamento é com mebendazol e deve ser feito por toda a família num período de três meses, sendo uma vez por mês, para acabar com quaisquer ovos não eclodidos; além disso, é de extrema importância lavar as mãos meticulosamente, cortar as unhas e usar uma toalha somente para o bumbum. Ou você pode deixar o oxiúro em paz e torcer para que ele morra em seis semanas.

Qual é a melhor cura para coceira anal?

Não coçar. Use calças largas e lave com água apenas depois da evacuação, seque com cuidado, passe um gel feito à base de água e evite sabonetes, desinfetantes e desodorantes. Há quem sinta alívio ao colocar no ânus um chumaço de algodão com talco de bebê. O remédio tradicional é passar a parte de dentro da casca de banana na área afetada, mas não tenho ideia de quem inventou isso. Talvez tenha sido o King Kong.

Meu médico disse que é possível aliviar a dor anal me sentando sobre uma bolinha de tênis. Devo processá-lo?

Se ele disse isso com uma cara séria, provavelmente acha que você sofre de proctalgia fugaz, um nome ridículo que mascara o fato de não sabermos o porquê da dor lá embaixo. O melhor palpite é que seja um espasmo dos músculos do reto e do assoalho pélvico, o que se você for azarado (essa vale principalmente para os homens), pode ocorrer após ter relações sexuais ou, até mesmo, no meio da noite, acordando-o com dor e uma ereção. É difícil saber o que fazer primeiro numa situação como essa. Um truque que dá certo para algumas pessoas é aplicar uma pressão sobre o períneo (que é a área entre o ânus e os órgãos genitais) se sentando na beira da banheira ou de uma bola de tênis. Não tente fazer as duas coisas ao mesmo tempo — é bem possível que você escorregue.

Para alguns, um banho quente faz maravilhas, já outros optam por usar gelo. Nesse caso, medicação normalmente não funciona porque a maioria das dores passa com o tempo que se leva até achar o remédio. Se você tiver dor anal durante um episódio inteiro da novela das oito, considere a opção de usar um medicamento para relaxar a musculatura lisa. Spray de nitroglicerina (usado para angina) ou bombinha de salbutamol (usado para asma) às vezes funcionam, se aplicados assim que a dor iniciar. Se não der certo, recorra a dois comprimidos de paracetamol e a uma caneca de chocolate quente (com ou sem a bolinha de tênis). Mas, com certeza, você não vai precisar de um advogado.

É realmente possível queimar a orelha se alguém atender ao telefone enquanto passa roupa?

Sim. Os homens apresentam maiores chances de se queimar do que as mulheres. Em parte porque não estão acostumados a passar roupa e também porque é mais difícil para nós fazermos mais de uma coisa ao mesmo tempo.

Só me deparei com esse fato uma vez na vida, num engenheiro de som. Eu o conheci durante a narração de uma circuncisão (não preciso dizer mais nada) e percebi que ele só fazia uso de um dos fones. Algumas pessoas fazem isso para parecer descoladas. Já outras o fazem para deixar a pele regenerar.

Quando o abordei, ele parecia desconfiado — como se um engenheiro de som que não sabe distinguir o barulho do ferro a vapor do toque do telefone fosse motivo de vergonha —, mas, com delicadeza, consegui fazer aflorar a verdade. O constrangimento é algo muito pessoal e, geralmente, sem razão de ser. Um ferro de passar roupa se assemelha muito a um telefone, e ele não foi a primeira pessoa a cometer esse erro. O homem ficou constrangido demais para se consultar com um médico, mas a ferida estava cicatrizando bem, e minha única recomendação foi tirar o telefone do gancho quando fosse passar roupa... ou cortar o frango/por lenha na lareira/dar descarga.

Os estragos econômicos e humanos causados por acidentes são vastos. A cada ano, no Reino Unido, 7,5 milhões de pessoas chegam acidentadas a um pronto-socorro, e uma em cada cinco são crianças. Contudo, a maioria não é um resultado de reviravoltas infelizes do destino; na verdade, são apenas britânicos imprudentes, estressados e ignorantes morrendo de pressa. Essa é a causa do constrangimento. Na minha época de colégio, havia um menino que se chamava Jack que não tinha o dedo médio. Ele e o pai estavam desembaralhando um pisca-pisca de Natal muito comprido e, sem perceberem o que o outro estava fazendo, cada um colocou um plugue em cada ponta. O pai terminou primeiro e colocou o plugue na tomada. O resto você pode imaginar.

Quanto de meu corpo devo depilar?

O mínimo possível. Todos nós somos primatas africanos e fomos desenvolvidos para estarmos cobertos de pelo. Nunca ninguém disse no leito de morte: "Quem me dera ter passado mais tempo fazendo eletrólise" ou "Queria ter feito mais depilação cavada da virilha" — o que, imagino, deve doer bem mais, mesmo com as melhores mãos. O que indica que o corpo inteiro deva estar livre de qualquer pelinho são os ciclos da moda, principalmente porque as mulheres são levadas a pensar (por outras mulheres e por fabricantes de produtos para remoção de pelo) que os homens não gostam de pelos ao longo do corpo. Provavelmente, alguns não gostam mesmo, mas há muitos que adoram um pelinho no buço e uma floresta densa lá embaixo.

Nos anos 1970, a bíblia da satisfação sexual era *Os prazeres do sexo*, do Dr. Alex Comfort. O livro ostenta ilustrações vívidas de um homem peludo e estranhamente flexível, e de sua companheira de cabelos compridos e não depilada. Continha conselhos incríveis, como:

> *As mulheres costumavam remover o pelo das axilas, e o fizeram até uma nova geração perceber que isso era sexy... Na verdade, as axilas nunca devem ser depiladas ou raspadas,*

pois podem ser usadas no lugar da palma das mãos para silenciar o parceiro quando ele chegar ao clímax. Se você tiver que usar a própria mão sobre a boca de seu companheiro, antes esfregue-a nos pelos aromáticos de sua própria axila e da axila dele.

Infelizmente, a edição de 2008 de *Os prazeres do sexo* perdeu boa parte das dicas em relação a pelos e axilas. Mas se livrar de todo o pelo significa perder um dos melhores afrodisíacos da natureza. De onde você acha que vem o almíscar? Eu sei que se costuma ler no frasco: "Extraído das glândulas produtoras de almíscar do veado almiscarado do Himalaia", mas pelo menos metade do produto é composto pelo suor e pelo esmegma de algum mamífero peludo e velho. Também é um odor muito atraente. A sexóloga Dra. Ruth K. Westheimer é defensora da prática sexual usando as axilas. É uma alternativa surpreendentemente atrativa quando se quer algo diferente: não há nada melhor do que uma região coberta por pelos suados. É possível engravidar assim, mas devemos ter a sabedoria de usar preservativo em meio a uma pandemia quando alguém desprevenido, na falta de um lenço de papel, espirrar na axila. Se gripe suína e clamídia se misturarem, estamos fritos.

Raspar os genitais ou depilá-los com cera é obrigatório para uma geração que cresceu num regime de pornografia pelada. Homens e garotos optam por isso na esperança de que adquiram dois centímetros a mais; quanto às mulheres, não sei por que se depilam. Algumas alegam que assim fica mais fácil para o homem se encontrar na engenhosa anatomia feminina, mas o visual pré-puberdade é profundamente perturbador. O pelo pubiano é o para-choque da natureza para todo o vaivém da vida, e removê-lo completamente pode tornar o sexo algo muito desconfortável. Além disso, a pessoa fica cheia de irritações e cortes que demoram muito tempo para cicatrizar, sem mencionar os pelos encravados que surgem. Todo arbusto precisa ser escovado e aparado, mas os órgãos genitais não foram feitos para serem desnudados, alisados ou lustrados.

A remoção dos pelos do corpo é demorada, cara, desconfortável, artificial e constrangedora (pode perguntar a qualquer mulher que já tenha feito depilação cavada). A vida é cheia de escolhas difíceis. Se você está num relacionamento, pergunte a seu parceiro se ele prefere gastar essa grana no visual careca ou num belo restaurante, seguido de quatro horas de sexo e axilas. Qual foi a última vez que você celebrou os prazeres do pelo?

Chouriço pode confundir os sintomas de câncer de intestino?

Sim, na entrada ou na saída. O sangue de porco do chouriço pode ser confundido com sangue humano nas fezes ao se realizar um exame de triagem muito conhecido, chamado Pesquisa de Sangue Oculto nas Fezes (ou PSO). Nesse exame, é necessário coletar uma pequena amostra de fezes num potinho ou diretamente do papel e colocá-la num cartão impregnado com um produto químico. Se o cartão mudar de cor, há sangue nas fezes, seja seu ou do chouriço.

Sexo, sono ou scrabble?

É necessário ter frequentado a escola pública para achar o exame de fezes aceitável?

Não. Contudo, quando o PSO surgiu, percebeu-se que quem tinha o privilégio de estudar em escolas particulares se sentia mais à vontade para coletar fezes. Porém, é um exame muito simples e, como o câncer de intestino é muito comum (acomete uma em cada vinte pessoas, e mata 16 mil a cada ano), o diagnóstico precoce da doença é de grande valia. No Reino Unido, o exame é gratuito a cada dois anos para quem tem entre 60 e 69 anos, e, para os que estão acima dos 70, basta ligar para o número de apoio do serviço.

Por que eu tenho um odor característico?

Porque todo mundo tem. Quando eu era adolescente, li o manual do Monty Python (certamente, a melhor fonte de informações médicas que existe), que continha uma página inteira sobre odores corporais. Havia uma seção de autoajuda sobre boa higiene do prepúcio ("Vale a pena cuidar do pênis"), um teste ("Que desodorante vaginal o Cliff Richard usa?") e uma música para ajudar a quebrar o gelo quando fosse preciso dar a notícia a alguém ("Querida, você fede").

Todo mundo tem seu próprio aroma idiossincrático, que, normalmente, é tão leve que é detectado apenas por quem se esfrega em nós. Alguns poucos azarados emitem sinais a distância, mas, para que sejam encarados como desagradáveis ou não, isto depende das normas culturais e da velocidade do vento. O que não é aceitável em Kidderminster pode ser considerado o sabor do mês em Kettering.

Quem acredita em Darwin, também tem que acreditar em uma vantagem evolutiva no cheiro, senão ele teria sido eliminado dos genes. A mariposa Imperador fêmea (*Eudia pavonia*) libera um feromônio que pode ser sentido a 11 quilômetros de distância, e a sobrevivência da espécie depende disso. Sem cheiro, sem filhotinhos Imperadores. Para os humanos, isso provavelmente tem a ver com manter as moscas longe da comida e seguir o parceiro no escuro. Talvez estimule o acasalamento com a mesma espécie. Alguns casais admitem achar excitante o cheiro do(a) parceiro(a), mas, além disso, o sexo tem a notável capacidade de transformar odores e aromas vis em sedutivos (nem que seja por dez minutos).

Então, o que realmente produz nosso odor? O suor em si não é o culpado, a menos que você tenha abusado de alho, cebola, curry e álcool (resultando naquele cheiro asqueroso). O problema é o extrato de suor que está se libertando há várias horas graças a bactérias que liberam substâncias químicas. A transpiração tende a se concentrar em áreas consideradas impróprias pelas sociedades instruídas (genitais, mamilos, axilas). Essas áreas também são abençoadas com um tipo especial de glândula sudorípara — a glândula apócrina –, que produz um fluido leitoso e grudento, e que contém gorduras e proteínas. Essas glândulas se tornam ativas na adolescência, e seu fluido é considerado feromonal. Infelizmente, é também um banquete bacteriano. O outro tipo de glândula sudorípara (exócrina) se apresenta em maior concentração na testa, na palma das mãos e na sola dos pés. Meias, luvas e gorros de lã garantem um ambiente fechado e abafado para micro-organismos que se alimentam do suor.

Sexo, sono ou scrabble?

Obviamente, se não transpirássemos, não federíamos, mas é essencial controlarmos a temperatura corporal e pararmos de nos superaquecer. O tronco ostenta, em média, dois milhões de glândulas sudoríparas, que produzem mais de três litros de suor a cada 24 horas (2,1 mililitros por minuto). A maior parte evapora facilmente. Água quente, álcool, exercício físico, obesidade e agitação aumentam a produção, e, quanto maior a umidade, menor será a evaporação. Tem gente que sua muito, até quando está com frio, está sóbria, é magra, tranquila e livre de estresse. Apesar de não ser uma boa notícia, isso não é nocivo de forma alguma, a menos que esteja combinado com outros sintomas (que podem indicar a existência de algum problema), como, por exemplo, fraqueza, tremor, aumento de apetite e olhos esbugalhados (hipertireoidismo ou orgasmo), sudorese noturna, tosse e perda de peso (infecção ou tumor) ou menstruação irregular (menopausa).

Portanto, como amenizar o odor corporal? O conselho popular de tomar um bom banho e mudar as calças, meias e qualquer peça justa diariamente parece ser condescendente ao extremo. Contudo, apenas um terço dos homens lava meticulosamente o prepúcio todo dia, enquanto a maioria é preguiçosa demais para fazê-lo ou gosta de curtir seu cheiro. Algumas pessoas que têm boa higiene corporal suam demais ou apresentam um cheiro muito forte, e acusá-las de economizar no sabonete não ajuda. Já outras não possuem mobilidade suficiente para alcançar as axilas ou talvez não possam pagar por água quente. Use sabonete antisséptico ou antibacteriano, ainda mais se as áreas apócrinas trabalharem muito, mas evite o uso excessivo, pois isso pode remover as bactérias saudáveis da pele, agravando ainda mais o problema. Uma boa ideia é secar o corpo com cuidado após o banho e usar talco, já que as bactérias preferem a pele úmida. Livre-se das roupas justas e sintéticas e da lingerie para dormir; opte por peças largas e de algodão, que permitem que o suor evapore e garantem um sono tranquilo. Tome banho imediatamente após a prática de exercícios, use meias de algodão, não use sempre os mesmos sapatos, pegue leve nas bebidas e tente não engordar.

Os desodorantes, sozinhos, só mascaram o cheiro e não eliminam o fedor. Escolha com inteligência; a mistura inebriante de odor corporal com perfume barato pode ser pior do que o fedor sozinho. Opte por aqueles que contenham antitranspirante também. Esses produtos funcionam ao interromperem a decomposição bacteriana ou — o que é um tanto quanto perverso — evitando que o suor evapore, retendo a transpiração e o odor. Experimente vários para saber qual é o tipo e o método de aplicação que funcionam melhor para você. Alguns causam irritação; além disso, vale ressaltar que é uma grande idiotice usar desodorante sobre pele irritada ou nos genitais.

Se não funcionar, o médico pode receitar um antitranspirante forte que contenha cloreto de alumínio e reduza a quantidade de suor produzido; no entanto, este tende a causar irritação na pele. Algumas pessoas conseguem dar um jeito no fedor, mas continuam transpirando demais nas axilas. Em casos extremos, as glândulas sudoríparas podem ser removidas com cirurgia. Outra opção é usar apenas blusas pretas.

exo, sono ou scrabble?

6

Fruto proibido

Algumas destas perguntas são ridículas e outras muito grosseiras, mas assumo a responsabilidade por todas, já que falei que "não existe pergunta idiota". Os jogos sexuais são uma delícia, contanto que se saiba quando parar. Seja delicado, não se afobe e sempre dê uma pausa para pensar: "Estou estimulando com responsabilidade?"

JOGOS QUE TODOS JOGAM

É possível ter relações sexuais num scanner corporal?

O local é apertado, e não há muito espaço para rir, mas já fizeram isso. Pesquisadores holandeses (quem mais?) da University Hospital, em Groningen, convidaram casais para copularem dentro de seus caríssimos aparelhos de ressonância magnética nuclear: a) para ver se era possível e b) para ver o que acontece com os órgãos genitais em detalhes riquíssimos. E, como a cereja do bolo, pediram a três mulheres solteiras para se masturbarem sozinhas.

Tenho o dever de afirmar que é uma pesquisa legítima e que as imagens foram publicadas no *British Medical Journal*, não numa revista pornô (apesar de essas publicações possivelmente pagarem pelos direitos autorais). Na verdade, as fotos não são nem um pouco excitantes, e sim muito desconcertantes. Duvido que "imagens do plano mediossagital da resposta sexual de uma mulher multípara na fase pré-orgásmica" um dia figurem nas páginas do calendário da Pirelli. Então, para que se preocupar?

Os pesquisadores alegam ter tido essa ideia em 1991, quando viram no scanner o que acontecia com a garganta de um cantor profissional quando cantava "aaa". Foi aí que se lembraram do desenho épico de Leonardo da Vinci, *A cópula* (1493), que retrata as partes internas de uma cópula vertical.* O desenho é preciso? Obviamente não, pois, segundo o artista, o sêmen desce do cérebro do homem via um canal na medula espinhal. Boa tentativa, mas não.

Aliás, da Vinci desenhou o pênis relativamente reto, enquanto os pesquisadores descobriram que "durante o coito, na posição papai e mamãe, o pênis toma a forma de um bumerangue, e um terço de seu comprimento consiste em sua base". É uma boa se lembrar dessa informação numa situação em que se depara com um pênis que não parece lá grandes coisas — é que ele pode ter uma base bem comprida (essa é a minha desculpa).

---

* Atualmente na Royal Collection.

Sexo, sono ou scrabble?

Não é de surpreender que todos os homens que fizeram sexo no aparelho de ressonância tenham conseguido chegar ao orgasmo, mas só metade das mulheres atingiu o clímax. Será que foi culpa da posição papai e mamãe ou do barulho ensurdecedor do aparelho? Nunca saberemos. Os que lá estiveram descreveram o orgasmo como "superficial", mas as mulheres desacompanhadas chegaram a um bom orgasmo. Isso só faz ressurgir a pergunta: "Será que homem é realmente necessário (para atingir o orgasmo num aparelho de ressonância magnética)?" Quanto às mudanças anatômicas nas mulheres, os autores concluíram que: "Durante a excitação sexual feminina, o útero se elevou e a parede vaginal anterior aumentou, mas o tamanho daquele permaneceu inalterado."

Pronto. Esse estudo faz parte de uma série de coisas estranhas que começaram em 1933 com um homem chamado Dickinson. Ele criou um tubo de ensaio de vidro em forma de uma ereção e deu uma boa olhada dentro das mulheres, participantes da pesquisa, enquanto eram excitadas por estimulação clitoriana. Depois, vieram Masters e Johnson, que também fizeram uso de um pênis artificial e de "observação direta". Deduziram que o tamanho do útero aumenta em até 100% durante o período de excitação, fato contestado pelo estudo holandês.

Talvez a característica mais extraordinária desse estudo tenha sido a repercussão gerada. Pelo que se sabe, o *British Medical Journal* não possui uma seção de consultório sentimental, mas um quiroprático aposentado resolveu escrever sobre suas dificuldades orgásmicas após passar por uma cirurgia na próstata. Depois, houve um debate questionando se a forma de bumerangue do pênis foi causada pela ressonância magnética, e não por um fato natural. Nesses aparelhos, o corpo fica dentro de um enorme magneto cilíndrico que pesa mais de quinhentas toneladas e sujeito a um campo magnético 60 mil vezes maior do que o da Terra. Isso excita o núcleo dos átomos do corpo, fazendo com que se produzam sinais que são recriados em imagens. Será que tal força não poderia curvar um pênis?

Aparentemente, a resposta é não, a menos que o pênis tivesse algo de metal. Entrar num magneto gigantesco na companhia do príncipe consorte Alberto seria suicídio. Em seguida, chegou uma carta de um fervoroso professor americano explicando por que somente metade das mulheres que copularam atingiu o orgasmo.

> *A posição papai e mamãe pode ser a responsável. A anatomia sexual humana parece ser desenvolvida para entrar por trás, como ocorre com os mamíferos quadrúpedes. Assim, ocorre maior estimulação da parede vaginal anterior, e o sêmen é depositado mais próximo à abertura cervical.*

Nem preciso dizer que o professor é homem. Uma explicação alternativa sobre a baixa excitação veio de uma colega minha.

> *O scanner de ressonância magnética é extremamente barulhento e claustrofóbico, não é permitido se mexer, e a pessoa sabe que*

> tem um bando de pesquisadores na sala ao lado inspecionando sua anatomia. Algumas mulheres podem até gostar da ideia, mas, para mim, é a imagem do inferno.

Todos os casais se voluntariaram, e os pesquisadores fizeram o melhor de si para deixá-los à vontade. Como explica o artigo que saiu no *British Medical Journal*: "Garantiu-se aos participantes confidencialidade, privacidade, anonimato e a possibilidade de deixar o estudo a qualquer momento..."

Sexo é melhor quando feito ao ar livre?

Não é melhor para quem está assistindo; portanto, sempre busque um lugar remoto. Há evidências de que estar cercado pela natureza seja bom para a saúde mental, mas a maioria das pessoas que faz sexo ao ar livre fica doida para acabar com tudo o mais rápido possível; e não desperdice tempo cheirando rosas. No Reino Unido, quem é pego fazendo sexo tão espalhafatosamente a ponto de não poder alegar que estava procurando a lente de contato é indiciado por atentado ao pudor, o que pode resultar numa multa de mil libras ou, pior ainda, em 14 dias na prisão (mas, para chegar a esse ponto, é preciso dar um verdadeiro show). Se você está mesmo procurando sua lente e se exaltou um pouco, pode ser enquadrado no crime contra a ordem pública, mas depende muito do barulho produzido. Segundo a regra, só podemos ter um orgasmo por lente de contato perdida. A polícia britânica tende a ser mais branda se pegar a pessoa no flagra por acaso (que falta de sorte, escolheu um cantinho tão remoto do gramado...) do que se receber uma denúncia por pessoas sem senso de humor. Na Arábia Saudita, qualquer manifestação pública de afeto é proibida — é inteligente ter sempre consigo um par extra de lentes.

Coisas a serem feitas quando você for pego no flagra:

- *Mantenha o máximo de roupa que for mecanicamente possível.*
- *Permaneça imóvel na presença de labradores.*
- *Peça um tempinho para remover galhos.*

Coisas a não serem feitas:

- *Tentar fazer caber duas pessoas num balanço de criança.*
- *Acorrentar-se a um corrimão no escuro.*
- *Encontrar um belo lugar cheio de preservativos e agulhas.*

Coisas a serem ditas quando você for pego no flagra:

- *"Ah, achei!"*
- *"Que noite linda, seu guarda."*
- *"Desce daí, menino."*

Coisas a não serem ditas:
- *"Você sabe com quem está falando?"*

Sexo, sono ou scrabble? ....

- "Suba na garupa, seu guarda. Em meu cavalo, cabem dois."
- "Eu vou molhar sua mão."

Qual é o melhor acessório erótico disponível no mercado?

A maioria dos terapeutas sexuais diria que é a imaginação, seguida da língua (ou do extensor de língua patenteado pelo próprio terapeuta, ou de lições para aprender a usar os dedos direitinho). Em minha opinião, o melhor acessório erótico é o odorizador de ambiente (com o seguinte mote: "Se usá-lo antes, ninguém nunca saberá."). O cenário perfeito é importante para o sexo, especialmente para as mulheres. Você pode colocar um lençol limpo e diminuir a luz, mas, se acabou de se aliviar no banheiro da suíte master, ela não entrará no clima até o fedor passar. Basta acionar a engenhoca uma vez. Não comprei ações de empresas desse ramo, mas o produto me deixou tão impressionado que o acionei duas vezes. Se você não conseguir se livrar do cheiro, eu recomendo besuntar-se do Milagroso Leite Masculino do Dr. Phil e com o Lubrificante Dona Voluptuosa (há embalagens para presente disponíveis).

O Milagroso Leite Masculino do Dr. Phil e o Lubrificante Dona Voluptuosa realmente existem?

Não. Se você precisa de um lubrificante que seja fácil de usar (e que não destrua a camisinha), experimente o Replens ou o Liquid Silk. O KY é grudento demais para o meu gosto. Eis outros lubrificantes que não danificam o preservativo: clara de ovo, qualquer lubrificante à base de água e a boa e velha saliva. Não é extremamente romântico, mas, no calor do momento, babar e cuspir na genitália do(a) parceiro(a) é o máximo para algumas pessoas. Eis alguns lubrificantes a serem evitados para quem quer manter preservativo e relacionamento intactos: óleo de bebê, cocô de bebê, hidratante corporal e de mãos, óleo de massagem, óleo mineral, vaselina, álcool em gel, óleo de bronzear, óleo vegetal e gel esquenta/esfria (nem considere esta opção).

Piercing perpendicular no pênis dói?

Eu imagino que cause uma dor forte. A cruz mágica leva o conceito de piercing corporal ao extremo e combina o piercing horizontal (ampallang) e o vertical (apadravya) na glande (a parte do pênis que parece uma cereja). Se continua parecendo uma cereja após duas hastes de metal serem cravadas no local é irrelevante, mas a cruz mágica demora no mínimo seis meses para cicatrizar — mesmo quando feita pelo melhor profissional — e, assim, para que o homem possa voltar a sentir prazer total com o estímulo interno do pênis e para que a(o) parceira(o) possa tirar proveito das bolinhas de metal estimulando a úvula/a vulva/o ponto G/o canal da próstata/um sorvete cremoso e crocante.

Você é a favor do suingue aberto ou fechado?

Na maioria das vezes, o suingue acaba em lágrimas, seja porque algumas pessoas estão mais a fim do que outras; porque algumas pessoas acreditaram estar a fim, mas não curtiram nem um pouco; ou porque alguém não foi escolhido (ou, tão perturbador quanto, foi escolhido por último. Desgraçados.)

Se eu tivesse que fazer aquilo de novo, provavelmente optaria pelo suingue fechado, em que vários casais se encontram sob o pretexto de ensaiar para uma pantomima e trocam de parceiros antes de voltar para a pessoa com a qual chegaram. Pelo menos esta opção lhe garante saber por alto com quem você vai brincar, e, teoricamente, não vai haver nenhuma pessoa (gordinha, muito branca e ruiva) deixada de lado enquanto todo mundo estiver se divertindo. Se algo der errado, pelo menos você tem alguém com quem desabafar a caminho de casa.

O suingue aberto tem muito mais riscos, pois qualquer pessoa pode fazer uma proposta a você, inclusive aquela com características hermafroditas com TOC, ou todos podem ignorar você, deixando-o sozinho num canto escuro jogando Resta Um. Não que seja um jogo ruim, mas se alguma coisa acontecer... use camisinha.

Quais são as melhores formas para brincar com um pênis muito grande?

Você está perguntando para a pessoa errada. Contudo, já fui a viagens suficientes com times de rúgbi para ver uma caneca de chope cheia até a borda com o saco de um jogador (mais parecia uma lula claustrofóbica). Também já testemunhei um pênis tão grande que passava por um furo no bolso da frente da calça e ia até o cós: "É o meu sobressalente." A gente morreu de rir. Para um escroto protuberante, é possível puxar um testículo para cima e colocá-lo sobre o cós da calça. Parece uma mutação esticada e irada, mas acho que não é muito bom para a contagem de esperma. Além do mais, você pode ser indiciado por atentado ao pudor.

Realmente tem gente que cai em cima de coisas no chão enquanto aplica papel de parede no teto?

O tempo todo. Se alguém se enche de coragem e chega ao pronto-socorro com alguma coisa presa no reto, o mínimo que podemos fazer é aceitar a explicação e não questioná-la. Uma das lições mais importantes que ensino a meus residentes é como se segurar quando um autoexperimentador chega ao hospital. Se tiver que rir da situação, faça-o e guarde uma cópia da radiografia com você, mas existimos para ajudar, não para julgar.

O desenvolvimento humano é fascinante. Ao crescermos, automaticamente deixamos de enfiar coisas nos orifícios superiores (boca, narinas, ouvidos) para escondê-las nos orifícios inferiores. Como um cocô daqueles grandes — que garante uma sensação prazerosa ao sair — um objeto sólido, aparentemente, também pode provocar uma sensação boa, ainda mais para os homens, que têm o bônus de uma próstata para estimular. A prática de enfiar objetos no ânus é antiga. Em *Surgical Applied Anatomy* [*Anatomia sirúrgica aplicada*, em tradução livre], de Frederick Treves e Arthur Keith (publicado em 1917), os autores mencionam a remoção de um copo de vidro, de uma caixa de fósforos de prata, de um chifre de cervo e do cabo de uma sombrinha. Grandes médicos.

Sexo, sono ou scrabble? ....

Dê uma volta no museu da faculdade de medicina e se surpreenda com a seção de "corpos estranhos" antigos, que ficam entre pedras no rim e o Homem-Elefante. Quando era estudante, encontrei uma maçaneta do pré-guerra com uma etiqueta que dizia: "Um homem solteiro de 42 anos admitiu ter introduzido a maçaneta no ânus a fim de produzir uma sensação erótica." Tamanha honestidade deveria ter sido recompensada. A resposta mais comum a perguntas delicadas é: "Não quero falar sobre isso." Muito justo.

Mas o melhor de tudo é, sem sombra de dúvida, quando alguém inventa uma explicação plausível fantasticamente implausível. Em 1983, um artigo do Dr. Weston-Davies publicada na *World Medicine* citou o caso de um homem com um vidro de ketchup Heinz no reto que alegava ter perdido a chave de casa e, portanto, tentou entrar pela janela da despensa, mas perdeu o equilíbrio. É um álibi brilhante que poderia até ter colado se não tivesse um preservativo envolvendo o vidro de ketchup. (**NOTA:** camisinha num vidro de ketchup não é nada mau, pois a) faz com que escorregue mais fácil; b) evita que saia ketchup, que pode facilmente ser confundido com sangramento retal, e c) permite que se consuma o ketchup depois sem perigo, principalmente agora que sabemos que o produto é excelente para a próstata.)

Há o caso do chefe aposentado do esquadrão de aviação que deve ter contado a verdade. Aparentemente, ele usou uma granada antiaérea Bofors, em 1945, para empurrar as hemorroidas para dentro, mas soltou a extremidade por engano. O cirurgião convocou o esquadrão antibomba e um anestesista, e o paciente saiu ileso, apenas com transtorno de estresse pós-traumático.

A maior compilação já publicada sobre corpos estranhos alojados no reto (Surgery [Cirurgia], Busch e Starling, 1986), pela graça de Deus, não incluía animal algum. Havia a estranha e óbvia "síndrome do abdômen vibrador", causada por um brinquedo que continha pilhas Duracell. Mas o que figurava no topo eram vidro e cerâmica (56 objetos entre potes, garrafas, lâmpadas e tubos, todos dos mais variados tipos, mas que, felizmente, não eram provenientes de uma única pessoa). Frutas e verduras também eram algo popular (os médicos recomendam o consumo de cinco porções diárias, mas não especificam como consumi-las), assim como maçanetas de madeira e frascos de spray ("Os homens não conseguem não agir com Impulse", lembra-se desse antigo desodorante?). Minha categoria preferida era "miscelânea", que incluía uma bolsa de tabaco, um rabo de porco congelado, um salame e um picador de gelo.

Como remover uma lâmpada do reto?

Você pode esperar que ela saia sozinha. Primeiro, deve observar a radiografia para se certificar de que ela não tenha rompido. Depois, mostre a radiografia a uma aluna de enfermagem doce e ingênua que dirá: "Como ele engoliu a lâmpada?" (E é quase sempre "ele" o sujeito da pergunta. Nunca vi uma mulher com um corpo estranho inserido no reto por ela mesma. As mulheres tendem a usar acessórios anais apropriados que possuem extremidades mais largas e, portanto, não podem simplesmente desaparecer lá dentro.)

Short Practice of Surgery (Bailey e Love), publicado pela primeira vez há mais de 75 anos, é a fonte de todo o conhecimento.

> **A variedade de corpos estranhos que conseguiram entrar no reto não chega a ser menos notável do que a ingenuidade demonstrada pelos pacientes que chegam com os objetos no ânus. Remove-se um nabo por ano usando-se fórceps obstétrico. Um graveto firmemente comprimido foi removido ao inserir-se uma broca na extremidade. Um copo, com a borda virada para baixo, foi extraído ao preencher seu interior com um emplastro molhado...**

Faz você desejar que *What's My Line?** ainda fosse televisionado.

As lâmpadas de baixa voltagem são melhores para o meio ambiente, mas não para o intestino, devido a seu formato complexo. A única técnica que aprendi foi a de cobri-la em tiras de papel machê, esperar até que grudem, quebrar a lâmpada e remover os pedaços com bastante lubrificante. Se não der certo, sempre tem o bisturi.

---

* Programa de televisão dos Estados Unidos (mas com versões diferentes em diversos países), que consistia em um jogo de perguntas-e-respostas e onde os convidados eram celebridades. (*N. do E.*)

A quem pertence a radiografia?

Tecnicamente ao hospital, mas você pode se oferecer para pagar por uma cópia. Também é possível pedir para que sua radiografia não figure nas páginas de literatura médica nem no suplemento a cores da edição de domingo do jornal. Podem ter muitos ânus soltos por aí, mas as regras quanto à confidencialidade do paciente permanecem rígidas há muitas e muitas eras. Antigamente, os médicos podiam levar radiografias aos congressos e contar histórias hilariantes, sem a permissão do paciente. A única regra é que o paciente não poderia ser identificado, o que era muito fácil de acontecer, já que todas as lâmpadas no reto parecem ser iguais.

Atualmente, o Conselho Médico Britânico e todas as publicações médicas de renome exigem uma permissão por escrito para usar histórias e fotos de pacientes vivos, mesmo que eles não possam ser identificados. Isso foi um desastre para a publicação de corpos estranhos em retos na imprensa. "Oi, Sr. Jones. Aqui é o Dr. Hammond. Lembra aquela vez em que o senhor perdeu a chave de casa e tentou entrar pela janela da despensa? Pois bem, eu vou participar de um programa na TV e gostaria de saber se..." Alguns médicos corajosos continuam a contar suas histórias interessantes, mas deram um jeito de se proteger (alegando que os acontecimentos acometeram colegas ou a si próprios). Em todo caso, quando o mistério da bolsa de tabaco estiver prestes a ser revelado, é muito raro que alguém levante a mão e grite: "Ei! Esse aí fui eu!"

Sexo, sono ou scrabble? ....

É possível chicotear alguém no contexto de uma relação amorosa?

Sim, mas só depois de jogar o lixo fora. Se o casal está junto há alguns anos, e a rotina sexual se tornou tão mecânica quanto a rotina da criança que aprende a andar/do cachorro/de separar o lixo reciclável, não é fácil sugerir algo diferente. Acho que é por isso que tem gente que paga para ser chicoteado por desconhecidos. Contudo, sai muito mais barato (e é muito menos provável de parar nos tabloides) se você conseguir engajar o(a) seu(sua) parceiro(a) nessa. Se é um desejo que você esconde há anos, é muito difícil abordar o assunto do nada. Especialistas em comunicação recomendam o bom e velho emprego da terceira pessoa: "Encontrei o Bob um dia desses. Tinha um tempão que a gente não se via. Ele adora ser chicoteado." "Ah... Você já tirou o lixo?" funciona sempre. Se não colar, mande um "chicoteie-me" no Scrabble Sexual.

Como eu posso saber se meu parceiro é dominante, submisso ou não se interessa?

Provavelmente, é melhor perguntar. Algumas pessoas que são dominantes na labuta diária (políticos, juízes, médicos, padres, professores, árbitros) gostam de botar uma fralda e sofrer humilhações entre quatro paredes. Os psicanalistas sempre se dedicaram a postular por que um indivíduo pode se envolver em dominação e submissão sexuais, e como isso se diferencia do abuso. Segundo o terapeuta sexual William Henkin, muitos casais se envolvem em lutas pelo poder, em que cada um tenta controlar o outro sem nunca resolver os problemas. O sadomasoquismo garante um meio seguro e consensual para que tais questões sejam trabalhadas.

Alguns teóricos alegam que gostar de sadomasoquismo está nos genes; já outros trabalham com o tema de "algo da infância que se revela posteriormente na vida": uma babá barbuda, um professor sádico, uma mãe superprotetora ou férias na fazenda. Nunca consegui encontrar evidências comprovatórias de que quem pratica sexo pervertido e consensual tem mais chances de ter sofrido abusos quando criança do que aqueles que não largam os dois minutos de pique-esconde-salsicha seguido de um bom livro. Nem parece ter sido prejudicado ou destruído por outro evento traumático. São pessoas que simplesmente curtem a sensação de levar um tapinha, doa ou não.

Nada disso é novo. Os esportes aquáticos (*golden showers*, urofilia ou seja lá qual outro nome) já existiam no Egito Antigo e eram comuns na corte de Luís IV. Em fotografias do século XIX, era muito comum retratar felação nos bancos do Hyde Park com vista para o lago Serpentine, mas hoje é muito difícil fazer isso e sair ileso (**DICA**: use uma toalha de piquenique). Tudo que se possa imaginar (e muita coisa de que você nem faz ideia) pode ser encontrado numa xilografia japonesa antiga ou num cartum francês. E o que o gigante de Cerne Abbas está fazendo com uma ereção e um taco com a ponta rechonchuda na mão?

Há 5 mil anos, a sociedade já era capaz de perceber que controlar os relacionamentos sexuais era a melhor forma de disciplinar as pessoas, e sempre houve gente disposta a desafiar tal ponto de vista. Quanto mais estritas são as morais, maiores são as rebeliões. Na Inglaterra da era vitoriana, quando os homens tinham que limitar seus desejos animais a uma vez por mês — e nunca durante a gravidez e a menstruação —, a prostituição, a flagelação, os bordéis e a pornografia sadomasoquista eram muito populares; foi, inclusive, quando surgiu o piercing no pênis, que possuía uma função dupla: era uma argola de metal introduzida na glande para aumentar a estimulação sexual e um artifício para segurar o pênis à perna das calças quando se vestia. Esse piercing é também conhecido como "Príncipe Alberto". Mas não era só diversão, diversão, diversão. A sífilis matou milhares. Preservativo, preservativo, preservativo...

Como vovó já dizia: "O prazer é uma via de mão dupla, mas o ânus não precisa ser." Ela estava certa?

Ela estava certa, como de costume. A cada ano, cerca de 12% dos homens e 11% das mulheres experimentam o sexo anal — mesmo que seja somente uma vez —, e quase 90% conseguem fugir dele.

Se você está considerando adotar a prática, o ponto de partida crucial, como tudo no sexo, é o consentimento e, de preferência, o desejo. Se você não quer colocar o pênis num ânus e nem ser quem o recebe, é improvável que a experiência tenha final feliz. E nunca solte esta à parceira desavisada: "Opa, desculpa, foi o buraco errado!"

Se os dois estiverem de acordo, o ato deve ser abordado com a mesma cautela que você teria se pegasse uma rua na contramão, no escuro... e vendado. É normal o trânsito vir na direção contrária em alta velocidade; portanto, forre a cama com uma toalha velha e se prepare para o salve-se quem puder. Se você não levou os filhos na natação no dia, provavelmente o resultado será desastroso.

Quem faz muito sexo anal (ou fez apenas uma vez, mas brutalmente) pode ter o esfíncter danificado, e o ânus pode perder a habilidade de distinguir o que está passando. Então, seja delicado. Eis o que você precisa:

- *Consenso e desejo.*
- *Tempo.*
- *Combinar um sinal para dar um intervalo.*
- *Intestino vazio.*
- *Uma toalha velha.*
- *Lubrificante (muito, e que não seja do tipo que dissolve a camisinha).*
- *Primeiro o dedo (apenas um).*
- *Lençol de borracha (daqueles usados pelos dentistas), caso seja necessário você realizar um tratamento de canal.*
- *Uma ereção muito firme, mas dê preferência a pênis não muito grandes (qualquer coisa remotamente delicada não funcionará).*
- *Uma camisinha (de preferência, extraforte).*
- *Mais lubrificante.*
- *Uma penetração breve, seguida por outra lenta e delicada.*
- *Um plano B.*
- *Senso de humor.*

Sexo, sono ou scrabble? ....

Como alguém consegue seguir esse procedimento técnico ao ar livre, no escuro e com um desconhecido está além de meu entendimento. O mínimo necessário é o uso do preservativo. Sem camisinha, há mais chances de machucar, de contrair uma infecção (especialmente hepatite, gonorreia e HIV) e de um dos dois acabar com uma freada. Algumas mulheres afirmam que gostam da agradável sensação de preenchimento retal. Porém, a outras, isso não agrada nem um pouco. Os homens têm a sensação dupla de preenchimento retal e de estimulação da próstata.

A abundância de cintas penianas permite que os casais heterossexuais se aventurem pelo caminho da troca de papéis. Nesse caso, as mesmas regras se aplicam, mas, se você não aguentar segurar o riso, o esfíncter vai contrair, e, provavelmente, vocês passarão longe da penetração. Pelo menos, é uma forma de o homem saber o que significa ficar de joelhos com o traseiro para o alto e o rosto enterrado no travesseiro.

JOGOS QUE POUQUÍSSIMAS PESSOAS JOGAM
É possível fazer *docking* sem ter o prepúcio?

Esta é uma modalidade de sexo sem penetração entre homossexuais, que consiste na colocação da glande do pênis de um no prepúcio do pênis do outro. Resumindo, os dois esfregam mutuamente os pênis juntos. Obviamente, quem não tem prepúcio só pode ser o doador, e não o receptor. Também ajuda não realizar o ato com desconhecidos por aí.

Teabagging é mais gostoso com açúcar?

Teabagging [algo como, "saquinho de chá"] é a modalidade em que o(a) parceiro(a) coloca na boca o escroto do amante. É uma ótima expressão para Scrabble e já apareceu no *The Australian*, o maior jornal da Austrália. Em 24 de agosto de 2009, Michael Pelly, correspondente de assuntos legais, fez o registro:

> O corpo disciplinar do Tribunal Superior Militar da Austrália foi decretado ilegal pela Suprema Corte numa decisão que causou muito tumulto na justiça militar. O governo foi forçado a reescrever o sistema de justiça militar após a Suprema Corte impedir o indiciamento de um marinheiro acusado de atentado violento ao pudor ao colocar os genitais sobre a testa de um colega que dormia — prática essa conhecida como "teabagging".

As alegações foram refutadas ("Não houve *teabagging* no Roma's Motel, em Carnarvon. Vomitei na boca dele, mas não coloquei minhas partes em sua testa."), e não existe razão alguma para que alguém não se aliste na Marinha Australiana ou não visite o que parece ser um hotel bastante agradável (www.motelcarnarvon.com.au — em inglês). Melhor ainda, quando seu parceiro mandar um insosso "chá" numa partida de Scrabble sem graça, pense aonde o "bingo", conquistado por acrescentar a palavra "bagging" pode levá-los. (Bingo corresponde a uma palavra de sete letras que vale cinquenta pontos extras com a nova palavra formada.)

Nem todo mundo gosta dessa prática, mas um escroto açucarado pode tornar tudo levemente mais palatável. O ângulo do ato é essencial para que se obtenha o sucesso. E é mais seguro com o receptor de pé, pois o risco de asfixia é menor, e há mais chances de escapar. Você pode fechar os olhos e torcer para tudo acabar logo ou abrir a boca e torcer pelo melhor. Sempre vale a pena perguntar antes de enfiar um testículo inteiro (e certamente dois) na boca, já que alguns homens são mais sensíveis (e têm mais aflição) do que outros.

A prática na horizontal é outra experiência completamente diferente, pois os testículos sofrem a ação da gravidade e podem pousar em praticamente qualquer lugar. É mais provável que os parceiros dominantes se pendurem sobre os submissos; se os dois gostam da humilhação erótica, tudo bem. Mas o consentimento é a chave, e é sempre bom apresentar uma cláusula de retirada. A prática de estimular o escroto com a boca, a partir dos 60 anos, é, em certo sentido, mais fácil (as coisas caem com mais facilidade), mas o escroto já está com uma aparência ainda mais deselegante, sendo que sempre existe o risco de os quadris falharem e a pessoa se estabacar.

É usada há séculos como rito de iniciação em variados grupos de homens, mas recebeu maior reconhecimento graças à breve aparição no filme de John Waters, de 1998, *Pecker — O preço da fama*. Se você está considerando experimentar, o Dr. Phil tem a fórmula perfeita para a prática:

$$TB = \frac{C^1 \times C^2 \times V \times CR \times Q}{CO \times A \times CH \times I \times FCI}$$

C^1 e C^2 são os níveis de consciência e de consentimento do receptor, V é o grau de verticalidade e CR a capacidade respiratória. Q representa a estabilidade do quadril do doador. Os denominadores são medidas quantitativas da confiança e da frequência do doador de afundar, cheirar, inovar e fazer comentários inapropriados. Aproveitem!

Você já viu tênis de bexiga chegar a cinco sets?

Não. Os adeptos de tênis de bexiga são quase exclusivamente de escolas de medicina em Londres. Duas pessoas (geralmente homens, ex-alunos de escolas públicas e do gênero "jogadores de rúgbi") colocam cateter um no outro, unem os cateteres pelo meio e marcam um ponto sempre que conseguirem urinar na bexiga alheia. O jogo apresenta vários desafios logísticos. O ato da cateterização anula o controle do esfíncter pela bexiga; portanto, fica difícil disparar com força, ainda mais atrás da linha de fundo. Além disso, é muito difícil marcar ponto nesse jogo. Sem árbitro ou uma visão muito apurada, não existe uma maneira satisfatória de resolver os impasses. Diferente de Wimbledon, é comum os gladiadores estarem tão bêbados que nunca vi um placar passar dos 30-15 antes de a chuva interromper a brincadeira.

É possível criar o próprio brinquedo sexual?

Sim. Geralmente, não é algo que se vê num programa de TV infantil, mas muitos homens conseguem enfrentar uma época difícil desenvolvendo o próprio repositório peniano. Uma meia ou uma luva aquecida no forno permite que se fantasie sobre uma masturbação. As frutas macias pertencem à categoria favorita de muitos, além de serem seguras, já que há espaço que permite uma expansão (**DICA:** espere até chegar em casa quando estiver voltando do mercado). Evite o gargalo da garrafa de leite; apesar de ser boa para a fricção, a ação de bate e empurra cria um vácuo que age como a pressão da rolha da garrafa de vinho. Isso pode causar uma expansão bastante impressionante que só pode ser aliviada com uma ida ao pronto-socorro.

É ilegal ou não guardar moeda no prepúcio?

Sim, mas não é algo de alguém que leve em conta o espírito de limpeza da comunidade. Alguns homens possuem um prepúcio bastante longo e preênsil, e já vi um estudante de medicina (que agora é cirurgião ortopédico) desenrolar o prepúcio tal como fosse o emborrachado de um taco de críquete, colocar 22 moedas de dez centavos sobre a glande, retrair a pele e se levantar, deixando o trocado bem escondido dos batedores de carteira. Suspeito que seja ilegal apenas se você esquecer uma para trás por tanto tempo que a cara da rainha na moeda de libra fique desfigurada. Além do mais, isso fará com que você urine ainda mais no chão, e não no vaso.

Qual é o melhor sapato para jogar Sardas?

Sardas é melhor quando nunca jogado, mas, se não houver opção, jogue ao fim da noite, depois da partida de tênis de bexiga, com o bar quase vazio, só que ainda aberto. É um jogo de simplicidade surpreendente. Os jogadores se colocam em volta de uma mesa com um baralho. Dão-se as cartas em sequência e viradas para cima. A primeira pessoa que receber um ás tem que defecar no meio da mesa. A segunda pessoa que sair com um ás deve tirar o sapato e batê-lo na bosta com força total. A pessoa que terminar com o maior número de "sardas" — ou seja, mais suja ou mais respingada — tem que pagar pela rodada seguinte.

Em caso de desempate (geralmente quando um ou mais jogadores já nasceram com sardas), é válido tirar um foto pré-partida com o celular para ver quais manchas são naturais e quais são decorrentes do jogo. Um teste controlado randomizado para comparar sapatos diferentes não conseguiu atrair financiamento suficiente, mas, no geral, salto agulha gera resultados decepcionantes. A melhor cobertura que já testemunhei foi com uma bota vermelho-cereja de 14 furos para passar o cadarço da marca Dr. Marten (com amortecimento a ar, e não com uma sola almofadada).

NOTA: é importante exigir que os participantes apresentem um atestado médico antes de dar início à partida.

É verdade que tem quem ponha um hamster lá dentro?

Muita gente finge fazê-lo no YouTube (talvez seja a causa do sorriso artificial e peculiar de Gordon Brown), mas nenhum dos filmes a que assisti revela o momento da "entrada" de fato. Receio de que seja algo que já tenha acontecido em pelo menos algum lugar do mundo. Os seres humanos têm um apetite aparentemente exaustivo para experimentação, realização dos desejos e maus-tratos aos animais. Além disso, os hamsters têm grande dificuldade de dizer "não". Colocar um pedaço grande de queijo ou um globo de exercício como isca não constituem um consentimento.

Achei um grupo de discussão que sugeriu o uso de um tubo de papelão como uma passarela e de um roedor de rabo peludo para que pudesse ser retirado lá de dentro com facilidade. Mas, numa busca exaustiva na literatura médica, não encontrei evidências de ninguém buscando ajuda médica para se livrar de um *Cricetus cricetus* furtivamente escondido. Muito mais interessante, pelo menos para os telespectadores do noticiário *Countdown*, é o fato de que a maioria da população pronuncia "hamster" como "hampster" (em inglês, "hamper" pode ser um termo chulo para "vagina"). Mas não tem "p" em "hamster", ainda mais se o bichinho estiver desidratado e a caminho do cólon.

É verdade que fazem moldes de gesso do pênis de quem está anestesiado?

Só se você tiver dado permissão e pagado pelo trabalho. É muito mais fácil comprar on-line um kit para moldar o pênis e ornamentá-lo (incluindo as bolas) em látex, borracha ou silicone, e ainda há a opção de seis cores e 18 sabores. Se você apertar as bolas antes de estarem prontas, é possível aumentar alguns valiosos centímetros. E, então, você só precisa encontrar alguém para presentear.

É possível enfaixar o pênis?

Sim. A arte milenar de enfaixar consiste em envolver o pênis com um tecido ou algodão hidrófilo para dobrar o diâmetro do órgão antes de escondê-lo na camisinha. A glande geralmente fica descoberta, para permitir maior sensibilidade, e a parte enfaixada fica presa com o uso de elásticos. Mesmo se você conseguir enganar alguém com esse truque ridículo, sempre existe a possibilidade de a camisinha sair, ainda mais porque pode ficar tudo embolado na extremidade. Aí, você terá que se explicar: "Eu queria mantê-lo quentinho, por isso resolvi forrá-lo" — o que pode até colar. Se você for muito corajoso, pode enfaixá-lo em diferentes camadas, colocar a camisinha, tirar tudo junto e dar de presente de inimigo oculto.

Onde posso andar de pônei humano?

Em casa. Você só precisa de um parceiro com costas fortes que tope. O arreio é opcional, assim como o sexo (*coitus à cheval*). Se você quer ver como é que se faz, dê uma olhada no site do Danny the Wonder Pony: www.wonderpony.com (em inglês). Segundo o próprio Danny:

> *Eu fico de quatro e a senhorita senta na sela.*
> *Ela coloca os pés nos estribos, e eu me levanto*
> *e danço... Como não tenho a forma de um*

cavalo, estudei e desenvolvi os movimentos relativos a um pônei.

Danny acredita que as mulheres acham a experiência estimulante, porque geralmente a primeira experiência sexual que têm é sobre um pônei.

A sela Western é melhor do que a inglesa, pois possui um apoio para as mãos e um declive na frente... Levar a mulherada nas costas não é pesaroso, mas eu tenho que me esforçar, sim.

Será que ele sente tesão? "Bem, com certeza, mentalmente, igual a um halterofilista que se concentra para levantar 130 quilos e não para ter uma ereção." Agora você já sabe. Há algumas opções: comprar o seu velho pônei de volta; ir para Nova York e contratar Danny por uma noite; ou seduzir seu parceiro na arena. Ou você pode fantasiar sobre os anos dourados do Clube do Pônei. Pode até não causar aquela grande carga de adrenalina, como acontece na experiência real, mas não faz sujeira, e você vai economizar uma nota com a conta do osteopata.

É possível cateterizar a si próprio com macarrão tubular?

Não. Se você insistir na tentativa (estou partindo do princípio de que só um homem o faria), é preciso se certificar de que o cozimento está *al dente*. Depois, lave as mãos com cuidado, retraia o prepúcio (se aplicável) e deixe o pênis perpendicular ao corpo para eliminar quaisquer dobras que possam ser confundidas com o canal da uretra. Deve ser feita uma pressão leve e constante para introduzir o macarrão-cateter, e qualquer obstrução encontrada requer que ele seja retirado e inserido novamente. Insira todo o macarrão e espere até a urina surgir para, por fim, soprar na extremidade e criar um balão. Lembre-se de colocar o prepúcio de volta no lugar para evitar forte edema da glande.

NOTA: este é um hobby ridículo e imprudente, e um terrível desperdício de macarrão.

É possível ter fobia de instrumentos musicais cujos formatos se assemelham ao de um pênis?

É possível ter fobia de qualquer coisa. Essa recebe o nome de "aulofobia", e talvez seja necessário trocar de professor de música.

Saquei. Então, acho que deve haver um nome para o fato de gostar de colocar formigas nos genitais.

Sim. Isso recebe o nome de "formicofilia". Geralmente, inclui todos os pequenos insetos e as lesmas.

Sexo, sono ou scrabble?

E se sentir excitado ao ver a pessoa amada fazendo sexo com um animal?

"Mixoscopia bestialis." O fato de os sexólogos terem dado um nome à prática parece conferir uma aceitação de que, provavelmente, não deveria existir.

E cheirar sapato de mulher?

Também se aplica ao que disse anteriormente. "Retifismo."

7

Sobre o Dr. Phil

O Dr. Phil é clínico geral em meio período e comediante, além de já ter trabalhado com saúde sexual. Ele escreve regularmente para o *Mendip Times* e se esconde com frequência em Mendips. Participa de todas as edições de *Private Eye* e, de vez em quando, dá o ar da graça em *Countdown*, *Have I Got News For You*, *The News Quiz*, *The Now Show*, *The Gabby Logan Show*, *The Music Group* e *Radio Bristol*. Ele é patrono da Herpes Viruses Association [Associação dos Vírus do Herpes] e vice-presidente da Patients Association [Associação de Pacientes]. Seu maior prazer é fingir estar em outro lugar.

Qual é sua prática sexual preferida?

Eu adoro a palavra "frottage",* mas nenhum médico poderia condenar alguém pela excitação vinda de se esfregar em es-

---

* Palavra derivada do francês "frottar", que significa "friccionar" em português. Refere-se ao ato sexual em que uma pessoa se esfrega na outra (com ou sem o consentimento dela), mas não há penetração. (*N. do E.*)

tranhos num pronto-socorro lotado. Aparentemente, é um distúrbio sexual e uma ótima forma de arrumar briga, e o perpetrador é conhecido como "frotteur" (ou filho da mãe nojento, dependendo da escola que você tenha frequentado).

Também gosto de como soa "bundling", um costume de namoro dos EUA colonial em que os casais dormiam juntos, supostamente para conservar o calor e eliminar a necessidade de o homem ter que voltar para casa a cavalo no escuro. O sexo pré-marital era impedido ao se "fechar" a mulher, como se fosse um embrulho, até a altura das axilas. Não adiantava muito, e funcionou ainda menos após o advento das tesouras.

"Bundling" (o termo em português seria algo como "trouxinha") soa melhor do que "fenstern" ("namoro à janela"), um costume alemão para garantir que todas as esposas gerassem trabalhadores rurais. As mulheres que quisessem casar penduravam um lampião e uma escada na janela do quarto. Os jovens faziam o que tinha que ser feito, mas iam embora antes do amanhecer. As mulheres que engravidassem podiam escolher qualquer um dos visitantes como marido, sem que este precisasse necessariamente ser o pai. Na Escandinávia, havia um costume semelhante, conhecido como "dar uma volta no escuro", a que os mangaios, da Oceania, davam o nome de "arraia-de-fogo" ou "engatinhada à noite". Isso me lembra o "droit de seigneur", isto é, o "direito" que o senhor medieval tinha de deflorar a noiva de qualquer servo. É também conhecido como "jus primae noctis" ("o direito à primeira noite"). **DICA**: descubra como é "Cai fora, meu amigo" em latim.

Quanto você bebe?

Como qualquer droga, consumo a dose mínima para fazer efeito. Minha medicação atual é uma garrafa de Coopers Brewery Pale Ale (produzida na Austrália) por noite. A graduação alcoólica é de apenas 4,5%, mas tem um ótimo sabor e usa "um método de altíssima qualidade, comprovada por séculos de tradição, de fermentação e de engarrafamento natural, que resulta num sedimento característico e de qualidade", o que deixa meu intestino funcionando que é uma beleza.

Qual foi a maior grosseria que você aprendeu na faculdade de medicina?

Aprendi jogos repugnantes, que foram detalhados anteriormente apenas com o propósito de referência. Passados mais de vinte anos, nunca me esqueci das expressões mnemônicas. Por exemplo, o nervo facial apresenta cinco ramos, mas tenho sempre que consultar quais são, pois nunca consigo me lembrar de todos eles (temporal, zigomático, bucal, mandibular e cervical). Contudo, sou capaz de lembrar todas as expressões mnemônicas que aprendi no St. Thomas' Hospital: "Two Zulus buggered my cat", a primeira letra de cada palavra representa a inicial de cada ramo do nervo facial (em português: "Dois zulus incomodaram meu gato."). Um amigo meu do Guy's Hospital usava uma variação da fase: "Two Zulus bit my cock" ("cock" é um termo chulo que designa "pênis", e "bit" é "morder"). Tem algum problema? Acho que só para quem é zulu. No calor do momento das provas orais finais (uma tradição na Grã-Bretanha), os alunos só conseguem se lembrar das frases que ajudam a memória.

Apesar de o apartheid estar no auge naquela época, essa expressão mnemônica foi o único contexto em que os zulus foram mencionados durante meus seis anos cursando medicina, sem contar com a música sobre os guerreiros zulus, que cantávamos com as calças arriadas no bar. Mas não me lembro disso como um protesto contra a segregação forçada. A faculdade de medicina era um casulo conformista, e raramente desafiávamos abusos de poder de lá de dentro, muito menos no resto do mundo. No entanto, recentemente perguntei a um estudante de medicina sobre a expressão mnemônica atual para os cinco ramos do nervo facial. "Two zebras buggered my cat" (em português: "Duas zebras incomodaram meu gato."). Onde estão os direitos dos animais?

Você já foi denunciado ao Conselho Médico?

Que eu saiba, apenas uma vez (mas pode ser que haja algumas reclamações em meio às pilhas de papel que se acumulam lá), e por causa deste texto que escrevi para o *Daily Express* em 25 de junho de 1998:

> Como sou médico, é comum me perguntarem o seguinte: "Willian Hague está agindo feito um maricas?" Isso parece algo desesperadamente cruel a se dizer sobre o líder da oposição de Sua Majestade, mas ele já está afastado há seis dias por gripe. Tudo começou de maneira preocupante, no

aniversário de sua sucessão na chefia da casa, em meio a rumores entre os membros do Parlamento sem partido político de que Ken Clarke estaria tramando sua queda. Ele se isentou da votação para a redução da idade de consentimento para sexo homossexual e cancelou uma palestra que estava programada para fazer, que ostentava o atraente título "Instituições locais". Nem mesmo os questionamentos do primeiro-ministro conseguiram fazer com que ele saísse de seu leito de enfermidade. Estamos acostumados com líderes partidários de aparência pálida — John Major parecia permanentemente destruído no fim de seu torturante reinado, e o sucesso quase nunca foi gentil com Tony Blair –, mas esperamos que eles combatam todas as adversidades. Quando Thatcher passou por cirurgia de contratura de Dupuytren (curvatura dos dedos), ela voltou ao trabalho no mesmo dia. Hague ficou resfriado e está de cama há uma semana.

Para ser justo, gripe é muito mais do que um simples resfriado. O vírus da influenza é capaz de pôr para baixo até mesmo o político mais enérgico, e Hague deve ficar de repouso agora para evitar uma fadiga posterior. O tempo de recuperação é de, em média,

uma semana; se ele precisar de mais, terá que levar um atestado médico à Srta. Boothroyd. Tenho certeza de que ela compreenderá.
Nos humanitários anos 1990, não há problemas em candidatos a futuros líderes mundiais reconhecendo sua susceptibilidade viral. Se é que é isso mesmo. Junho não é a época mais comum para se contrair uma gripe, e não atendi ninguém gripado até agora, mas, devido à quantidade de reuniões e saudações das quais participa, ele pode facilmente ser infectado por diversas viroses. A susceptibilidade a doenças virais depende, em parte, do estado mental da pessoa. Indivíduos controlados e felizes tendem a evitá-las, enquanto os perseguidos e fatigados caem feito pato. Será que o organismo do Sr. Hague está tentando lhe dizer alguma coisa?

No mesmo dia, recebi uma carta do assessor de imprensa do William Hague:

Prezado Dr. Hammond,

Li seu artigo na edição de hoje do *Daily Express*. Fiquei surpreso com o fato de um médico dar a cara à tapa desta maneira ao emitir uma opinião profissional sobre *uma pessoa que nunca viu. Portanto, não é de surpreender que o artigo seja, além de impreciso, insultuoso (o que é ainda pior). Para sua informação, o Sr. Hague teve uma gripe forte que foi agravada por sinusite aguda — como médico, o senhor certamente deve estar ciente do fortíssimo tormento que isso causa. Em minha opinião, o artigo foi altamente antiético e uma péssima publicidade para sua profissão. Eu enviei uma cópia desta carta ao seu editor e ao Conselho Médico, para que fiquem cientes.*

**Atenciosamente,
Gregor Mackay**

Algumas semanas depois, recebi uma linda carta do Conselho Médico dizendo que haviam analisado a situação, e, como eu não era nem nunca fui médico de William Hague, não houvera quebra de sigilo, além de que minhas especulações não eram da conta deles.

Em dezembro de 2005, encontrei o Bob "the Cat" Bevan, um renomado palestrante profissional que também escreve para William Hague. Ele havia conhecido Gregor Mackay e ficou pasmo com a carta que ele me mandou, já que o achava muito encantador e carismático. Entretanto, a política faz as pessoas se comportarem de maneiras peculiares.

Quando eu estava indo para casa, peguei um exemplar do *The Times* da primeira classe e vi o obituário de Mackay. Morreu aos 36 anos de linfoma não Hodgkin. Para alguém que

nunca conheci e sobre quem pouco sabia, fiquei bastante triste. Ele era escocês e foi campeão de tênis em dupla por dois anos consecutivos. "Além de ser muito profissional no trabalho que desempenhava, sempre encontrava algo de que rir, mesmo na época mais obscura da fusão conservadora, em 1997." Eu queria estar tomando uma cerveja com ele agora. E no hospital onde fui residente há um fundo memorial dele para ajudar no tratamento de pacientes com câncer. Que tal se juntar a mim e fazer uma doação?
www.gsttcharity.org.uk/fundraising/gregormackay-memorialfund.html (Site em inglês.)

Você já errou algum diagnóstico de gravidez?

Sim. Mas, em minha defesa, o diagnóstico que aprendi a nunca errar foi o de depressão, e a mulher em questão tinha insônia, dor de cabeça, fadiga, dor nas costas e variação de humor; tudo isso são sintomas comuns de depressão. Infelizmente, também são sintomas comuns de gravidez. E obviamente uma mulher pode estar grávida e deprimida. Não é fácil realizar o diagnóstico correto de primeira, e é por isso que eu acho que os médicos mantêm uma postura de superioridade perante a sociedade (até errarmos e sermos deixados de lado junto com os banqueiros e os políticos). Até onde sei, só cometi esse erro apenas uma vez e agora pergunto a todas as mulheres que têm entre 7 e 70 anos se há chances de estarem grávidas, seja lá quais forem os sintomas.

Você já enfiou alguma coisa menor do que o cotovelo no ouvido?

Já. Eu costumava fazer aquela coisa com cotonete até que o algodão de um lado saiu, como sempre advertem; fiquei com tanta vergonha que tentei tirá-lo lá de dentro sem a ajuda de ninguém, só usando as ferramentas antigas e enferrujadas de meu kit de dissecação da época de estudante de medicina (as mesmas usadas para dissecar matérias mortas, mas eu as lavei primeiro). Como não funcionou, tentei aplicar uma ducha de alta pressão, mas não dava para saber se isso tinha funcionado. Então, com relutância, pedi à minha esposa, a Dra. Rose, para ver se ela conseguia notar algo de anormal em meu ouvido. "Por quê?" "Por nada."

Ela enxergou uma coisinha branca, mas não sabia o que era ao certo e não conseguia movê-lo. Como estávamos prestes a sair de férias, ela insistiu que eu me consultasse com um médico. Eu não tinha certeza se conseguiria encarar um pronto-socorro e ficar na fila junto a outras crianças com cotonetes presos no ouvido/no nariz/na traqueia. Então, mandei um e-mail a um amigo que concordou em me consultar sem que eu precisasse desfilar minha estupidez na frente de várias atendentes, enfermeiras e residentes (que provavelmente foram meus alunos em algum momento).

"Não tem algodão nenhum em seu ouvido."
"Então, o que é essa coisa branca que a minha mulher viu?"
"Uma exostose."
"Eu encontro isso na Wikipédia?"

*"É um pedacinho ósseo que nasce
normalmente no ouvido de surfistas e
nadadores para proteger o tímpano de
correntes de água fria."*
"E precisa ser removido?"
"Você está ouvindo bem?"
"Sim."
*"Então não. Só não coloque mais nada no
ouvido."*
"Tem certeza de que não é um seixo?"
"Tenho. Por que você perguntou isso?"

Em 1987, quando eu era estudante de medicina, fiz intercâmbio na Índia com meu amigo Sube (que agora é professor de psiquiatria). Foi um período de estudo desenvolvido para nos garantir experiência de como o sistema de saúde funcionava em outros países. A maioria dos estudantes levava o aprendizado muito a sério, alguns se muniam de bisturi e arrancavam apêndices em cabanas remotas em países distantes, onde não há advogados. Sube e eu não estávamos interessados em realizar atos heroicos. Só queríamos ficar à toa na praia até o momento das provas finais e da chatice das tarefas domésticas.

Nós visitamos, sim, um hospital, em Calcutá, e ficamos impressionados com a habilidade diagnóstica de um médico que não tinha acesso a todos aqueles aparelhos que pensam por você. Ele se sentava e ouvia. Quando o homem caiu duro no chão sujo do hospital, decidimos que havíamos visto o bastante sobre ato de escutar e fomos a Deli, passamos pelo Rajastão, chegamos a Mumbai e, depois, a Goa.

Eu gostaria de contar sobre os templos exuberantes, os festivais coloridos e as relíquias da arquitetura dessa cidade, mas quase não saímos da beira do mar. Quando chegamos, alugamos uma cabana na praia mais próxima. Tinha um "sistema de privada de porco": defecava-se num buraco no chão, e os porcos comiam o produto. Infelizmente, só identificamos esse método revelador de saneamento na terceira noite de espaguete à carbonara (que era muito gostoso, por sinal).

Como forma de esterilização, descobrimos o feni, um potente destilado, supostamente provindo do caju, que continha até pedacinhos da fruta boiando. Em excesso, pode causar cegueira — o alto teor de etanol mata o nervo ótico —, e deveríamos ter relacionado os fatos quando o homem do feni apareceu com um cão-guia de baixíssimo orçamento (estava mais para um porco, honestamente).

Estávamos sentados na praia, em meio a uma viagem de feni, quando um menino nos abordou e perguntou se queríamos que ele checasse nossos ouvidos para ver se, depois de nadar, pedras tinham ficado lá dentro. Sube, com toda educação, recusou a oferta e continuou a ler seu Freud. Mas eu não gostei nada da ideia de ter pedras nos ouvidos, então deixei que o menino os examinasse. Ele descobriu quatro em cada ouvido e chamou Sube para que testemunhasse. Então, ele reivindicou um montante, que era o equivalente a todas as minhas rupias restantes, fisgou as pedras com uma pinça comprida e foi embora muito mais rico.

Durante alguns dias, fiquei convencido de que minha audição estava melhor, então compartilhei essa história com o cego do feni, que, em minha opinião, poderia fazer bom uso de alguns conselhos para preservar sua audição.

"Rá! Ele coloca as pedras lá dentro e depois tira de novo, seu ruivo idiota."

"Como você sabe que eu sou ruivo?"

Aprendi muito com isso. Os médicos são humanos, e nem sempre seguimos nossos próprios conselhos, ainda mais debaixo do sol forte, num país desconhecido e depois de algumas doses de feni. Mas não existem desculpas para experimentar cotonete na privacidade do banheiro de casa. Só serve para empurrar ainda mais a cera até ela bater na exostose; depois disso, não dá para ouvir nadinha. Nada de alarme do carro do vizinho, nada de briga das crianças, nada de pedirem para levar o lixo para fora. É a felicidade plena.

Qual foi o maior escândalo que um paciente fez em sua frente?

Uma vez, quando eu trabalhava no pronto-socorro, chegou um menino que tinha passado anos colecionando pequenos objetos para uma competição do colégio: "Quantas coisas cabem na caixa de fósforo?" Ele foi muito criativo (um dente de leite, um grampo, um fantasma, um pelo pubiano, um tatuzinho-bola, um biscoito de gato, algo que parece ser uma uva-passa com cobertura de chocolate — mas não tínhamos certeza de o que era –, uma tachinha, o rabo de um roedor que o gato deixou na porta dos fundos, etc., etc.). No dia da decisão na escola, ele deixou sua coleção perto da porta, para não esquecer. Seu irmãozinho resolveu dar uma espiada, abriu a caixa e mandou tudo para dentro, praticamente de uma vez só.

Imagine três pessoas histéricas na recepção. O bebê não gostou do sabor final, e a mãe pensou que ele fosse morrer. Mas o irmão maior estava tão triste que poderia fazer um teste para o papel de Golem. "Faz o meu irmão vomitar! Faz ele vomitar! Eu quero meus preciosos objetos de volta!" Foi feita a triagem. Observamos o bebê por um tempo; ele estava bem. O sistema digestivo humano tem uma incrível capacidade de absorver punição. Mas o garoto colecionador ficou ferido para o resto da vida.

Você já experimentou alguma coisa ilícita?

Eu tive uma juventude razoavelmente rotineira e curiosa até descobrir que o que nos dá pique para varar a noite impede o organismo de funcionar de dia. E ninguém precisa de nenhum tipo de estimulante para observar, maravilhado, uma orquídea, que é igual à anatomia sexual da abelha. O dia a dia tem tanta coisa alegre e fascinante que não precisa se expandir nem mudar de cor. E é bastante possível dançar sem dez garrafas de cerveja e anestésico para cavalo.

Você já testou drogas legais?

Sim. Quando era estudante de medicina, participei de alguns ensaios clínicos na fase zero, ou seja, quando os medicamentos são testados pela primeira vez em humanos. Não foram atos de altruísmo; eu precisava de dinheiro. O Guy's Hospital aceitava praticamente qualquer pessoa que não estivesse doente, grávida, não fosse residente de lá (é muito constrangedor matar um de seus colegas) e cujo fígado não ultrapassasse o umbigo. Alguns testes eram feitos em casa, outros requeriam que eu pedalasse de Lambeth à ponte de Londres com uma coleta de urina de 24 horas carregada no guidom (o que era muito mais arriscado do que qualquer droga que já tenha tomado).

Muitos estudantes se recusavam a participar de testes com alegações tipo "você deve estar louco, não sabe do que está falando". Outros só participavam de ensaios clínicos de novos lotes de drogas financiadas, mas eu topava qualquer coisa. Não sou capaz de lembrar o nome de nenhuma droga que testei, mas, por 500 libras por um fim de semana perdido, eu deixava o gerente do banco bem feliz. A única desvantagem eram as múltiplas picadas de agulha que me marcavam como se eu fosse um drogado qualquer.

Quem era sortudo recebia apenas placebo. Só aconteceu algo muito ruim uma única vez. Um cara que estava na minha frente na fila sofreu um choque anafilático. Então, não era placebo. Ficamos lá parados enquanto ele era ressuscitado, tentando lembrar qual era a dose certa de adrenalina e perguntando a nós mesmos qual era a real necessidade daquelas 500 libras. Ninguém desistiu.

Era fácil entreter os funcionários, apesar de serem todos barbudos e nos manterem trancafiados. Um cometeu o erro de deixar um estudante sair para comprar um lanche do McDonald's ou, pelo menos, de pedacinhos de McDonald's que não atacam as enzimas do fígado. Ele deixou a porta entreaberta, permitindo que vários recrutas dessem uma escapadela para o bar vizinho. Foram culpados por fraude científica, mas 72 horas é um tempo grande demais para um estudante de medicina ficar sem cerveja. Infelizmente, o diretor da unidade reconheceu a traseira encostada no vidro do bar e pegou de volta 200 libras, que era uma grana preta na época, mas nada comparada à empresa farmacêutica que descobre que sua nova droga-maravilha faz coisas inesperadamente horríveis ao fígado.

Geralmente, as pessoas se saem bem nos ensaios clínicos, especialmente mais para a frente, quando já foram descobertos os níveis seguros. O Sistema Britânico de Saúde Pública é a única fonte gratuita de drogas novas e caras no país. Seja recebendo placebo ou tratamento convencional, você consegue muito mais atenção do que o normal, pois as pessoas estão desesperadas para você se sair bem. Chá, café, enfermeiras que sorriem, massagens nos pés. Grampeei um bilhetinho com um P.S. no meu crachá de médico: "Caso eu esteja inconsciente, por favor, me inscrevam num ensaio clínico. Se não der certo, deixem-me morrer rapidamente e façam tudo o que for preciso."

Você já sofreu assédio sexual?

É raro alguém passar a mão no peito de um homem, mas já aconteceu comigo enquanto eu caminhava da New Street Station, em Birmingham, rumo ao congresso da British Renal Society [Sociedade Renal Britânica], no ICC da Broad Street. Eu estava puxando uma mala de rodinhas na ocasião e fui pego de surpresa quando um cara chegou do nada e agarrou meu peito. Não doeu, mas fiquei assustado, pois foi como ser molestado. Na última vez que estive no ICC, um cara atravessou o átrio correndo atrás de mim e disse: "Eu conheço você. É Lenny Henry." Aí, ele me deu um beijo e saiu correndo. Deve ter alguma coisa a ver com Birmingham. Lá existem mais parques do que em Paris, mais canais do que em Veneza e muito mais pervertidos afáveis.

Você já foi chicoteado?

Sim. Infelizmente, não foi uma prazerosa troca privada de poder entre dois adultos que consentiram o ato, mas uma surra muito pública e dolorosa ao fim de minha despedida de solteiro. De antemão, obtive a confirmação de meu padrinho de que não haveria a presença de nenhuma mulher lá, mas um outro amigo falou do nada sobre um anúncio num orelhão, e, uma hora depois, chegou uma mulher austera vestindo macacão preto de PVC, botas de couro de salto agulha de 15 centímetros e munida de um chicote em tiras. Ela estava no fim de uma péssima noite e descontou toda a raiva dela em meu bumbum. Apesar de eu ter tomado o equivalente a uma anestesia geral em cerveja, a dor foi hiperbólica. Meus gritos, aparentemente, foram muito mais engraçados do que qualquer piada que eu já tenha contado na vida. E as marcas da tira ainda estavam lá no dia de meu casamento. Com as luzes apagadas, corri para debaixo do edredom. "Por que você deitou de cueca?" "Eu estou de cueca?"

Por alguma razão, ser degradado num restaurante francês por uma desconhecida em sua despedida de solteiro é uma norma cultural, enquanto estalar o chicote por prazer com sua alma gêmea na privacidade da masmorra de seu lar é considerado tabu. Talvez seja isso que garanta a excitação, transgredir as fronteiras do proibido e tudo mais. Frequento um clube de submissos/dominantes, o Stowey Bottom Users Group, que indica alguns livros sobre o assunto para quem quiser experimentar. *The Loving Dominant* [*O amante dominante*], de John e Libby Warren (escrito num estilo incrível para dominantes e submissos, e com um capítulo muito útil sobre primeiros socorros) e *Screw the Roses, Send Me the Thorns* [*Danem-se as rosas, mande-me os espinhos*], de Philip Miller e Molly Devon (que apresenta diferentes nós, tipos de cordas, ensina a fazer seu próprio equipamento, mostra métodos corretivos de açoite e uma aula de anatomia completa com as áreas-alvo e os lugares a serem evitados para não dar bandeira). Lembre-se de que é permitido rir incontrolavelmente, o que é uma reação mais que natural ao ser algemado na cama. Acredite em mim.

Você já teve alguma infecção sexualmente transmissível?

Sim. Gonorreia, mas só uma vez, quase trinta anos atrás. Entretanto, ainda me lembro do pus; rios daquela coisa, que passava pela minha cueca samba-canção e sujava até o avental verde. Porém, defendo-me: gente da minha idade (47 anos) geralmente iniciou a carreira sexual antes da chegada do HIV, e não éramos cuidadosos como deveríamos ser. Além disso, existe o fato de que quem é ruivo, tem sardas e usa óculos fica tão maravilhado por haver alguém que queira transar com ele que as precauções vão por água abaixo (ou, pelo menos, permanecem no bolso de trás do jeans no canto do quarto).

O médico do hospital Westminster nem se preocupou em pôr algo em meu pênis, que estava gotejando; ele ficou tão animado que me chamou para olhar no microscópio: "Olha só isso! Diplococo gram-negativo intracelular. Não é lindo?" Não tão lindo quanto uma camisinha, amigo. Para me animar, ele me contou sobre todos os astros do cinema, membros do Parlamento, juízes e clérigos que já haviam se tratado em sua clínica.

Todos nós estamos suscetíveis ao prazer. Certa vez, presidi uma conferência sobre consultoria de saúde sexual e pedi que os participantes levantassem o dedo se já houvessem tido pelo menos uma infecção sexualmente transmissível. Seis levantaram o dedo. Depois fiz a mesma pergunta através de um teclado que garantia a confidencialidade. Cento e seis já haviam sido acometidos; muito mais do que a metade do número de participantes. É uma das poucas especialidades em que os médicos que tratam você sabem sobre o que estão falando.

O que você gostaria de ser se não fosse médico?

Professor Honorário em Prazer Aplicado do Departamento de Hedonismo Modificado da Mendip University, Stowey Bottom.

Você ainda tem aquele extensor de pênis?

Sim. Plantei um cacto nele.

Os pacientes o levam a sério?

Às vezes. E eu posso ser terrivelmente sério quando necessário.

Você já foi o pônei de alguém?

Ainda não. Mas tenho esperanças.

Quais são suas palavras preferidas no Scrabble Sexual?

A beleza do Scrabble Sexual é que ele é parte jogo, parte preliminares, parte terapia, e permite que se resolvam questões e que se revelem desejos que, por você ser tímido demais, não traz à tona numa conversa normal. Gírias à parte, a literatura sexual está repleta de palavras ridiculamente compridas e complicadas de mais de sete letras. Para desafios, recomendo *The Complete Dictionary of Sexology (New Expanded Edition)* [*Dicionário completo de sexologia (Nova edição ampliada)*, em tradução livre]. Como é de difícil manuseio, apresento abaixo algumas de minhas palavras favoritas:

acrai — termo árabe para mulher que gosta muito de sexo.
amourette — termo francês para relacionamento curto e extensão de relação extraconjugal.
ampola — abertura de uma tuba, por exemplo, uterina.
analista — pessoa cujas fantasias eróticas se concentram no ânus. É facilmente confundida com analista, o profissional que analisa (seja lá qual for o objeto de análise).

balânico — pertencente à glande do pênis ou ao clitóris.

carezza (ou karezza) — sexo tântrico em que a ereção e a penetração são prolongadas por movimentos mínimos e sem ejaculação. Nota: não confie nisso como contraceptivo.

copulina — um feromônio vaginal, isolado pela primeira vez no macaco rhesus, que estimula o macho a copular.

dasypygal — ter nádegas cabeludas (esse vocábulo vale 2 pontos extras)

eonismo — travestismo.

frênulo — uma parte muito sensível do pênis que está logo abaixo da glande, na lateral posterior. Algumas pessoas colocam piercing neste local para dar mais prazer.

guiche — uma argola de metal colocada no períneo, nos genitais e no ânus que é levemente puxada para proporcionar prazer. Não confundir com quiche.

herma — escultura de pedra, popular na Grécia Antiga, com a cabeça de Hermes e um grande falo na base. Está mais para um símbolo do poder masculino do que uma celebração ao sexo.

kimilue — uma tríade formada por apatia extrema, perda de interesse na vida e intensas fantasias sexuais, observada nos índios diegueños, da Califórnia, e na maioria dos adolescentes.

koro — medo mórbido de redução genital gerado por culpa masturbatória ou promiscuidade. Em algumas culturas orientais, coloca-se a postos uma tia sábia para evitar que esta ideia reapareça.

Sexo, sono ou scrabble?

mahu — o único travesti existente nas cidades polinésias que permite um escape casual a homens heterossexuais.

menoridade — alguém que está abaixo da idade legal seja lá para qual for o tema da discussão.

olisbis — falo de couro usado no sexo homossexual feminino.

onanismo — masturbação ou interrupção do coito antes de se atingir o clímax, batizado em homenagem ao personagem bíblico Onan, que foi punido por derramar sua semente no chão.

orchis — termo grego para testículo, baseado na observação de que a orquídea popularmente conhecida como sapato-de-vênus parece um escroto. Por que Deus faria um negócio desses?

paixão — emoção, desejo ou excitação extremos e irrefutáveis. Vital para a vida, mas não não necessariamente tem a ver com sexo.

philia — amor não sexual compartilhado por amigos.

spac (sigla em inglês para "small penis anxiety complex" — complexo de ansiedade do pênis pequeno) — sigla autoexplicatica. É raríssimo.

Este livro foi composto na tipologia Agenda Light,
em corpo 11,5/16,3, e impresso em papel off-white 80g/m^2
no Sistema Cameron da Divisão Gráfica
da Distribuidora Record.